劉毅老師回答同學的問題

1. 問： 我國中英文很好，上了高一以後，我對英文就沒興趣
了。為什麼我讀不下課本？

答： 課文多改編自外國文章，有的單字已經過時，現在外國
人都少用，如三民版第一冊的nuttiness (古怪)，moutza
(灰燼)，這些艱深少用的單字，使你受盡挫折。你背了難
的單字，反而忽略了常用的單字。

2. 問： 我該怎麼樣增加英文程度？

答： 高中課本和大學入學考試
字背得滾瓜爛熟，看到少
怕。因為一篇文章中，你
字混在一起，你當然學習

3. 問： 7000字我背不下來，怎麼辦？

答： 英文一字多義，沒有方法，很難背下來。所以我們編了
「用會話背7000字」、「一分鐘背9個單字」、「時速
破百單字快速記憶」，用盡方法讓你迅速背下來。

4. 問： 我背了7000字，不會用怎麼辦？

答： 「用會話背7000字」就是讓你背完馬上會用。如你
背了：

Holy cow! （天啊！）
What a *coincidence*! （真巧！）
I wasn't *expecting* you. （我沒想到會遇見你。）

你就會 *holy, coincidence, expect,* 全部是7000字範圍內的單字。更棒的是，每句都在5個字以內，容易背，可主動說出。背的句子說出來、寫出來，都有信心。你一旦會說英文，就開始對學習英文有興趣了。有興趣的課程，學起來不累。

5. 問：我要如何增強閱讀能力？

　　答：我們有出版以7000字為範圍的升大學叢書。如：
「7000字克漏字測驗詳解」、
「7000字文意選填詳解」、
「7000字閱讀測驗詳解」、
「7000字學測試題詳解」。
不一定要等到高三，從高一就要開始讀。

6. 問：為什麼一定要讀以7000字為範圍的閱讀測驗？報章雜誌和課本的文章，不是都超出範圍嗎？

　　答：英文單字無限多，做了100份試題還是有80幾個生字，唯有題目在7000字範圍內，把常用的單字背熟，才會越做越有信心，才會進步。背熟後，再看報章雜誌和課本，就輕鬆了，碰到一些超出範圍的單字，不會影響到你的閱讀。

7. 問：我可不可以做歷屆試題？

　　答：大考中心在歷屆試題花了很大工夫，你可參照我們的「歷屆學測英文試題詳解」，附有勘誤表及出題來源，即使那麼重要的考試，仍然有錯誤，那一般的試題更不用說。

8. 問：我如何在月期考中得高分？

    答：把課本熟讀是必要條件，另外百分之五十
    課外，如建中，包含聽力測驗(20%)、字
    彙與片語(5%)、綜合測驗(25%)、文法選擇
    (5%)、文意選填(5%)、閱讀測驗(5%)、文
    意字彙(25%)需要拼字，翻譯(10%)，沒有
    經過訓練，英文再好，也很難高分。
    除了背單字以外，平常就要練習各種題型。
    「學習」有出版「高中英語聽力測驗」及
    「高中英語聽力測驗進階」。課外太多，
    最好的準備方式，就是大量閱讀以7000字
    為範圍的書。

9. 問：我要讀課本，又要背「高中常用7000字」，該怎麼兼
    顧？

    答：你可參加全國各單位舉辦的「高中英文單
    字大賽」，以考試為目標來激勵自己背單
    字，「背單字、領獎金，是人生美好的事」
    比賽成績有助於你進入理想大學。

10. 問： 還有什麼其他比賽？

    答： 有「英文演講比賽」和「英文作文比賽」，報名參加，
    接受挑戰，只要參加就是勝利者，成功得到榮譽，失
    敗得到經驗。不斷參加，能督促你學英文。

11. 問： 我英文學那麼久，見到外國人不會說話怎麼辦？

答： 學校考課本，你又讀不下去，該怎麼辦呢？我們現在新研發的「用演講背7000字」，將課本內容改編成短篇演講稿，共27句，同學背了，會演講、會寫作文，也會說話。

下面是改編自「高一龍騰版第二冊第二課」的演講稿，你背完之後，不僅會讀課本，對你的身心都有幫助。

How to Beat the Blues
（如何克服憂鬱）

Ladies and gentlemen.	各位先生，各位女士。
Boys and girls.	各位男孩和女孩。
Teacher and students.	老師和同學們。

Have you ever felt down?	你有沒有曾經感到沮喪？
Do you have pressure at school?	在學校上學有沒有壓力？
Let me tell you how to beat the blues.	讓我來告訴你如何克服憂鬱。

First, exercise is a great start.	首先，運動是很好的開始。
Physical activities are the way.	運動就對了。
Jog, bicycle, or take a brisk walk daily.	要每天慢跑、騎腳踏車，或快走。

Second, eat fruits and vegetables.	第二，要吃蔬菜和水果。
Don't consume junk food.	不要吃垃圾食物。
Don't drink too much tea or coffee.	不要喝太多茶或咖啡。

Third, take a few deep breaths.	第三，做幾個深呼吸。
Controlled breathing can lower your blood pressure.	控制呼吸可降低你的血壓。
It will lighten your mood.	它能使你心情變輕鬆。

Fourth, get a proper amount of sunlight.	第四，要適度曬太陽。
It helps a lot when you are moody.	你心情不好時，會對你很有幫助。
It costs you nothing but does you good.	它不花一分錢，但對你有益。

高三同學要如何準備「學科能力測驗」

考前該如何準備「學測」呢？「劉毅英文」的同學很簡單，只要熟讀每次的模考試題就行了。**每一份試題都在 7000 字範圍內，就不必再背 7000 字了**，從後面往前複習，越後面越重要，一定要把最後 10 份試題唸得滾瓜爛熟。根據以往的經驗，「詞彙題」絕對不會超出 7000 字範圍。每年題型變化不大，只要針對下面幾個大題準備即可。

第二大題「綜合測驗」（即「克漏字」），不是考句意，就是考簡單的文法。當四個選項都不相同時，就是考句意，就沒有文法的問題；當四個選項單字相同、字群排列不同時，就是考文法，此時就要注意到文法的分析，大多是考連接詞、分詞構句、時態等。克漏字是考生最弱的一環，你難，別人也難，**只要考前利用這種答題技巧，勤加練習，就容易勝過別人。**

在做「文意選填」的時候，一定要冷靜。你要記住，一個空格一個答案，如果你不知道該選哪個才好，不妨先把詞性正確的選項挑出來，如介詞後面一定是名詞，選項裡面只有兩個名詞，再用刪去法，把不可能的選項刪掉。也要特別注意時間的掌控，已經用過的選項就劃掉，以免重複考慮，浪費時間。

「學測」沒考過「篇章結構」，但「指考」每年必考，同學還是要準備一下。如果你看不太懂文章時，也不需要害怕，**你只要仔細觀察空格的前後文**，然後利用刪去法，應該也可以找到正確的答案。如果時間不夠的話，也可以先看選項，先記下每個選項大概是說些什麼，然後再看文章，這樣可以加快你的作答速度。須注意空格前後的關鍵字彙，如人名、地名、時間、數字，或是代名詞等，也能幫助你迅速找出正確答案。

「閱讀測驗」的答題祕訣有四個：

① **尋找關鍵字**——整篇文章中，最重要就是第一句和最後一句，第一句稱為主題句，最後一句稱為結尾句。每段的第一句和最後一句，第二重要，是該段落的主題句和結尾句。從「主題句」和「結尾句」中，找出相同的關鍵字，就是文章的重點。因為美國人從小被訓練，寫作文要注重主題句，他們給學生一個題目後，要求主題句和結尾句都必須有**關鍵字**。

② **先看題目、劃線、找出答案、標號**——考試的時候，先把閱讀測驗題目瀏覽一遍，在文章中掃瞄和題幹中相同的關鍵字，把和題目相關的句子，用線畫起來，便可一目了然。通常一句話只會考一題，你畫了線以後，再標上題號，接下來，你找其他題目的答案，就會更快了。

③ 碰到難的單字不要害怕，往往在文章的其他地方，會出現同義字，因為寫文章的人不喜歡重覆，所以才會有難的單字。

④ 如果閱測的內容你已經知道，像時事等，你就可以直接做答了。

　　如果你害怕「中翻英」，你就找一本翻譯句型的書，不斷地練習，寫完之後，再交給外國老師批改。

「英文作文」怎樣寫才能得高分？

① 字體要寫整齊，最好是印刷體，工工整整，不要塗改。

② 文章不可離題，尤其是每段的第一句和最後一句，最好要有題目所說的關鍵字。

③ 不要全部用簡單句，句子最好要有各種變化，單句、複句、合句、形容詞片語、分詞構句等，混合使用。

④ 不要忘記多使用轉承語，像 at present（現在），generally speaking（一般說來），in other words（換句話說），in particular（特別地），all in all（總而言之）等。

⑤ 拿到考題，最好先寫作文，很多同學考試時，作文來不及寫，吃虧很大。但是，如果看到作文題目不會寫，就先寫測驗題，這個時候，可將題目中作文可使用的單字、成語圈起來，寫作文時就有東西寫了。但千萬記住，絕對不可以抄考卷中的句子，一旦被發現，就會以零分計算。

⑥ 試卷有規定標題，就要寫標題。記住，每段一開始，要內縮 5 或 7 個字母。

⑦ 可多引用諺語或名言，並注意常用標點符號的使用。文章中有各種標點符號，會使文章變得更美。

⑧ 整體的美觀也很重要，段落的最後一行字數不能太少，也不能太多。段落的字數要平均分配，不能第一段只有一、兩句，第二段一大堆。第一段可以比第二段少一點。

　　考前不斷地做模擬試題就對了。你做的題目愈多，分數就愈高。不要忘記，每次參加模考前，都要背單字、背自己所喜歡的作文。考壞不難過，勇往直前，必可得高分！

劉　毅

7000 字範圍大學入學學科能力測驗 英文試題①

第壹部分：單選題（佔 72 分）

一、詞彙題（佔 15 分）

說明： 第 1 題至第 15 題，每題有 4 個選項，其中只有一個是正確或最適當的選項，請畫記在答案卡之「選擇題答案區」。各題答對者，得 1 分；答錯、未作答或畫記多於一個選項者，該題以零分計算。

1. A senior high student from Taipei City won the top award at the annual Intel International Science and Engineering Fair, _____ by Intel Corp.
   (A) distributed
   (B) discriminated
   (C) distinguished
   (D) sponsored

2. Nowadays, we realize that the survival of human beings is _____ connected with all living things on the planet.
   (A) complexly　　(B) reluctantly　　(C) intentionally　　(D) exclusively

3. Steven's _____ fell on deaf ears because his friend simply wouldn't listen to him but insisted on going on with the risky venture.
   (A) advice　　(B) advise　　(C) advance　　(D) adventure

4. Michael's mother _____ him from joining the expedition to the South Pole due to the fact that the harsh weather there would harm his health.
   (A) persuaded　　(B) committed　　(C) discouraged　　(D) descended

5. Hospitals usually do not _____ a patient until the doctors feel the person's condition is stable and under control.
   (A) dissolve　　(B) disapprove　　(C) disqualify　　(D) discharge

6. The music at the rock concert was so _____ that I could hardly make myself heard.
   (A) vast　　(B) melodious　　(C) deafening　　(D) rhythmic

7. Lady Gaga has announced that her eagerly _____ comeback concert will feature a surprise guest.

(A) connected   (B) anticipated   (C) generated   (D) patronized

8. The stiff fines imposed by the government serve as a(n) _____ to drunk driving.

(A) category   (B) deterrent   (C) inspiration   (D) analyst

9. The general public questioned the _____ of the elections after the media reported several vote-buying cases and vote-rigging attempts.

(A) validity   (B) visibility   (C) utility   (D) humanity

10. With an _____ list of references, Dr. Lin's research project proves to be a most thorough and complete study of the subject.

(A) exhausting   (B) exhausted   (C) exhaustive   (D) exhaustible

11. The lifting of wartime restrictions imposed upon many forms of sports has brought _____ public interest in all types of sports, games, and contests.

(A) giggled   (B) smuggled   (C) rustled   (D) renewed

12. The first, second, and third prizes went to John, Kevin, and Jack _____.

(A) economically   (B) distinctively   (C) intensively   (D) respectively

13. Most forest fires result from human carelessness or _____ arson. Only a few fires are started by lightning.

(A) deliberate   (B) destructive   (C) penetrating   (D) pathetic

14. _____ of the death penalty regard capital punishment as an issue of criminal justice policy.

(A) Nobilities   (B) Advocates   (C) Apprentices   (D) Democrats

15. All complaints from our customers are _____ quickly and efficiently.

(A) authorized   (B) promoted

(C) differentiated   (D) investigated

二、綜合測驗（占 15 分）

說明：第 16 題至第 30 題，每題一個空格，請依文意選出最適當的一個選項，請畫記在答案卡之「選擇題答案區」。各題答對者，得 1 分；答錯、未作答或畫記多於一個選項者，該題以零分計算。

第 16 至 20 題為題組

Jesus was born approximately 2,000 years ago in ___16___ is now Israel. His parents were Jews. At that time, Israel was ___17___ occupation by the Roman army, and many Jews hoped that their long-promised messiah (or "Christ") would come to restore their kingdom.

As an adult, Jesus traveled from town to town healing people ___18___ their diseases. He told them that the kingdom they sought was within their hearts. To reach it, they had only to love God, and to love one another. Because they thought Jesus was saying that he was a king, the Romans executed him by nailing him to a ___19___. Three days after he died, he appeared before his followers. Jesus told them that he was the Christ, and ___20___ anyone who believed in him would have eternal life.

16. (A) which   (B) that   (C) where   (D) what
17. (A) under   (B) over   (C) against   (D) in
18. (A) with   (B) from   (C) of   (D) at
19. (A) moss   (B) toss   (C) cross   (D) boss
20. (A) that   (B) which   (C) what   (D) when

第 21 至 25 題為題組

Scientists working for L'Oréal in Paris have discovered the source of straight and curly hair. The key is ___21___ the root of the hair. Hair was analyzed at the molecular level with the use of X-rays, and the results could ___22___ a whole new world of biological hair products.

Any new product would be hormone-based ___23___ it seems that hormones are able to influence hair type. Studies of AIDS patients have revealed that curly-haired people ___24___ hormonal drugs will actually find that their hair is becoming straight. Worldwide, billions of dollars are spent yearly on perms and straighteners—but these are known to damage hair. Vast sums are also spent on hair dyes—but these are only ___25___. Hormone shampoos and drugs, on the other hand, promise a permanent solution.

21. (A) in   (B) on   (C) at   (D) over
22. (A) usher in   (B) come in   (C) reside in   (D) take delight in
23. (A) but   (B) as   (C) though   (D) while
24. (A) take   (B) taken   (C) to take   (D) taking
25. (A) everlasting   (B) temporary   (C) enduring   (D) perpetual

第 26 至 30 題為題組

Kristof Retezár, an industrial designer in Austria, invented a device that can extract humidity from the air and condense it into drinkable water. The handy device, called Fontus, can be attached to a bike ___26___ that bike riders can generate water during long-distance rides through the countryside, where pit stops may be few and far between.

The Fontus device uses the principles of condensation to ___27___ humidity in the air into drinkable water. The solar-powered device ___28___ of a condenser (which functions like a cooler) that is connected to a series of surfaces that repel water. As the bike-mounted device takes in air, and these surfaces get cold, you're left with condensation. The first model includes a filter at the top to keep dust and bugs out of the water, but currently it does not include a way to filter out potentially harmful ___29___.

Retezár is also working on a stand-alone version that uses a fan to suck air into the system. This next-generation version could be used in regions of the world where humidity is high, but water is ___30___.

26. (A) so　　　　　(B) now　　　　　(C) except　　　(D) for all
27. (A) contract　　(B) conduct　　　(C) convert　　(D) construct
28. (A) composes　(B) consists　　　(C) comprises　(D) constitutes
29. (A) implements　　　　　　　　　(B) compliments
　　(C) supplements　　　　　　　　(D) contaminants
30. (A) scarce　　　(B) weak　　　　(C) abundant　　(D) prominent

三、文意選填（占 10 分）

說明：　第 31 題至第 40 題，每題一個空格，請依文意在文章後所提供的 (A) 到
　　　　(J) 選項中分別選出最適當者，並將其英文字母代號畫記在答案卡之「選
　　　　擇題答案區」。各題答對者，得 1 分；答錯、未作答或畫記多於一個選
　　　　項者，該題以零分計算。

第 31 至 40 題為題組

　　Fortune hunters used to think that if they could find the elephants'
graveyard, they would be rich.　Legend　__31__　it that old elephants,
when they knew they were approaching death, would go to the same
secret spot in the jungle to die.　According to some　__32__　, an animal
that was wounded or sick would be guided by other elephants so that it
could reach this sacred spot.　Of course, if this were true, it would mean
that great amounts of　__33__　would have accumulated at this hidden
place.　However,　__34__　numerous attempts, no one has ever found
this mysterious elephant graveyard.

　　Recently, however, people have become more interested in learning
the truths about　__35__　elephants' behavior than in attempting to find
the tusks of dead ones.　Interested scientists who have journeyed to
Africa have watched elephants in the　__36__　for years, allowing the
huge animals to get used to them so that they could observe them at
close　__37__　.　What they have learned about elephants is far more
　__38__　than the location of some secret burial site.　Researchers have
found that elephants are very intelligent and　__39__　animals that form

strong friendships among themselves and help to defend and raise each other's calves. The sympathetic elephants ___40___ around one of their wounded friends are actually trying to nurse and protect it, not lead it off to some mythical graveyard.

(A) ivory   (B) wild   (C) crowding   (D) despite

(E) live   (F) accounts   (G) social   (H) range

(I) had   (J) exciting

四、閱讀測驗（占 32 分）

說明： 第 41 題至第 56 題，每題請分別根據各篇文章之文意選出最適當的一個選項，請畫記在答案卡之「選擇題答案區」。各題答對者，得 2 分；答錯、未作答或畫記多於一個選項者，該題以零分計算。

第 41 至 44 題為題組

Over the past century, all kinds of unfairness and discrimination have been condemned or made illegal. But one form continues to thrive: alphabetism. This, for those as yet unaware of such a disadvantage, refers to discrimination against those whose family names begin with a letter in the latter half of the alphabet.

It has long been known that a taxi firm called AAAA Cars has a big advantage over Zodiac Cars when customers thumb through their phone directories. Less well known is the advantage that Adam Abbott has in life over Zoë Zysman. English names are fairly evenly spread between the halves of the alphabet. Yet a suspiciously large number of top people have family names beginning with letters between A and K.

For example, the former American president and vice-president have family names starting with B and C respectively, and 26 of George Bush's predecessors (including his father) had family names in the first half of the alphabet against just 16 in the second half. Even more striking, six of the seven heads of government of the G7 rich countries are alphabetically advantaged (Berlusconi, Blair, Bush, Chirac, Chrétien and Koizumi). The world's top three central bankers (Greenspan, Duisenberg and Hayami) are all close to the top of the alphabet, even if one of them really uses Japanese characters, as are the world's five richest men (Gates, Buffett, Allen, Ellison and Albrecht).

Can this merely be coincidence? One theory, dreamt up in all the spare time enjoyed by the alphabetically disadvantaged, is that the rot sets in early. At the start of the first year in infant school, teachers seat pupils alphabetically from the front, to make it easier to remember their names. So shortsighted Zysman junior gets stuck in the back row, and is rarely asked the improving questions posed by those insensitive teachers. At that time the alphabetically disadvantaged may think they have had a lucky escape. Yet the result may be worse qualifications, because they get less individual attention, as well as less confidence in speaking publicly.

The humiliation continues. At university graduation ceremonies, the ABCs proudly get their awards first; by the time they reach the Zysmans **most people are literally having a ZZZ**. Shortlists for job interviews, election ballot papers, lists of conference speakers and attendees all tend to be drawn up alphabetically, and their recipients lose interest as they plough through them.

41. What does the author intend to illustrate with the example of AAAA Cars and Zodiac Cars?
    (A) A kind of inequality among brands.
    (B) A type of manufacturing bias.
    (C) A type of personal prejudice.
    (D) A kind of discrimination against a specific company.

42. What can we infer from the first three paragraphs?
    (A) In both East and West, names are essential to success.

(B) The alphabet is to blame for the failure of Zoë Zysman.

(C) Customers often pay a lot of attention to companies' names.

(D) Some forms of discrimination are too subtle to recognize easily.

43. What does the author mean by "**most people are literally having a ZZZ**" (Line 3, Paragraph 5)?

(A) They are getting impatient.

(B) They have dozed off.

(C) They are feeling humiliated.

(D) They are busy with word puzzles.

44. Which of the following is true according to the text?

(A) People with family names beginning with N to Z are often ill-treated.

(B) VIPs in the Western world support alphabetism.

(C) The campaign to eliminate alphabetism still has a long way to go.

(D) Putting things alphabetically may lead to unintentional bias.

第 45 至 48 題為題組

　　Personality is to a large extent inherent—A-type parents usually bring about A-type offspring. But the environment must also have a profound effect, since if competition is important to the parents, it is likely to become a major factor in the lives of their children.

　　One place where children soak up A characteristics is school, which is, by its very nature, a highly competitive institution. Too many schools adopt the "win at all costs" moral standard and measure students' success by sporting achievements. The current passion for making children compete against their classmates or against the clock produces a two-level system, in which competitive A types seem in some way better than their B type fellows. But being too keen to win can have dangerous consequences: remember that Pheidippides, the first marathon runner, dropped dead seconds after saying: "Rejoice, we conquer!"

By far the worst form of competition in schools is the disproportionate emphasis on examinations. It is a rare school that allows pupils to concentrate on those things they do well. The merits of competition by examination are somewhat questionable, but competition in the certain knowledge of failure is positively harmful.

Obviously, it is neither practical nor desirable that all B youngsters change into A's. The world needs both types, and schools have an important duty to try to match a child's personality to his possible future employment.

If the focus of schools on academic work were lessened, more time might be spent teaching children surer values. Perhaps selection for the caring professions, especially medicine, could be made less by good grades in chemistry and more by such considerations as sensitivity and sympathy. It is surely a mistake to choose our doctors exclusively from A-type stock. B's are important and should be encouraged.

45. According to the passage, A-type individuals are usually _____.
    (A) amiable   (B) considerate
    (C) aggressive   (D) agreeable

46. The author is strongly opposed to the practice of examinations at schools because _____.
    (A) exams don't concentrate on values
    (B) some students are bound to fail
    (C) failure rates are too high
    (D) the results of examinations are worthless

47. The selection of medical professionals is currently based on _____.
    (A) candidates' sensitivity   (B) academic achievements
    (C) competitive spirit   (D) surer values

48. It can be inferred from the final paragraph that _____.
    (A) the author believes A-types are not suitable for the medical profession
    (B) the author believes A-types are only suitable for the medical profession
    (C) the author believes B-types may be more sensitive than A-types
    (D) the author believes B-types may not be as important as A-types

第 49 至 52 題為題組

He was the baby with no name. Found and taken from the north Atlantic six days after the sinking of the Titanic in 1912, this tiny body so moved the salvage workers that they called him "our baby". In their home port of Halifax, Nova Scotia, people collected money for a tombstone in front of the baby's grave, carved with the words: "To the memory of an unknown child." He has rested there ever since.

But history has a way of uncovering its secrets. On Nov. 5, this year, three members of a family from Finland arrived at Halifax and laid fresh flowers at the grave. "This is our baby," said Magda Schleifer, 68, a banker. She grew up hearing stories about a grandaunt named Maria Panula, 42, who had sailed on the Titanic for America to be reunited with her husband. According to the information Mrs. Schleifer had gathered, Panula gave up her seat on a lifeboat to search for her five children—including a 13-month-old baby named Eino—from whom she had become separated during the final minutes before the ship sank. "We thought they were all lost in the sea," said Schleifer.

Now, using teeth and bone pieces taken from the baby's grave, scientists have compared the DNA sample from the unknown child with those collected from members of five families who lost relatives on the Titanic and never recovered the bodies. The result of the test points to only one possible person: young Eino. Now, the family sees no need for a new grave. "He belongs to the people of Halifax. They've taken care of him for 90 years."

49. The baby traveled on the Titanic with his _____.
 (A) mother   (B) parents   (C) aunt   (D) grandaunt

50. The boy's last name is probably _____.
 (A) Schleifer   (B) Eino   (C) Magda   (D) Panula

51. Some members of the family went to Halifax and put flowers at the child's grave on Nov. 5, _____.
 (A) 1912   (B) 1954   (C) 2002   (D) 2004

52. This text is mainly about how _____.
 (A) the unknown baby's body was taken from the north Atlantic
 (B) the unknown baby was buried in Halifax, Nova Scotia
 (C) people found out who the unknown baby was
 (D) people took care of the unknown baby for 90 years

第 53 至 56 題為題組

 The city of London used to be called "foggy London." Fog as thick as "pea soup" used to hang over the city. As the fog got thicker, buildings seemed to disappear and traffic worsened. Foggy London became a place of danger.

 In December 1952, a heavy fog brought danger and even death to London. Owing to the fog, all land, sea, and air traffic in and out of London was cancelled or delayed. Accidents and illnesses increased. The blinding fog made it difficult to rescue the sick and the injured in the city.

 The great December fog began just like most other London fogs. Cold, damp air settled over the city. There was nearly no wind. The fog formed and thickened when it mixed with dirt and dust from the streets. Smoke from millions of chimneys had no place to go and mixed with the fog. The fog turned dark brown, then black.

The 1952 fog lasted for four days. Many people remember the fog as a great natural disaster. But how did the "natural" phenomenon turn out to be a disaster? Scientists found that air pollution was partly to blame. Most homes and factories in London still burned coal in 1952, so the air was filled with smoke and coal dust. Pollution from heavy traffic made the air even dirtier. Air pollution alone doesn't cause fog to form. But it does make the fog develop faster. Air pollution can also make a fog thicker. And it causes fogs to stay on and on.

After the great fog of 1952, the Clean Air Act was passed in London. That law helped to cut down on pollution from homes, factories, and motor vehicles. In 1976, studies showed that London's air had only 25 percent of the smoke it had had in the 1950's. Although there are still fogs in London, many of them last only a little while. The "pea soup fog" is now a thing of the past.

53. People became sick during the fog of 1952; what might have been wrong with them?
    (A) They forgot how to drive well.
    (B) They had difficulty walking.
    (C) They had trouble seeing and breathing.
    (D) They had the problem of cleaning their chimneys.

54. According to the article, when fog develops what kind of weather is there likely to be?
    (A) Cool and damp without wind.   (B) Windy but sunny.
    (C) Sunny but rainy.   (D) Stormy and cold.

55. What is true about the Clean Air Act passed after the fog of 1952?
    (A) It reduced the growth of the population.
    (B) It made the fog not happen any more.
    (C) It reduced the deaths and injuries in car accidents.
    (D) It reduced the pollution.

56. According to the article, which of the following statements is true?
    (A) Heavy fog is a thing of the past.
    (B) Air pollution can worsen fog.
    (C) Fog lasts for four days only.
    (D) Burning coal can disperse heavy fog.

第貳部分：非選擇題（占 28 分）

說明： 本部分共有二題，請依各題指示作答，答案必須寫在「答案卷」上，
並標明大題號（一、二）。作答務必使用筆尖較粗之黑色墨水的筆書
寫，且不得使用鉛筆。

一、中譯英（占 8 分）

說明： 1. 請將以下中文句子譯成正確、通順、達意的英文，並將答案寫在
「答案卷」上。
2. 請依序作答，並標明子題號。每題 4 分，共 8 分。

1. 如果我們學習多笑一點，我們的人際關係將會有所改善。
2. 畢竟，笑是最佳良藥，能增進我們的身心健康。

二、英文作文（占 20 分）

說明： 1. 依提示在「答案卷」上寫一篇英文作文。
2. 文長至少 120 個單詞（words）。

提示： 在現今科技化的時代，電腦（computer）已經成為一種不可或缺的工
具。有人說，電腦使我們的生活更便利，也有人認為，電腦使得我們
的生活更複雜，壓力更大（more complex and stressful）。你的看
法如何？請寫一篇至少 120 個單詞的英文作文，列舉明確的理由或實
例，來支持你的論點。

7000 字範圍大學入學學科能力測驗
英文試題 ① 詳解

第壹部分：單選題

一、詞彙題：

1. (**D**) 一位來自台北市的高中生，在由英特爾公司所<u>贊助</u>的年度英特爾國際科學工程展中，贏得了首獎。

(A) distribute[4] 〔dɪ'strɪbjut〕 v. 分發
(B) discriminate[5] 〔dɪ'skrɪməˌnet〕 v. 歧視 < *against* >；區別
(C) distinguish[4] 〔dɪ'stɪŋgwɪʃ〕 v. 分辨
(D) ***sponsor***[6] 〔'spɑnsɚ〕 v. 贊助 n. 贊助者

* ***senior high student*** 高中生
top award 首獎 (= *grand prize* = *first prize*)
annual[4] 〔'ænjuəl〕 adj. 一年一度的
engineering[4] 〔ˌɛndʒə'nɪrɪŋ〕 n. 工程學　　fair[2] 〔fɛr〕 n. 展覽
Intel Corp. (= *Intel Corporation*) 英特爾公司【美國半導體電腦電路製造商，也是世界上最大的半導體公司】

2. (**A**) 現今，我們了解到人類的存活，和地球上所有的生物都有<u>複雜</u>的關聯性。

(A) ***complexly***[3] 〔kəm'plɛkslɪ〕 adv. 複雜地
(B) reluctantly[4] 〔rɪ'lʌktəntlɪ〕 adv. 勉強地 (= *unwillingly*[2])
(C) intentionally[4] 〔ɪn'tɛnʃənlɪ〕 adv. 故意地 (= *on purpose*
= *deliberately*[6] = *purposely*[1])
(D) exclusively[6] 〔ɪk'sklusɪvlɪ〕 adv. 獨佔地；唯一地

* nowadays[4] 〔'nauəˌdez〕 adv. 現今　　survival[3] 〔sə'vaɪvḷ〕 n. 存活
human beings 人類　　***be connected with*** 與…有關
living things 生物　　planet[2] 〔'plænɪt〕 n. 行星；地球

3. (**A**) 史帝芬的<u>勸告</u>是白費苦心，因為他的朋友完全不聽，而且堅持繼續危險的冒險事業。

(A) ***advice***[3] 〔əd'vaɪs〕 n. 勸告　　(B) advise[3] 〔əd'vaɪz〕 v. 勸告
(C) advance[2] 〔əd'væns〕 n., v. 前進
(D) adventure[3] 〔əd'vɛntʃɚ〕 n. 冒險

* ***fall on deaf ears*** 被忽視　　simply〔ˈsɪmplɪ〕*adv.* 全然地
insist〔ɪnˈsɪst〕*v.* 堅持 < *on* >　　***go on with*** 繼續進行
risky〔ˈrɪskɪ〕*adj.* 危險的　　venture〔ˈvɛntʃɚ〕*n.* 冒險事業

4. (**C**) 麥可的母親<u>勸阻</u>他去參加南極探險隊，因為那裡惡劣的天氣會使他的健康受損。

　　(A) persuade³〔pɚˈswed〕*v.* 說服
　　　　persuade *sb.* to V./into V-ing　說服某人…
　　　　persuade *sb.* not to V./out of V-ing　說服某人不要…
　　(B) commit⁴〔kəˈmɪt〕*v.* 犯（罪、錯）　　commit a crime　犯罪
　　　　commit suicide　自殺　　commit a mistake　犯錯
　　(C) ***discourage***⁴〔dɪsˈkɝɪdʒ〕*v.* 勸阻
　　　　discourage sb. from V-ing 勸阻某人不要…
　　(D) descend⁶〔dɪˈsɛnd〕*v.* 下降（↔ ascend⁵ *v.* 上升）

* expedition⁶〔ˌɛkspɪˈdɪʃən〕*n.* 探險隊　　***South Pole*** 南極
due to 由於　　harsh⁴〔harʃ〕*adj.*（天氣）惡劣的
harm³〔harm〕*v.* 傷害；損害

5. (**D**) 通常直到醫生覺得病人的病情穩定，而且受到控制，醫院才會讓病人<u>出院</u>。

　　(A) dissolve⁶〔dɪˈzalv〕*v.* 溶解　【比較】melt³〔mɛlt〕*v.* 融化
　　(B) disapprove⁶〔ˌdɪsəˈpruv〕*v.* 不贊成（= *oppose*⁴）
　　　　（↔ approve³ *v.* 贊成）
　　(C) disqualify⁵〔dɪsˈkwaləˌfaɪ〕*v.* 使不合格（↔ qualify⁵ *v.* 使合格）
　　(D) ***discharge***⁶〔dɪsˈtʃardʒ〕*v.* 允許離開；釋放（= *release*³）；解僱
　　　　be discharged from hospital　出院

* patient²〔ˈpeʃənt〕*n.* 病人　　condition³〔kənˈdɪʃən〕*n.* 情況
stable³〔ˈstebl̩〕*adj.* 穩定的　　***under control*** 在控制中

6. (**C**) 搖滾演唱會裡的音樂<u>震耳欲聾</u>，以致於別人幾乎聽不到我說的話。

　　(A) vast⁴〔væst〕*adj.* 巨大的（= *enormous*⁴ = *tremendous*⁴）
　　(B) melodious²〔məˈlodɪəs〕*adj.* 曲調優美的　　melody² *n.* 旋律
　　(C) ***deafening***³〔ˈdɛfn̩ɪŋ〕*adj.* 震耳欲聾的
　　　　deafen³ *v.* 使變聾　　deaf²〔 〕*adj.* 聾的
　　(D) rhythmic⁶〔ˈrɪðmɪk〕*adj.* 有節奏的
　　　　rhythm⁴〔ˈrɪðəm〕*n.* 節奏　　【比較】rhyme⁴〔raɪm〕*v.* 押韻

* ***rock concert*** 搖滾演唱會　***so⋯that~*** 如此⋯以致於~
hardly² 〔ˈhɑrdlɪ〕*adv.* 幾乎不
make *oneself* ***heard*** 使自己說的話被聽見

7. (**B**) 女神卡卡已經宣布，她令人熱切<u>期待的</u>回歸演唱會，將有神秘嘉賓
作為號召。

    (A) connect³ 〔kəˈnɛkt〕*v.* 連接

    (B) ***anticipate***⁶ 〔ænˈtɪsəˌpet〕*v.* 期待

      eagerly anticipated 被熱切期待的

    (C) generate⁶ 〔ˈdʒɛnəˌret〕*v.* 產生

    (D) patronize⁵ 〔ˈpetrənˌaɪz〕*v.* 贊助　patron⁵ *n.* 贊助者

    * announce³ 〔əˈnauns〕*v.* 宣布　eagerly³ 〔ˈigəlɪ〕*adv.* 熱切地
    comeback 〔ˈkʌmˌbæk〕*n.* 重返；恢復　concert³ 〔ˈkɑnsɝt〕*n.* 演唱會
    feature³ 〔ˈfitʃɚ〕*v.* 以⋯為特色；以⋯為號召
    surprise¹ 〔səˈpraɪz〕*adj.* 令人驚訝的　guest¹ 〔gɛst〕*n.* 客人；來賓

8. (**B**) 政府對酒駕處以嚴格罰款，當作一種<u>遏阻作用</u>。

    (A) category⁵ 〔ˈkætəˌgorɪ〕*n.* 範疇；類別

    (B) ***deterrent*** 〔dɪˈtɝrənt〕*n.* 妨礙物；遏阻的因素
      deter⁶ *v.* 阻礙（= *hinder*）

    (C) inspiration⁴ 〔ˌɪnspəˈreʃən〕*n.* 激勵；靈感

    (D) analyst⁶ 〔ˈænḷɪst〕*n.* 分析者　analyze⁴ *v.* 分析

    * stiff³ 〔stɪf〕*adj.* 嚴格的；僵硬的　fine¹ 〔faɪn〕*n.* 罰款
    impose⁵ 〔ɪmˈpoz〕*v.* 施加；強加　***serve as*** 充當；當作
    drunk driving 酒醉駕車

9. (**A**) 在媒體報導出幾起買票事件和做票企圖後，一般大眾便質疑這些選
舉的<u>正當性</u>。

    (A) ***validity***⁶ 〔vəˈlɪdətɪ〕*n.* 正當；有效；合法；正當性
      valid⁶ *adj.* 有效的；合法的；正當的（↔ invalid *adj.* 無效的）

    (B) visibility 〔ˌvɪzəˈbɪlətɪ〕*n.* 能見度　visible³ *adj.* 看得見的

    (C) utility⁶ 〔juˈtɪlətɪ〕*n.* 功用；(*pl.*)（公用）事業　utilize⁶ *v.* 利用

    (D) humanity⁴ 〔hjuˈmænətɪ〕*n.* 人性；人類
      humane 〔hjuˈmen〕*adj.* 人道的　humanitarian⁶ *n.* 人道主義者

    * ***the general public*** 一般大眾　question¹ 〔ˈkwɛstʃən〕*v.* 質疑
    media³ 〔ˈmidɪə〕*n. pl.* 媒體【單數是 medium³】　vote² 〔vot〕*n.* 票

vote-buying *n.* 買票　　case[1] 〔 kes 〕 *n.* 情況；例子

vote-rigging *n.* 做票【指用作弊的方式來操縱選票結果】

attempt[3] 〔 ə'tɛmpt 〕 *n.* 企圖；嘗試

10. (**C**) 有這份<u>詳盡的</u>參考資料清單，林博士的研究計畫確實對這個主題，做了非常徹底且完整的研究。

(A) exhausting[4] 〔 ɪg'zɔstɪŋ 〕 *adj.* 使人筋疲力盡的 (= *tiring*[1])

(B) exhausted[4] 〔 ɪg'zɔstɪd 〕 *adj.* 感到筋疲力盡的 (= *tired*[1])

(C) ***exhaustive***[4] 〔 ɪg'zɔstɪv 〕 *adj.* 徹底的；詳盡的 (= *thorough*[4])

(D) exhaustible[4] 〔 ɪg'zɔstəbḷ 〕 *adj.* 會耗盡的

exhaust[4] *v.* 用盡；使筋疲力盡

exhaustible resources　會被耗盡的資源

* reference[6] 〔'rɛfrəns 〕 *n.* 參考文獻　　research[4] 〔'risɝtʃ 〕 *n.* 研究
project[2] 〔'pradʒɛkt 〕 *n.* 計畫　　***prove to be*** 證實是；結果是
most[1] 〔 most 〕 *adv.* 非常地　　thorough[4] 〔'θɝo 〕 *adj.* 徹底的
complete[2] 〔 kəm'plit 〕 *adj.* 完整的　　subject[2] 〔'sʌbdʒɪkt 〕 *n.* 主題

11. (**D**) 戰時對於許多運動的禁令已解除，使得大眾對各類型的運動、比賽，和競賽的興趣<u>重新恢復</u>。

(A) giggle[4] 〔'gɪgḷ 〕 *v.,n.* 咯咯笑　　(B) smuggle[6] 〔'smʌgḷ 〕 *v.* 走私

(C) rustle[5] 〔'rʌsḷ 〕 *v.* 發出沙沙聲

(D) ***renewed***[3] 〔 rɪ'njud 〕 *adj.* 更新的；重新開始的；（中斷後）恢復的

* lifting[1] 〔'lɪftɪŋ 〕 *n.* 解除　　wartime 〔'wɔr,taɪm 〕 *n.* 戰爭時期
restriction[4] 〔 rɪ'strɪkʃən 〕 *n.* 禁令；限制
impose[5] 〔 ɪm'poz 〕 *v.* 強加　　contest 〔'kantɛst 〕 *n.* 比賽

12. (**D**) 頭獎、二獎和三獎<u>分別</u>頒給約翰、凱文，和傑克。

(A) economically[4] 〔,ikə'namɪkḷɪ 〕 *adv.* 節省地；經濟上
economic[4] *adj.* 經濟的　　economical[4] *adj.* 節省的

(B) distinctively[5] 〔 dɪ'stɪŋktɪvlɪ 〕 *adv.* 獨特地 (= *uniquely*[4])

(C) intensively[4] 〔 ɪn'tɛnsɪvlɪ 〕 *adv.* 密集地；徹底地
intensive[4] *adj.* 密集的

(D) ***respectively***[6] 〔 rɪ'spɛktɪvlɪ 〕 *adv.* 個別地

* prize[2] 〔 praɪz 〕 *n.* 獎；獎品

go to 由…得到

> respect[2] *n.* 尊敬；方面
> respectful[4] *adj.* 恭敬的
> respectable[6] *adj.* 可敬的
> respective[6] *adj.* 個別的

13. (**A**) 大部分森林大火是起因於人爲疏失，或蓄意縱火。只有少數火災是因閃電而起。

    (A) ***deliberate***[6] 〔 dɪˈlɪbərɪt 〕 *adj.* 故意的 (= *intentional*[4])
        deliberately[6] *adv.* 故意地 (= *intentionally*[4] = *on purpose*)

    (B) destructive[5] 〔 dɪˈstrʌktɪv 〕 *adj.* 破壞性的 (= *devastating*)
        destroy[3] *v.* 破壞

    (C) penetrating 〔ˈpɛnəˌtretɪŋ〕 *adj.* 有洞察力的；滲透性的；敏銳的
        penetrate[5] *v.* 穿透

    (D) pathetic[6] 〔 pəˈθɛtɪk 〕 *adj.* 可憐的 (= *pitiful*[3])

    * forest[1] 〔ˈfɔrɪst 〕 *n.* 森林   ***result from*** 起因於
    carelessness 〔ˈkɛrlɪsnɪs 〕 *n.* 粗心   arson 〔ˈɑrsn̩ 〕 *n.* 縱火
    start[1] 〔 stɑrt 〕 *v.* 使開始；使產生   lightning[2] 〔ˈlaɪtnɪŋ 〕 *n.* 閃電

14. (**B**) 死刑<u>提倡者</u>認爲死刑是刑事審判法規的議題。

    (A) nobility[3] 〔 noˈbɪlətɪ 〕 *n.* 貴族；高貴   noble[3] *adj.* 高貴的

    (B) ***advocate***[6] 〔ˈædvəkɪt 〕 *n.* 提倡者；擁護者 (= *supporter*[2])
        advocate[6] 〔ˈædvəˌket 〕 *v.* 提倡

    (C) apprentice[6] 〔 əˈprɛntɪs 〕 *n.* 學徒
        apprenticeship *n.* 學徒身分；學徒時期

    (D) democrat[5] 〔ˈdɛməˌkræt 〕 *n.* 民主主義者；
        民主黨員   democracy[3] *n.* 民主政治
        democratic[3] *adj.* 民主的

```
ad + voc + ate
 |     |     |
to + call +  v.
```

```
demo + cracy
  |       |
people + rule
```

    * penalty[4] 〔ˈpɛn̩tɪ 〕 *n.* 刑罰
    death penalty 死刑 (= *capital punishment*)
    regard[2] 〔 rɪˈgɑrd 〕 *v.* 認爲   ***regard A as B*** 認爲 A 是 B
    capital[3] 〔ˈkæpətl̩ 〕 *adj.* 死刑的   punishment[2] 〔ˈpʌnɪʃmənt 〕 *n.* 處罰
    issue[5] 〔ˈɪʃu 〕 *n.* 議題   criminal[3] 〔ˈkrɪmənl̩ 〕 *adj.* 刑事的
    justice[3] 〔ˈdʒʌstɪs 〕 *n.* 司法；審判
    policy[2] 〔ˈpaləsɪ 〕 *n.* 政策；方針；原則

15. (**D**) 我們對顧客的投訴都會儘快而且有效率地<u>調查</u>。

    (A) authorize[6] 〔ˈɔθəˌraɪz 〕 *v.* 授權   authority[4] *n.* 權威

    (B) promote[3] 〔 prəˈmot 〕 *v.* 使升遷；促進
        promotion[4] *n.* 升遷；促銷

(C) differentiate[6] 〔 ͵dɪfə'rɛnʃɪ͵et 〕 *v.* 區別；分辨 (= *distinguish*[4])

(D) *investigate*[3] 〔 ɪn'vɛstə͵get 〕 *v.* 調查

* complaint[3] 〔 kəm'plent 〕 *n.* 抱怨；投訴

efficiently[3] 〔 ə'fɪʃəntlɪ 〕 *adv.* 有效率地

二、綜合測驗：

第 16 至 20 題爲題組

　　大約兩千年前，耶穌出生於現在的以色列。他的父母是猶太人。當時，
　　　　　　　　　　　　16
以色列被羅馬軍隊所佔領，許多猶太人希望他們長久以來預期將出現的救世
　　　17
主（也就是「基督」），會來重建他們的王國。

> * Jesus 〔'dʒizəs 〕 *n.* 耶穌【Jesus Christ　耶穌基督】
> approximately[6] 〔 ə'prɑksəmɪtlɪ 〕 *adv.* 大約 (= *about*[1])
> Israel 〔'ɪzrɪəl 〕 *n.* 以色列　　Jew 〔 dʒu 〕 *n.* 猶太人
> occupation[4] 〔 ͵ɑkjə'peʃən 〕 *n.* 佔領；佔據
> long-promised[2] 〔'lɔŋ'prɑmɪst 〕 *adj.* 長期承諾的；長期保證的
> messiah 〔 mə'saɪə 〕 *n.* 彌賽亞；救世主；基督　　or[1] 〔 ɔr 〕 *conj.* 也就是
> Christ 〔 kraɪst 〕 *n.* 基督【以救世主 (the Savior) 身分出現的耶穌的稱號】
> *their long-promised messiah* 他們長久以來預期將出現的救世主
> (= *a messiah that had been promised to them a long time ago*)
> restore[4] 〔 rɪ'stor 〕 *v.* 恢復；重建　　kingdom[2] 〔 kɪŋdəm 〕 *n.* 王國

16. (**D**)　依句意，選 (D) *what* is now Israel「現在的以色列」，what = the
　　　place that。而 (A) which 是關代，空格前無先行詞，用法不合；
　　　(B) in that「因爲」(= *because*)，(C) where 是關係副詞，表「地
　　　點」，空格前無先行詞，用法與句意皆不合。

17. (**A**)　*under occupation* 被佔領　　　under 表「在…中」，如 under
　　　discussion (討論中) 、under investigation (調查中) 等。

　　耶穌長大以後，前往各個城鎮去替人治病。他告訴人們，他們所尋求的
　　　　　　　　　　　　　　　　　　　　　　　　　　　18
王國，就在他們的心中。要獲得這個王國，他們只要愛上帝，並且愛彼此。

> * *as an adult* 長大以後　　*travel from town to town* 到各個城鎮
> heal[3] 〔 hil 〕 *v.* 治好　　seek[3] 〔 sik 〕 *v.* 尋求；尋找【seek-sought-sought】
> within[2] 〔 wɪð'ɪn 〕 *prep.* 在…之內　　reach[1] 〔 ritʃ 〕 *v.* 到達；獲得

18. (**C**) $\left.\begin{matrix} \textbf{\textit{heal}} \\ \textbf{\textit{cure}} \end{matrix}\right\}$ *sb. of sb's disease* 治好某人的病

因為羅馬人認為耶穌宣稱自己是國王，所以就將他釘在十字架上
　　　　　　　　　　　　　　　　　　　　　　　　　　　19
處死。耶穌在死後三天，就出現在信徒面前。耶穌告訴他們，他
就是基督，而且凡是信他者，必得永生。
　　　20

> * execute[5] 〔ˈɛksɪ‚kjut〕 *v.* 處死（= *put…to death*）；執行
> nail[2] 〔nel〕 *v.* 把…釘牢　 *n.* 釘子；指甲
> follower[3] 〔ˈfaloɚ〕 *n.* 信徒；追隨者
> ***believe in*** 信賴；信任【believe in God 信上帝】
> eternal[5] 〔ɪˈtɝnḷ〕 *adj.* 永恆的　　 ***eternal life*** 永生

> ex　＋ ecute
> ｜　　　｜
> *out* ＋ *follow*

19. (**C**)　(A) moss[5] 〔mɔs〕 *n.* 蘚苔
　　　　　　(B) toss[3] 〔tɔs〕 *v.* 抛；投擲
　　　　　　(C) ***cross***[2] 〔krɔs〕 *n.* 十字架　 *v.* 越過
　　　　　　(D) boss[1] 〔bɔs〕 *n.* 老闆

20. (**A**)　and 為對等連接詞，連接兩個文法地位相同的單字、片語或子句，前
　　　　　面是 that 引導的名詞子句，所以空格應填 ***that*** 引導另一個名詞子句，
　　　　　故選 (A)。在 Jesus told them ***that***…, ***and that***…中，第二個 that 不可
　　　　　省略。

第 21 至 25 題為題組

　　　巴黎萊雅公司的科學家，已經發現直髮和捲髮的原因。關鍵就在於髮根。
　　　　　　　　　　　　　　　　　　　　　　　　　　　　　　　21
他們利用 X 光來分析頭髮的分子，而分析的結果，可能會帶來一種全新的生物
　　　　　　　　　　　　　　　　　　　　　　　　　22
美髮產品。

> * L'Oréal 〔loˈriəl〕 *n.* 萊雅【全世界最大的化妝品集團，品牌包括植村秀、
>   Maybelline、Kiehl's、蘭蔻、卡尼爾、碧兒泉、薇姿、理膚寶水等】
> source[2] 〔sors〕 *n.* 來源；原因
> curly[4] 〔ˈkɝlɪ〕 *adj.* 捲的【curl[4] *v.* 使捲曲】
> ***the root of the hair*** 髮根（= *hair root*）
> molecular[2] 〔məˈlɛkjələ〕 *adj.* 分子的
> level[2] 〔ˈlɛvḷ〕 *n.* 等級；程度

> $\left\{\begin{matrix} \text{molecule}^5 \text{ 〔ˈmɑlə‚kjul〕 } n. \text{ 分子} \\ \text{molecular}^2 \text{ } adj. \text{ 分子的} \\ \text{atom}^4 \text{ 〔ˈætəm〕 } n. \text{ 原子} \\ \text{atomic}^4 \text{ 〔əˈtɑmɪk〕 } adj. \text{ 原子的} \end{matrix}\right.$

21. (**A**) 依句意，選 (A) *in*「在於」。

22. (**A**) (A) ***usher in*** 引進；帶來 (= *bring in*)；開始；開創
　　　　　　usher[6] 〔'ʌʃɚ〕 *v.* 引導　　*n.* 帶位員
　　　　　(B) come in 有… (尺寸、顏色、形狀等)
　　　　　(C) reside in 居住於 (= *dwell in* = *live in* = *inhabit*[6])；在於
　　　　　(D) take delight in 喜歡 (= *delight in* = *be fond of*)

　　任何新的美髮產品都會是荷爾蒙類的，因爲荷爾蒙似乎能夠影響髮質。對
　　　　　　　　　　　　　　　　　　　　23
於愛滋病患的研究 (因爲愛滋病患者都會服用荷爾蒙藥物) 已經顯示，捲髮的人
服用荷爾蒙藥物，眞的會發現自己的頭髮變直了。
24

　　　* hormone[6] 〔'hɔrmon〕 *n.* 荷爾蒙　　hormone-based *adj.* 荷爾蒙類的
　　　hair type 髮質　　curly-haired *adj.* 捲髮的
　　　hormonal[6] 〔hɔr'monḷ〕 *adj.* 荷爾蒙的　　actually[3] 〔'æktʃʊəlɪ〕 *adv.* 眞地

23. (**B**) 依句意，選 (B) *as*「因爲」(= *because*)。

24. (**D**) 空格應塡關代和動詞 who take，引導形容詞子句，修飾先行詞
　　　　　　people，又關代 who 可省略，而動詞須改成現在分詞 ***taking***，故
　　　　　　選 (D)。　　take〔tek〕 *v.* 服用 (藥物)

在全世界，每年都要花數十億美元在燙頭髮和把頭髮弄直——但是大家都知道，
這樣會使頭髮受損。人們也花大筆的錢在染髮劑上——但這都只是暫時性的。
另一方面，荷爾蒙洗髮精和藥物，很可能可以永久地解決問題。　　25

　　　* perm〔pɝm〕 *n.* 燙頭髮【get a perm 去燙頭髮】
　　　straightener〔'stretnɚ〕 *n.* 直髮器；把頭髮弄直的產品
　　　【straight[2] *adj.* 直的　　straighten[5] *v.* 把…弄直】
　　　vast[4]〔væst〕 *adj.* 巨大的　　sum[3]〔sʌm〕 *n.* 金額
　　　spend vast sums 花大筆的錢
　　　dye[2]〔daɪ〕 *n.* 染料　　***hair dye*** 染髮劑

　　　　　　　　　　　　　　　　　┌─────────────────┐
　　　　　　　　　　　　　　　　　│ shampoo[3] *n.* 洗髮精 │
　　　　　　　　　　　　　　　　　│ conditioner *n.* 潤髮乳 │
　　　　　　　　　　　　　　　　　└─────────────────┘

　　　shampoo[3]〔ʃæm'pu〕 *n.* 洗髮精
　　　promise[2]〔'prɑmɪs〕 *v.* 保證；大有…的可能；使人有…的指望

25. (**B**) (A) everlasting〔ˌɛvɚ'læstɪŋ〕 *adj.* 持久的
　　　　　(B) ***temporary***[3] 〔'tɛmpəˌrɛrɪ〕 *adj.* 暫時的
　　　　　(C) enduring[4]〔ɪn'djʊrɪŋ〕 *adj.* 持久的；永久的
　　　　　(D) perpetual〔pɚ'pɛtʃʊəl〕 *adj.* 永久的

第 26 至 30 題爲題組

奧地利的工業設計師克里斯多夫・雷特扎爾發明了一種裝置，能從空氣中取得濕氣，並使它凝結成可飲用的水。這種便利的裝置叫作 Fontus，可以附在腳踏車上，<u>以便於</u>騎腳踏車的人在鄉間長途騎車時，能自己製造水，因爲
　　　　26
那裡很少能中途停車。

* Kristof Retezár〔ˋkrɪstəf ˋrɛtəˏzɑr〕n. 克里斯多夫・雷特扎爾

industrial[3]〔ɪnˋdʌstrɪəl〕adj. 工業的　　designer[3]〔dɪˋzaɪnɚ〕n. 設計師

Austria〔ˋɔstrɪə〕n. 奧地利【Australia n. 澳洲】

device[4]〔dɪˋvaɪs〕n. 裝置　extract[6]〔ɪkˋstrækt〕v. 抽出；蒸餾出；獲得

humidity[4]〔hjuˋmɪdətɪ〕n. 濕氣（= *moisture*[3]）

condense[6]〔kənˋdɛns〕v. 濃縮；使凝結

drinkable[1]〔ˋdrɪŋkəbḷ〕adj. 可飲用的　　handy[3]〔ˋhændɪ〕adj. 便利的

attach[4]〔əˋtætʃ〕v. 附上　***bike rider*** 騎腳踏車的人（= *cyclist*）

generate[6]〔ˋdʒɛnəˏret〕v. 產生　　long-distance adj. 長途的

ride[2]〔raɪd〕n. 騎乘

through[2]〔θru〕prep. 在⋯到處

countryside[2]〔ˋkʌntrɪˏsaɪd〕n. 鄉間；鄉村地區

pit[3]〔pɪt〕n. 坑；洞；汽車修護處

pit stop （汽車賽中的）加油停車；維修停車；（搭乘長途汽車途中爲吃飯或上廁所的）中途停車　　***few and far between*** 稀少的；極少的

> few and far between
> = scarce[3]
> = rare[2] adj. 稀少的

26.（**A**）依句意，選 (A) *so that*「以便於」。而 (B) now that「既然」，
　　　(C) except that「除了⋯之外」，(D) for all (that)「儘管；雖然」，
　　　則不合句意。

Fontus 這種裝置，運用的是凝結的原理，將空氣中的濕氣<u>轉換</u>成可飲用的
　　　　　　　　　　　　　　　　　　　　　　　　27
水。這種太陽能的裝置，是<u>由凝結器組成</u>（其作用像是冷卻器），和一系列防
　　　　　　　　　　28
水的表面相連結。當這個安裝在腳踏車上的裝置吸入空氣時，這些表面就會變冷，凝結作用就產生了。

* principle[2]〔ˋprɪnsəpḷ〕n. 原則；原理

condensation[5]〔ˏkɑndɛnˋseʃən〕n. 凝結

solar[4]〔ˋsolɚ〕adj. 太陽（能）的　　power[1]〔ˋpaʊɚ〕v. 提供動力

solar-powered adj. 太陽能的　　condenser[6]〔kənˋdɛnsɚ〕n. 凝結器

function² 〔ˈfʌŋkʃən〕 *v.* 起作用　　cooler² 〔ˈkulə〕 *n.* 冷卻器

be connected to 和⋯連結　　***a series of*** 一系列的；一連串的

surface² 〔ˈsɝfɪs〕 *n.* 表面

repel 〔rɪˈpɛl〕 *v.* 逐退；驅逐；不透（水）

mounted⁵ 〔ˈmaʊntɪd〕 *adj.* 安裝好的；裝配好的

take in 讓⋯進入；吸收

be left with 交給；剩下

compel⁵	*v.* 強迫
expel⁶	*v.* 驅逐
propel⁶	*v.* 推進
repel	*v.* 逐退；驅逐

27. (**C**) (A) contract³ 〔kənˈtrækt〕 *v.* 收縮　〔ˈkɑntrækt〕 *n.* 合約

(B) conduct⁵ 〔kənˈdʌkt〕 *v.* 進行；做

conduct an experiment　做實驗

(C) ***convert***⁵ 〔kənˈvɝt〕 *v.* 使轉變

(D) construct⁴ 〔kənˈstrʌkt〕 *v.* 建造

constructive⁴ *adj.* 有建設性的

convert A into B
= turn A into B
= change A into B
使 A 變成 B

28. (**B**) (A) compose⁴ 〔kəmˈpoz〕 *v.* 組成　　be composed of　由⋯組成

(B) ***consist***⁴ 〔kənˈsɪst〕 *v.* 由⋯組成　　***consist of***　由⋯組成

(C) comprise⁶ 〔kəmˈpraɪz〕 *v.* 組成　　be comprised of　由⋯組成

(D) constitute⁴ 〔ˈkɑnstəˌtjut〕 *v.* 構成

Twelve months constitute a year.（一年有十二個月。）

這個裝置的原型包括一台在頂端的過濾器，能防止灰塵和小蟲進入水中，但是目前還無法過濾掉可能會有害的<u>污染物</u>。

29

* model² 〔ˈmɑdḷ〕 *n.* 模型；原型；⋯型；款式

first model 原型（= *prototype* 〔ˈprɑtəˌtaɪp〕）

include² 〔ɪnˈklud〕 *v.* 包括

filter⁵ 〔ˈfɪltə〕 *n.* 過濾器；濾水器　*v.* 過濾　　top¹ 〔tɑp〕 *n.* 頂端

keep⋯out of 阻擋⋯進入　　dust³ 〔dʌst〕 *n.* 灰塵

bug¹ 〔bʌg〕 *n.* 小蟲　　currently³ 〔ˈkɝəntlɪ〕 *adv.* 目前

filter out 濾除　　potentially⁵ 〔pəˈtɛnʃəlɪ〕 *adv.* 可能地（= *possibly*¹）

harmful³ 〔ˈhɑrmfəl〕 *adj.* 有害的

29. (**D**) (A) implement⁶ 〔ˈɪmpləmənt〕 *n.* 工具（= *tool*¹）

〔ˈɪmpləˌmɛnt〕 *v.* 實施（= *carry out*）

(B) compliment⁵ 〔ˈkɑmpləmənt〕 *n.* 稱讚（= *praise*²）

〔ˈkɑmpləˌmɛnt〕 *v.* 稱讚

(C) supplement⁶ 〔'sʌpləmənt 〕 n. 補足；追加
〔'sʌplə,mɛnt 〕 v. 補充；追加

(D) *contaminant*⁵ 〔 kən'tæmənət 〕 n. 污染物 (= *pollutant*⁶)
contaminate⁵ v. 污染 (= *pollute*³)

雷特扎爾也在致力於研發一種獨立的機型，用抽風機將空氣吸入系統中。這種新一代的機型能在全世界濕度高，但水源<u>不足的</u>地區使用。
30

* ***work on*** 致力於   stand-alone *adj.* 獨立的   version⁶ 〔'vɝʒən 〕 n. 版本
fan^{3,1} 〔 fæn 〕 n. 風扇；抽風機 (= *ventilator*)   suck³ 〔 sʌk 〕 v. 吸
next-generation *adj.* 下一代的   region² 〔'ridʒən 〕 n. 地區

30. (**A**) (A) *scarce*³ 〔 skɛrs 〕 *adj.* 不足的 (= *insufficient*³ = *deficient*⁶) ；
缺乏的   scarcity³ 〔'skɛrsətɪ 〕 n. 不足；缺乏

(B) weak¹ 〔 wik 〕 *adj.* 虛弱的

(C) abundant⁵ 〔 ə'bʌndənt 〕 *adj.* 豐富的

(D) prominent⁴ 〔'prɑmənənt 〕 *adj.* 傑出的
(= *outstanding*⁴) ；有名的 (= *famous*²)

> scare¹ v. 驚嚇；使害怕
> scarce³ *adj.* 不足的；缺乏的
> scarcely⁴ *adv.* 幾乎不

三、文意選填：

第 31 至 40 題為題組

追求財富的人以前會認為，如果他們找到大象的墳場，就能致富。傳說
^{31.} <u>(I)</u> 指出，年老的大象，當牠們知道自己快要死的時候，會到叢林中同一個祕密的地點才死亡。

* fortune³ 〔'fɔrtʃən 〕 n. 財富   hunter² 〔'hʌntɚ 〕 n. 搜尋者
used to V. 以前…   graveyard 〔'grev,jard 〕 n. 墳場
legend⁴ 〔'lɛdʒənd 〕 n. 傳說   ***Legend has it that*** 傳說指出
approach³ 〔 ə'protʃ 〕 v. 接近   secret² 〔'sikrɪt 〕 *adj.* 祕密的
spot² 〔 spat 〕 n. 地點   jungle³ 〔'dʒʌŋgḷ 〕 n. 叢林

根據一些 ^{32.} <u>(F)</u> 說法，受傷或生病的大象，會由其他的大象帶領，到達這個神聖的地點。當然，如果這是真的，那就表示，會有大量的 ^{33.} <u>(A)</u> 象牙堆積在這個隱密的地點。然而，^{34.} <u>(D)</u> 儘管做了許多次的嘗試，還是沒有人能找到這個神祕的大象墳場。

* account³ 〔 ə'kaʊnt 〕 *n.* 說法　　　wounded² 〔 'wʊndɪd 〕 *adj.* 受傷的
guide¹ 〔 gaɪd 〕 *v.* 引導；帶領　　　***so that*** 以便於
sacred⁵ 〔 'sekrɪd 〕 *adj.* 神聖的　　　***great amounts of*** 大量的
ivory³ 〔 'aɪvərɪ 〕 *n.* 象牙　　　accumulate⁶ 〔 ə'kjumjə‚let 〕 *v.* 累積
hidden² 〔 'hɪdṇ 〕 *adj.* 隱密的　　　despite⁴ 〔 dɪ'spaɪt 〕 *prep.* 儘管有
numerous⁴ 〔 'njumərəs 〕 *adj.* 很多的 (= *many*¹)
attempt³ 〔 ə'tɛmpt 〕 *n.* 企圖；嘗試　　　ever¹ 〔 'ɛvɚ 〕 *adv.* 曾經
mysterious⁴ 〔 mɪs'tɪrɪəs 〕 *adj.* 神祕的

　　然而，最近人們對於知道關於 ³⁵·(E) 活的大象眞正的習性，比企圖要找到
死掉大象的象牙，要來得有興趣。對大象感興趣的科學家前往了非洲，花了
很多年的時間觀察 ³⁶·(B) 野外的大象，要讓這些大型的動物習慣他們的存在，
好近 ³⁷·(H) 距離觀察牠們。他們對大象的了解，遠比得知某個祕密的埋葬地點，
還要來得更 ³⁸·(J) 令人興奮。

* recently² 〔 'risṇtlɪ 〕 *adv.* 最近　　　learn¹ 〔 lɝn 〕 *v.* 知道
truths² 〔 truθs 〕 *n. pl.* 事實；眞相 (= *facts*)
live¹ 〔 laɪv 〕 *adj.* 活的　　　behavior⁴ 〔 bɪ'hevjɚ 〕 *n.* 行爲；習性
attempt³ 〔 ə'tɛmpt 〕 *v.* 企圖；嘗試　　　tusk 〔 tʌsk 〕 *n.* (象的) 長牙
journey³ 〔 'dʒɝnɪ 〕 *v.* 前往 < *to* >　　　Africa 〔 'æfrɪkə 〕 *n.* 非洲
watch¹ 〔 watʃ 〕 *v.* 觀察　　　***in the wild*** 在野外　　　allow¹ 〔 ə'laʊ 〕 *v.* 讓
huge¹ 〔 hjudʒ 〕 *adj.* 巨大的　　　***get used to*** 習慣於
observe³ 〔 əb'zɝv 〕 *v.* 觀察　　　range² 〔 rendʒ 〕 *n.* 範圍；射擊距離
at close range 在近距離 (= *at short range*)
exciting² 〔 ɪk'saɪtɪŋ 〕 *adj.* 令人興奮的
location⁴ 〔 lo'keʃən 〕 *n.* 地點　　　some¹ 〔 sʌm 〕 *adj.* 某個
burial⁶ 〔 'bɛrɪəl 〕 *n.* 埋葬　　　site⁴ 〔 saɪt 〕 *n.* 地點

　　研究人員已經發現，大象是非常聰明的 ³⁹·(G) 群居動物，大象之間有堅固的友
誼，會幫忙保護及養育彼此的小孩。有同情心的大象會 ⁴⁰·(C) 聚集在受傷的朋
友周圍，事實上是想照顧並保護牠，而不是帶牠去某個虛構的墳場。

* researcher⁴ 〔 rɪ'sɝtʃɚ 〕 *n.* 研究人員
intelligent⁴ 〔 ɪn'tɛlədʒənt 〕 *adj.* 聰明的　　　social² 〔 'soʃəl 〕 *adj.* 群居的
form² 〔 fɔrm 〕 *v.* 形成　　　strong¹ 〔 strɔŋ 〕 *adj.* 堅固的
defend⁴ 〔 dɪ'fɛnd 〕 *v.* 保護 (= *protect*²)　　　raise¹ 〔 rez 〕 *v.* 養育
calf⁵ 〔 kæf 〕 *n.* 幼獸 (如小牛、小象等)

sympathetic[4] 〔͵sɪmpə'θɛtɪk 〕 *adj.* 有同情心的
crowd[2] 〔 kraʊd 〕 *v.* 群集;聚集　　actually[3] 〔'æktʃʊəlɪ 〕 *adv.* 事實上
nurse[1] 〔 nɝs 〕 *v.* 照顧　　***lead…off to*** 把…帶去
mythical 〔'mɪθɪkl̩ 〕 *adj.* 虛構的 (= *imaginary*[4])
【 myth[5] 〔 mɪθ 〕 *n.* 神話;迷思;不實的想法】

四、閱讀測驗:

第 41 至 44 題為題組

　　在過去的一個世紀中,各種不公平與歧視,都已經受到譴責,或被認為是違法的。但是有一種歧視卻持續成長中,那就是「按照字母順序的姓氏歧視」。對於那些至今還未察覺這種不利情況的人而言,這是指姓氏開頭的字母,排在字母表後半的人所受到的歧視。

* over[1] 〔'ovɚ 〕 *prep.* 在…期間　　century[2] 〔'sɛntʃərɪ 〕 *n.* 世紀
unfairness[2] 〔 ʌn'fɛrnɪs 〕 *n.* 不公平【 fair[2] *adj.* 公平的】
discrimination[6] 〔 dɪ͵skrɪmə'neʃən 〕 *n.* 歧視 < *against* >
condemn[5] 〔 kən'dɛm 〕 *v.* 譴責 (= *denounce*[6])
make[1] 〔 mek 〕 *v.* 使成為　　illegal[2] 〔 ɪ'ligl̩ 〕 *adj.* 非法的;違法的
form[2] 〔 fɔrm 〕 *n.* 形式;種類;型態
thrive[6] 〔 θraɪv 〕 *v.* 繁榮;興盛 (= *prosper*[4]);成長

> alphabetism 〔'ælfə͵bɛtɪzm̩ 〕 *n.* 按照字母順序的姓氏歧視;姓氏排名歧視
> (= *discrimination based on the alphabet*)【姓氏的首字母在 26 個字母中,排
> 在後半的人或事物,所遭受的不公平待遇。其他類似的說法有:racism (種族歧視)、
> sexism (性別歧視)、ageism (對老年人的歧視)、fattism (對胖子的歧視) 等】

as yet 到目前為止 (= *so far*)　　***be unaware of*** 不知道;未察覺到
disadvantage[3] 〔͵dɪsəd'væntɪdʒ 〕 *n.* 不利的情況　　***refer to*** 是指
family name 姓 (= *last name* = *surname* 〔'sɝ͵nem 〕)
【比較】first name 名 (= *given name*)
begin with 以…開始 (= *start with*)　　letter[1] 〔'lɛtɚ 〕 *n.* 字母
the latter half 後半　　alphabet[2] 〔'ælfə͵bɛt 〕 *n.* 字母 (系統)

　　人們早就知道,當顧客在迅速翻閱他們的電話簿時,名叫「AAAA 汽車」的計程車行,比「Zodiac 汽車」,有更大的優勢。大家比較不知道的是,在人生中,Adam Abbott 會比 Zoë Zysman 佔優勢。英文名字是相當平均地分布在前後半字母表。但可疑的是,有很多重要人物的姓氏,其開頭字母通常是在 A 到 K 之間。

* long[1] 〔 lɔŋ 〕 *adv.* 長期地　　firm[2] 〔 fɜm 〕 *n.* 公司 (= *company*[2])
advantage[3] 〔 əd'væntɪdʒ 〕 *n.* 優勢;有利的地位 < *over* >
zodiac ('zodɪˌæk) *n.* 黃道帶【指太陽、月亮及鄰近行星所構成的假想帶,分成
　　十二宮,每個宮都按星座命名,例如:Which sign of the zodiac were you
　　born under? (你是屬於哪個星座的?)】
thumb[2] 〔 θʌm 〕 *v.* 用拇指翻查;迅速地翻閱　　*n.* 拇指【注意發音】
thumb through 迅速地翻閱　　***phone directory*** 電話簿
well known 有名的;爲人所熟知的
Adam Abbott ('ædəm'æbət) *n.* 亞當・阿伯特
Zoë Zysman ('zoɪ'zɪsmən) *n.* 柔依・茲斯曼　　fairly[3] ('fɛrlɪ) *adv.* 相當地
evenly[2] ('ivənlɪ) *adv.* 平均地　　spread[2] 〔 sprɛd 〕 *v.* 分散;分佈
yet[1] 〔 jɛt 〕 *adv.* 但是　　suspiciously[4] 〔 sə'spɪʃəslɪ 〕 *adv.* 可疑地
a large number of 很多的　　top[1] 〔 tɑp 〕 *adj.* 頂端的;最重要的　*n.* 頂端

　　舉例來說,美國前總統 (George Bush) 與副總統 (Dick Cheney),其姓氏
的開頭字母分別是 B 和 C,而且喬治・布希之前的總統 (包括其父親),有二
十六位總統的姓氏,開頭字母是在字母表的前半 (即 A 到 M),而只有十六位
總統,姓氏的開頭字母是在字母表的後半 (即 N 到 Z)。

* former[2] ('fɔrmə) *adj.* 前任的【late[1] *adj.* 已故的】
vice-president ('vaɪs'prɛzədənt) *n.* 副總統
respectively[6] 〔 rɪ'spɛktɪvlɪ 〕 *adv.* 分別地 (= *separately*[2])
predecessor[6] (ˌprɛdɪ'sɛsə) *n.* 前任;前輩　　***the first half*** 上半;前半
against[1] 〔 ə'gɛnst 〕 *prep.* 與…對照;與…對比
the second half 下半;後半 (= *the latter half* = *the lower half*)

更令人印象深刻的是,全世界最富裕的七大工業國中,就有六個政府的領袖
(Berlusconi、Blair、Bush、Chirac、Chrétien,及 Koizumi),都是在字母順序
上佔優勢 (即姓氏的開頭字母是在字母表的前半)。全世界前三大央行行長
(Greenspan、Duisenberg,及 Hayami) 姓氏的開頭字母,全都靠近字母表的最
前端,即使其中有一位的名字其實是日文,而全世界前五大富翁 (Gates、
Buffett、Allen、Ellison,及 Albrecht) 也一樣。

* striking[2] ('straɪkɪŋ) *adj.* 顯著的 (= *noticeable*[5]);令人印象深刻的
head[1] 〔 hɛd 〕 *n.* 領袖
G7 七大工業國【包括英國、加拿大、法國、德國、義大利、日本,及美國】
alphabetically[3] (ˌælfə'bɛtɪklɪ) *adv.* 在字母順序上
advantaged[3] 〔 əd'væntɪdʒd 〕 *adj.* 佔優勢的

Berlusconi〔ˌbɝlusˈkonɪ〕*n.*（前義大利總理）貝魯斯科尼

Blair〔blɛr〕*n.*（前英國首相）布萊爾　　Bush〔buʃ〕*n.*（前美國總統）布希

Chirac〔ʃɪˈhɑk〕*n.*（前法國總統）席哈克

Chrétien〔kreˈtjæn〕*n.*（前加拿大總理）克雷蒂安

Koizumi〔koɪˈzumɪ〕*n.*（前日本首相）小泉純一郎

central² 〔ˈsɛntrəl〕*adj.* 中央的　　banker² 〔ˈbæŋkɚ〕*n.* 銀行家

central banker 央行行長【central bank 中央銀行】

Greenspan〔ˈgrinˌspæn〕*n.*（美國聯邦儲備委員會前主席）格林斯潘

Duisenburg〔ˈdjusənˌbɝg〕*n.*（歐洲央行總裁）杜森伯格

Hayami〔haˈjɑmɪ〕*n.*（日本銀行總裁）速水優

character² 〔ˈkærɪktɚ〕*n.* 文字；字母

Gates〔gets〕*n.* 蓋茲【Bill Gates，「微軟」總裁】

Buffett〔ˈbʌfɪt〕*n.* 巴菲特【Warren Buffett，美國巴郡公司董事長兼總裁，
　　人稱「股神」，是全世界有史以來，靠股票賺最多錢的人】

Allen〔ˈælən〕*n.* 艾倫【Paul Allen，「微軟」創辦人之一】

Ellison〔ˈɛlɪsn̩〕*n.* 埃里森【「甲骨文軟體」創辦人 Lawrence J. Ellison，
　　是 Oracle（美國甲骨文公司）的執行長，為矽谷首富】

Albrecht〔ˈɑlbrɛht〕*n.* 阿爾布雷赫特【Karl & Theo Albrecht，德國 Aldi
　　連鎖超市和美國 Trader Joe 超市的所有人，身價 256 億美元】

　　這有可能只是巧合嗎？那些在字母排列順序上處於不利地位，（因受歧視）
而擁有很多空閒時間的人，就想出了一個理論，認為這種倒楣的事情老早就開
始了。

* merely⁴ 〔ˈmɪrlɪ〕*adv.* 僅僅；只　　coincidence⁶ 〔koˈɪnsədəns〕*n.* 巧合

theory³ 〔ˈθiərɪ〕*n.* 理論　　***dream up*** 想到；憑空想出（= *imagine*²）

spare time 空閒時間　　enjoy² 〔ɪnˈdʒɔɪ〕*v.* 享受；享有；擁有

disadvantaged⁴ 〔ˌdɪsədˈvæntɪdʒd〕*adj.* 處於不利地位的

> ***the alphabetically disadvantaged*** 在字母排列順序上處於
> 不利地位的人【按字母順序排列，有時甚至會產生政治問題。據
> 說日本，就是因為不願看到韓國，按英文字母排序在前，而把其
> 英文名 Corea 改成 Korea，這樣就排在日本（Japan）的後面了】

rot³ 〔rɑt〕*n.* 腐敗；突然的連續失誤　　***set in*** 開始（= *start*¹）

the rot sets in 接二連三出差錯；倒楣的事情不斷發生

在上幼兒學校的第一年，一開始老師會讓學生按照字母序，從最前面的位置
往後坐，這樣就比較容易記住學生的名字。所以有近視的小茲斯曼，就被困

在後排的座位，那些比較不敏感的老師，在提出一些能增進知識的問題時，就很少會問到他。

* infant[4] 〔'ɪnfənt〕 adj. 幼兒的　　***infant school*** 幼兒學校
  seat[1] 〔sit〕 v. 使就座　　pupil[2] 〔'pjupl〕 n. 學生
  front[1] 〔frʌnt〕 n. 前面；最前面的位置
  shortsighted[4] 〔'ʃɔrt'saɪtɪd〕 adj. 近視的（= *nearsighted*[4]）
  junior[4] 〔'dʒunjə〕 n. 較年幼者；兒子
  Zysman junior 小茲斯曼；茲斯曼的兒子（= *the son of Zysman*）
  stuck[2] 〔stʌk〕 adj. 困住的；卡住的　　row[1] 〔ro〕 n. 一排（座位）
  back row 後排（↔ *front row* 前排）　　rarely[2] 〔'rɛrlɪ〕 adv. 很少
  improving[2] 〔ɪm'pruvɪŋ〕 adj. 有敎育意義的；能增進知識的
  pose[2] 〔poz〕 v. 提出（問題）（= *ask*[1]）
  insensitive[3] 〔ɪn'sɛnsətɪv〕 adj. 不敏感的；不體貼人的

在那時，這些在字母排列順序上處於劣勢的人，可能會認爲自己僥倖逃過一劫。但結果可能就是，他們所具備的條件會比較差，因爲較少受到個別的關注，並且在公開發言時，也會比較沒自信。

* ***have a lucky escape*** 僥倖逃過一劫（= *have a narrow escape*）
  qualifications[6] 〔,kwɑləfə'keʃən〕 n. pl. 資格；條件　　***as well as*** 以及

　這樣的羞辱一直持續存在。在大學畢業典禮上，姓氏開頭字母爲 A、B、或 C 的人，會很驕傲地先上台領獎；等輪到叫 Zysman 的人領獎時，大部分的人其實都睡著了。求職面試時的決選名單、選舉投票用紙，及會議發言人和參加者的名單，通常都會按照字母序來寫，而當收到名單的人費力地閱讀時，看到後面就會失去興趣了。

* humiliation[6] 〔hju,mɪlɪ'eʃən〕 n. 羞辱；屈辱（= *shame*[3]）
  continue[1] 〔kən'tɪnju〕 v. 持續；繼續存在
  graduation ceremony 畢業典禮
  the ABCs 姓氏開頭字母爲 A、B，或 C 的人
  award[3] 〔ə'wɔrd〕 n. 獎；獎品　　***by the time*** 到了…的時候
  literally[6] 〔'lɪtərəlɪ〕 adv. 確實地；完全地　　Z 〔zi〕 n. 短時間的小睡
  have a ZZZ 昏昏沉沉地睡（= *catch some Z's*）
  shortlist 〔'ʃɔrt,lɪst〕 n. 供最後挑選用的候選人名單；決選名單
  【longlist n. 入圍名單】
  ballot[5] 〔'bælət〕 n.（無記名）投票　　***ballot paper*** 投票用紙
  conference[4] 〔'kɑnfərəns〕 n. 會議　　speaker[2] 〔'spikə〕 n. 演說者
  attendee 〔ə,tɛn'di, ,ætɛn'di〕 n. 出席者；參加者（= *attendant*[6]）

tend to V. 易於…；傾向於…　　*draw up* 草擬；寫出
recipient[6]〔rɪ'sɪpɪənt〕*n.* 接受者；領受者
plough〔plaʊ〕*v.* 犁（田）；費力地讀【plow[5]〔plaʊ〕*n.* 犁】
plough through 費力地閱讀；好不容易看完

41. (**A**) 作者打算用 AAAA Cars 和 Zodiac Cars 這個例子說明什麼？
(A) 一種品牌之間的不公平。　　(B) 一種製造的偏見。
(C) 一種個人的偏見。　　　　　(D) 一種對特定公司的歧視。

* author[3]〔'ɔθɚ〕*n.* 作者　　*intend to V.* 打算…
illustrate[4]〔'ɪləstret〕*v.* 說明　　inequality[4]〔,ɪnɪ'kwɑlətɪ〕*n.* 不公平
brand[2]〔brænd〕*n.* 品牌　　manufacture[4]〔,mænjə'fæktʃɚ〕*v.* 製造
bias[6]〔'baɪəs〕*n.* 偏見　　prejudice[6]〔'prɛdʒədɪs〕*n.* 偏見（= *bias*[6]）
specific[3]〔spɪ'sɪfɪk〕*adj.* 特定的

42. (**D**) 從前三段我們可以推論出什麼？
(A) 在東方和西方國家，名字對成功而言是非常重要的。
(B) Zoë Zysman 的失敗，可以歸咎於字母系統。
(C) 顧客常常會非常注意公司的名字。
(D) 有些類型的歧視太細微，不容易看出來。

* infer[6]〔ɪn'fɝ〕*v.* 推論　　essential[4]〔ə'sɛnʃəl〕*adj.* 必要的；非常重要的
be to blame 該受責備；是…的原因；該為…負責
pay attention to 注意　　form[2]〔fɔrm〕*n.* 形式
subtle[6]〔'sʌtl̩〕*adj.* 微妙的　　recognize[3]〔'rɛkəg,naɪz〕*v.* 認得；看出

43. (**B**) 作者在第五段第三行寫的 "**most people are literally having a ZZZ**"，是什麼意思？
(A) 他們變得不耐煩。　　　　(B) 他們已經打瞌睡了。
(C) 他們覺得受到羞辱。　　　　(D) 他們忙著玩填字遊戲。

* impatient[2]〔ɪm'peʃənt〕*adj.* 不耐煩的　　*doze off* 打瞌睡
humiliated[6]〔hju'mɪlɪ,etɪd〕*adj.* 被羞辱的　　*be busy with* 忙於
puzzle[2]〔'pʌzl̩〕*n.* 謎　　*word puzzle* 填字遊戲

44. (**D**) 根據本文，下列何者正確？
(A) 姓氏開頭字母是 N 到 Z 的，常會被虐待。
(B) 西方國家的重要人物支持按照字母順序的姓氏歧視。
(C) 要消除按照字母順序的姓氏歧視，還有很長的路要走。
(D) 將事物按照字母序排列，可能會造成非故意的歧視。

* text[3] 〔 tɛkst 〕 *n.* 內文　　ill-treat 〔 ͵ɪl'trit 〕 *v.* 虐待
VIPs 大人物 (= *Very Important Persons*)
the Western world 西方國家
campaign[4] 〔 kæm'pen 〕 *n.* 運動；活動
eliminate[4] 〔 ɪ'lɪmə͵net 〕 *v.* 除去　　**lead to** 造成
unintentional[4] 〔 ͵ʌnɪn'tɛnʃənl 〕 *adj.* 非故意的

第 45 至 48 題為題組

　　個性大多是天生的──具有 A 型人格的父母，通常會生出 A 型人格的子女。但環境也一定會有很深的影響，因為如果父母重視競爭，那麼競爭就很可能會在他們子女的生活中，變成一個很重要的因素。

* personality[3] 〔 ͵pɝsn'ælətɪ 〕 *n.* 個性
extent[4] 〔 ɪk'stɛnt 〕 *n.* 程度；範圍
to a large extent 大部分 (= *largely*[4] = *mostly*[4])
inherent[6] 〔 ɪn'hɪrənt 〕 *adj.* 天生的；生來就有的
A-type *adj.* A 型人格的　　**bring about** 導致；造成
offspring[6] 〔 'ɔf͵sprɪŋ 〕 *n.* 子孫 (= *descendants*[6])；子女 (= *children*[1])
【ancestor[4] *n.* 祖先】　　profound[6] 〔 prə'faund 〕 *adj.* 深的 (= *deep*[1])
effect[2] 〔 ɪ'fɛkt 〕 *n.* 影響　　competition[4] 〔 ͵kɑmpə'tɪʃən 〕 *n.* 競爭
be likely to 很可能　　major[3] 〔 'medʒɚ 〕 *adj.* 主要的；較重要的
factor[3] 〔 'fæktɚ 〕 *n.* 因素

> inherent[6] *adj.* 天生的
> = innate 〔 ɪ'net 〕
> = inborn 〔 ɪn'bɔrn 〕
> = natural[2]

　　在像學校這樣的地方，孩子們會吸收 A 型人格的特質，而學校真正的本質，就是一個高度競爭的機構。有很多學校採用「不計任何代價都要贏」的道德標準，並藉由體育成績，來衡量學生是否成功。

* **soak up** 吸收　　characteristic[4] 〔 ͵kærɪktə'rɪstɪk 〕 *n.* 特質；特性
very[1] 〔 'vɛrɪ 〕 *adj.* 真正的　　nature[1] 〔 'netʃɚ 〕 *n.* 本質；天性
by nature 就其本性而言；天生　　highly[4] 〔 'haɪlɪ 〕 *adv.* 非常地 (= *very*)
competitive[4] 〔 kəm'pɛtətɪv 〕 *adj.* 競爭的；好競爭的
institution[6] 〔 ͵ɪnstə'tjuʃən 〕 *n.* 機構
too[1] 〔 tu 〕 *adv.* 太；非常；極為
adopt[3] 〔 ə'dɑpt 〕 *v.* 採用　　cost[1] 〔 kɔst 〕 *n.* 代價
at all costs 不計任何代價；無論如何
moral[3] 〔 'mɔrəl 〕 *adj.* 道德的
standard[2] 〔 'stændɚd 〕 *n.* 標準
measure[2,4] 〔 'mɛʒɚ 〕 *v.* 衡量　　sporting[1] 〔 'sportɪŋ 〕 *adj.* 運動的
achievements[3] 〔 ə'tʃivmənts 〕 *n. pl.* 成就；成績
sporting achievements 運動成績；體育成績

> at all costs 無論如何
> = at any cost
> = at any rate
> = anyway[2]

目前這種讓孩子和同學互相競爭，或和時間賽跑的這種狂熱，產生了雙層結構，在這樣的結構中，好競爭的 A 型人格者，不知道為什麼，似乎會比他們 B 型人格的同伴要來得優秀。但是太渴望獲勝，可能會有危險的後果：還記得菲迪浦底斯吧，他是第一個跑馬拉松的人，在他說完：「大家歡呼吧，我們贏了！」之後沒幾秒，就倒地而死。

* current³〔ˈkɝənt〕adj. 現今的；目前的【current events 時事】
passion³〔ˈpæʃən〕n. 熱情；狂熱　　compete³〔kəmˈpit〕v. 競爭
compete against 和…競爭（= compete with）
compete against the clock 和時間賽跑；分秒必爭
level¹〔ˈlɛvl̩〕n. 階層　　***two-level system*** 雙層結構
in some way 以某種方式；在某個方面；不知道為什麼（= somehow³）
fellow²〔ˈfɛlo〕n. 同伴；朋友　　keen⁴〔kin〕adj. 渴望的
consequence⁴〔ˈkɑnsə‚kwɛns〕n. 後果
Pheidippides〔faɪˈdɪpə‚diz〕n. 菲迪浦底斯【古希臘運動家】

> marathon〔ˈmærə‚θɑn〕n. 馬拉松【源自希臘地名 Marathon，因 490 B.C.雅典軍隊大敗波斯軍隊於該處時，有一個雅典士兵為報喜訊，而由 Marathon 一路跑到雅典，全程約 26 英里，之後倒地而死】

drop dead 倒斃；猝死　　second¹〔ˈsɛkənd〕n. 秒
rejoice⁵〔rɪˈdʒɔɪs〕v. 高興；欣喜　　conquer⁴〔ˈkɑŋkɚ〕v. 征服；獲勝

　　在學校的競爭當中，最糟的一種，就是不成比例地過分重視考試。很少有學校會讓學生專注於他們所擅長的事。藉由考試來競爭，其優點有點令人懷疑，但明知會失敗還去競爭，那就肯定會有害。

* ***by far*** 顯然；尤其【強調最高級】
competition⁴〔‚kɑmpəˈtɪʃən〕n. 競爭
disproportionate〔‚dɪsprəˈporʃənɪt〕adj. 不成比例的
【proportion⁵ n. 比例】
emphasis⁴〔ˈɛmfəsɪs〕n. 強調；重視 < on >
rare²〔rɛr〕adj. 罕見的；稀有的　　allow¹〔əˈlaʊ〕v. 讓
pupil²〔ˈpjupl̩〕n.（中、小學的）學生　　***concentrate on*** 專心於
merit⁴〔ˈmɛrɪt〕n. 優點　　somewhat³〔ˈsʌm‚hwɑt〕adv. 有一點
questionable¹〔ˈkwɛstʃənəbl̩〕adj. 有問題的；
　　可疑的　　certain¹〔ˈsɝtn̩〕adj. 確實的
knowledge²〔ˈnɑlɪdʒ〕n. 知識；知道
in the certain knowledge of 確實知道；明知
positively²〔ˈpɑzətɪvlɪ〕adv. 肯定地；確實地

> somewhat³ adv. 有一點
> = kind of
> = sort of
> = a little

　　很明顯的是，要所有 B 型人格的孩子都變成 A 型人格，是既不實際，而且也不是大家想要的。這個世界需要兩種類型的人，而學校的重要職責，就是要讓孩子的個性，與其未來可能從事的職業相配合。

* obviously³〔'ɑbvɪəslɪ〕*adv.* 明顯地 (= *evidently*⁴)
  neither A nor B 既不 A，也不 B　　practical³〔'præktɪkḷ〕*adj.* 實際的
  desirable³〔dɪ'zaɪrəbḷ〕*adj.* 值得擁有的；使人喜愛的
  youngster³〔'jʌŋstɚ〕*n.* 年輕人；小孩子　　***change into*** 變成 (= *turn into*)
  duty⁴〔'djutɪ〕*n.* 義務；職責　　match²'¹〔mætʃ〕*v.* 使相配
  match A to B 使 A 和 B 相配合 (= *match A with B*)
  employment³〔ɪm'plɔɪmənt〕*n.* 職業；工作

　　如果學校能不那麼注重學業，那就能用較多時間，教導孩子更值得信賴的價值觀。也許在選擇人才從事照顧他人的行業時，尤其是醫學方面，可以不要那麼注重良好的化學成績，而是多考慮其他因素，像是體貼與同情。只從具有 A 型人格的人當中選擇我們的醫生，當然是錯誤的。B 型人格的人很重要，應該受到鼓勵。

* focus²〔'fokəs〕*n.* 關注的焦點；關注；注意 < *on* >
  academic⁴〔ˌækə'dɛmɪk〕*adj.* 學術的　　***academic work*** 學術；學業
  lessen⁵〔'lɛsṇ〕*v.* 減少　　sure¹〔ʃur〕*adj.* 確實的；可信賴的
  values²〔'væljuz〕*n. pl.* 價值觀　　selection²〔sə'lɛkʃən〕*n.* 選擇；選拔
  caring¹〔'kɛrɪŋ〕*adj.* 照顧的　　profession⁴〔prə'fɛʃən〕*n.* 職業
  medicine²〔'mɛdəsṇ〕*n.* 醫學；醫術
  consideration³〔kənˌsɪdə'reʃən〕*n.* 該考慮的事
  sensitivity⁵〔ˌsɛnsə'tɪvətɪ〕*n.* 敏感；同情 (= *compassion*⁵ = *sympathy*⁴) ；
  　體貼 (= *thoughtfulness*⁴)　　sympathy⁴〔'sɪmpəθɪ〕*n.* 同情
  exclusively⁶〔ɪks'klusɪvlɪ〕*adv.* 專門地；完全地；僅
  stock⁴〔stak〕*n.* 儲備物；供應物；群體
  encourage²〔ɪn'kɝɪdʒ〕*v.* 鼓勵

45. (**C**) 根據本文，A 型人格的人，通常是 ＿＿＿＿＿＿。
  (A) 親切的　　　　　　　　　　(B) 體貼的
  (C) 積極進取的　　　　　　　　(D) 討人喜歡的

  * amiable⁶〔'emɪəbḷ〕*adj.* 親切的
    considerate⁵〔kən'sɪdərɪt〕*adj.* 體貼的
    aggressive⁴〔ə'grɛsɪv〕*adj.* 有攻擊性的；積極進取的
    agreeable⁴〔ə'griəbḷ〕*adj.* 討人喜歡的
  .

46. (**B**) 作者強烈反對學校的考試制度，因為 ＿＿＿＿＿＿＿。
　　　(A) 考試不會著重價值觀　　　　(B) <u>有些學生一定會不及格</u>
　　　(C) 失敗率太高　　　　　　　　(D) 考試成績沒有價值
　　　* *be opposed to* 反對　　　practice[1] 〔 'præktɪs 〕 *n.* 做法；慣例
　　　be bound to V. 一定…　　　fail[2] 〔 fel 〕 *v.* 失敗；不及格
　　　results[2] 〔 rɪ'zʌlts 〕 *n. pl.* 成績　　　worthless[2] 〔 'wɝθlɪs 〕 *adj.* 無價值的

47. (**B**) 醫療專業人士的選拔，目前是根據 ＿＿＿＿＿＿＿。
　　　(A) 應徵者的敏感度　　　　　　(B) <u>學業成績</u>
　　　(C) 競爭的精神　　　　　　　　(D) 更可靠的價值觀
　　　* professional[4] 〔 prə'fɛʃənḷ 〕 *n.* 專業人士

48. (**C**) 我們從最後一段可推論，＿＿＿＿＿＿＿。
　　　(A) 作者認為 A 型人格的人不適合醫療業
　　　(B) 作者認為只有 A 型人格的人適合醫療業
　　　(C) <u>作者認為 B 型人格的人可能比 A 型人格的人更敏感</u>
　　　(D) 作者認為 B 型人格的人可能不像 A 型人格的人重要
　　　* suitable[3] 〔 'sutəbḷ 〕 *adj.* 適合的 < *for* >
　　　sensitive[3] 〔 'sɛnsətɪv 〕 *adj.* 敏感的；體貼的

【A 型與 B 型人格】

　　A 型人格行為的特徵，可從下列幾點來觀察：

1. **價　　值**：設定高標準、渴望獲得權力、沈溺於競爭
　　　　　　　與挑戰、忽視娛樂，且尋求領導者角色等。

2. **想法方式**：同時思考幾個不相干的想法或不同的行動，
　　　　　　　進行前一件事，就開始對下一件事反應，
　　　　　　　行動機警，隨時處於備戰狀態，視所有目標為挑戰，與時間戰鬥，
　　　　　　　疲勞也不放棄，對自己的無耐性、易怒暴躁行為無覺察性。

3. **人際關係**：自我中心，非良好傾聽者，易生氣與抱怨，以虛張聲勢掩飾不安
　　　　　　　全感與自卑。

4. **反應風格**：說話快速，會有似機關槍的斷音、用爆發式音量加快速度、直接
　　　　　　　說出觀點、會催促說話者、描述事情常用肢體語言增加氣勢。

5. **姿勢與動作**：緊張、有活力、肌肉緊繃，緊張時容易握緊拳頭、休息時不易
　　　　　　　維持固定姿勢。

6. **臉部表情**：笑容短暫緊張，且顯示不耐煩，以拉緊下顎肌肉或咬緊牙關強調
　　　　　　　意見，聲音跳動。

7. **呼　　吸**：經常中斷呼吸節奏，談話時用力吸氣，偶爾會嘆氣。

B 型人格特質是 A 型人格特質的相反。對事情或工作的態度，比較輕鬆而不會有罪惡感，也不太會經歷時間緊迫的感覺，較能從容地完成工作，對於自己的成就與一切事情感到滿足。B 型人格者比較不會沒耐性、不耐煩，對於自己的成就不認為一定要汲汲營營，也可能認為沒有必要討論自己的成就；至於對休閒的態度，則認為是為了放鬆自己，也可以毫無罪惡感地去享受。

因此，A 型人格者可能會比 B 型人格者承受較大的壓力；但是 A 型人格與 B 型人格並非截然不同，無法用二分法將之一分為二。一般說來，大部分的人可能都帶有部分 A 型或部分 B 型人格特質，可能其中一部份較明顯，而傾向某種型態。人格特質的行為是可以改變的，B 型人格也可能擁有部分 A 型人格或特徵，只是對於 B 型人格而言，他們的 A 型人格特質並非是長期、持續，及無法改變的。

第 49 至 52 題為題組

他是個無名的嬰兒。在「鐵達尼號」於 1912 年沉沒後六天，這個嬰兒就在北大西洋被發現，並帶回來，這個小小的屍體讓救難人員非常心疼，所以就將他稱為「我們的嬰兒」。

* north¹〔nɔrθ〕*adj.* 北方的　　Atlantic〔ət'læntɪk〕*n.* 大西洋
sinking²〔'sɪŋkɪŋ〕*n.* 沉沒　　tiny¹〔'taɪnɪ〕*adj.* 微小的
body¹〔'bɑdɪ〕*n.* 屍體（= *corpse*⁶〔kɔrps〕= *carcass*〔'kɑrkəs〕）
move¹〔muv〕*v.* 使感動（= *touch*¹）　　salvage〔'sælvɪdʒ〕*n.* 海難援救【對遇難船舶與貨物的搶救】【salvation⁶〔sæl'veʃən〕*n.* 拯救；救濟；救援】

> Titanic〔taɪ'tænɪk〕*n.* 鐵達尼號【英國豪華巨輪，1912 年處女航中，在加拿大東部紐芬蘭島（Newfoundland）南方撞上冰山而沉沒，造成 1,500 多名乘客罹難】

在他們位於新斯科夏省的母港哈利法克斯，人們發動募捐，在小嬰兒的墳墓前立了一個墓碑，上面刻著這些字：「紀念一個無名的孩子。」從那時起，他就在那裡長眠。

* home¹〔hom〕*adj.* 故鄉的；本國的　　port²〔port〕*n.* 港口
home port 母港；船籍港　　Halifax〔'hæləˌfæks〕*n.* 哈利法克斯
Nova Scotia〔'novə'skoʃə〕*n.* 新斯科夏省【加拿大東部的半島省份，首府為
　Halifax】　　collect²〔kə'lɛkt〕*v.* 募（款）
tombstone〔'tumˌston〕*n.* 墓碑（= *gravestone*）【tomb⁴ *n.* 墳墓】
grave⁴〔grev〕*n.* 墳墓　　carve⁴〔kɑrv〕*v.* 雕刻

> *to the memory of* 紀念（= *in memory of*）
>
> unknown[1]〔ʌn'nɑn〕*adj.* 不為人知的；無名的
>
> rest[1]〔rɛst〕*v.* 長眠；安息
>
> *ever since* 從那時以後（直到現在）（= *since then*）

但是歷史自有其揭露祕密的方法。就在今年的 11 月 5 日，有一家三口從芬蘭來到哈利法克斯，將鮮花放在那個墳墓前。「這是我們的嬰兒，」68 歲的銀行家瑪格達・史萊佛說道。她從小到大，都一直聽說關於她姨婆瑪麗亞・潘努拉的故事，當年她姨婆 42 歲，搭乘「鐵達尼號」前往美國，要跟她的丈夫團聚。

> * uncover[6]〔ʌn'kʌvɚ〕*v.* 暴露；揭發　　　Finland〔'fɪnlənd〕*n.* 芬蘭
>
> lay[3]〔le〕*v.* 下（蛋）；放置；奠定【lay-laid-laid】
>
> fresh[3]〔frɛʃ〕*adj.* 新鮮的
>
> Magda Schleifer〔'mægdə'ʃlaɪfɚ〕*n.* 瑪格達・史萊佛
>
> banker[2]〔'bæŋkɚ〕*n.* 銀行家　　　*grow up* 長大
>
> grandaunt〔'grænd'ænt〕*n.* 姑婆；姨婆　　　*named* ～ 名叫～
>
> Maria Panula〔mə'rɪə'pɑnulə〕*n.* 瑪麗亞・潘努拉
>
> *sail on* 乘坐（…船）　　　reunite[4]〔ˌrijʊ'naɪt〕*v.* 團聚

根據史萊佛太太所收集到的資料，潘努拉放棄她在救生艇上的位子，去尋找她的五個孩子——其中包括一個 13 個月大的嬰兒，名叫艾諾——他們是在船要沉沒前的最後幾分鐘內失散的。「我們以為他們全都葬身海底了，」史萊佛說道。

> * *give up* 放棄　　　lifeboat[3]〔'laɪf,bot〕*n.* 救生艇
>
> *search for* 尋找　　　Eino〔'eno〕*n.* 艾諾
>
> separate[2]〔'sɛpə,ret〕*v.* 使分開；使失散
>
> *become separated from* sb. 和某人分開；和某人失散
>
> sink[2]〔sɪŋk〕*v.* 沉沒【sink-sank-sunk】
>
> lost[2]〔lɔst〕*adj.* 行蹤不明的；已死亡的；淹死了的

> lifeboat[3] *n.* 救生艇
> life jacket 救生衣

現在，科學家利用從那名嬰兒的墳墓中，所取得的牙齒及骨頭的碎片，將那個無名嬰兒的 DNA，和從五個家庭的成員所收集來的 DNA 做比對，他們有親戚搭乘「鐵達尼號」，而屍體都尚未尋獲。檢驗的結果證明，唯一可能的人，就是年幼的艾諾。現在這家人認為，沒有必要再建造一座新的墳墓。「他屬於哈利法克斯的居民。他們已經照顧他九十年了。」

* compare[2]〔kəm'pɛr〕v. 比較　　DNA n. 去氧核糖核酸
sample[2]〔'sæmpḷ〕n. 樣本　　relative[4]〔'rɛlətɪv〕n. 親戚
recover[3]〔rɪ'kʌvɚ〕v. 尋回（= retrieve[6]）
test[2]〔tɛst〕n. 檢驗；分析；鑑定　　point to 顯示；證明
young[1]〔jʌŋ〕adj. 年幼的　　see no need 認為沒有必要（= think it is
not necessary）　　belong to 屬於　　take care of 照顧

49. (**A**) 那名嬰兒和他的 _____ 一起搭乘鐵達尼號。
　　(A) 媽媽　　　　(B) 父母　　　　(C) 阿姨　　　　(D) 姨婆
　　* travel[2]〔'trævḷ〕v. 旅行；行進；前進

> first name 名
> last name 姓

50. (**D**) 男孩的姓氏可能是 _____。
　　(A) 史萊佛　　　(B) 艾諾　　　　(C) 瑪格達　　　(D) 潘努拉

51. (**C**) 有些家人前往哈利法克斯，去那孩子的墳前獻花，是在 _____
　　的 11 月 5 日。
　　(A) 1912 年　　(B) 1954 年　　(C) 2002 年　　(D) 2004 年

52. (**C**) 本文主要是關於 _____。
　　(A) 那個無名嬰兒的屍體是如何從北大西洋被帶回來
　　(B) 那個無名嬰兒是如何被埋在新斯科夏省的哈利法克斯
　　(C) 人們是如何查出那無名嬰兒的身份
　　(D) 人們是如何照顧那個無名嬰兒九十年

第 53 至 56 題為題組

　　倫敦市以前被稱為「有濃霧的倫敦」。以前會有像「豌豆濃湯」般的濃霧，籠罩著整個城市。當霧變得較濃時，建築物似乎就會消失不見，而交通狀況也會惡化。有濃霧的倫敦就變成一個危險的地方。

　　* **used to V**. 以前…　　foggy[2]〔'fɑgɪ〕adj. 有濃霧的
fog[1]〔fɑg〕n. 霧　　thick[1]〔θɪk〕adj. 濃的　　pea[3]〔pi〕n. 豌豆
pea soup 豌豆濃湯　　**hang over** 懸浮在…之上；籠罩
worsen〔'wɜsn̩〕v. 惡化　　**of danger** 危險的（= dangerous[2]）

　　在 1952 年 12 月，一場濃霧給倫敦帶來了危險，甚至是死亡。由於這場霧，所有進出倫敦的陸海空交通，都被取消或延誤。意外和疾病增加了。擋人視線的濃霧，使拯救倫敦市的病人與傷患變得很困難。

* ***a heavy fog*** 濃霧　　***owing to*** 由於

blinding[2] (ˋblaɪndɪŋ) *adj.* 使人目眩的；擋人視線的

rescue[4] (ˋrɛskju) *v.* 拯救　　***the sick*** 病人

injured[3] (ˋɪndʒəd) *adj.* 受傷的　　***the injured*** 受傷的人

> due to　因為；由於
> = owing to
> = thanks to
> = because of

　　十二月的這場大霧，一開始就像其他倫敦大部分的霧一樣。又冷又濕的空氣籠罩著市區。幾乎沒有風。當濕冷的空氣和街道上的泥土及灰塵混合時，霧就會形成，並且變濃。從數百萬根煙囪排出來的煙，沒地方可去，所以就和霧混合。於是霧就變成深褐色，然後變成黑色。

* damp[4] (dæmp) *adj.* 潮濕的（ = *humid*[2] = *moist*[3] = *wet*[2])

settle over 籠罩　　form[2] (fɔrm) *v.* 形成

thicken (ˋθɪkən) *v.* 變厚；變濃【thick[2] *adj.* 厚的；濃的】

mix[2] (mɪks) *v.* 混合　　dirt[3] (dɜt) *n.* 泥土

dust[3] (dʌst) *n.* 灰塵　　chimney[3] (ˋtʃɪmnɪ) *n.* 煙囪

turn[1] (tɜn) *v.* 變成　　***dark brown*** 深褐色的

> settle over　籠罩
> = hang over

　　1952 年的那場霧，持續了四天。許多人都記得，那場霧是個很大的天災。但是這個「自然」現象最後是如何變成一場災難？科學家發現，空氣污染是部份的原因。

* last[1] (læst) *v.* 持續；持續存在　　disaster[4] (dɪzˋæstə) *n.* 災難

natural disaster 天災　　phenomenon[4] (fəˋnɑmə,nɑn) *n.* 現象

【複數形為 phenomena (fəˋnɑmənə)】

turn out to be 結果成為

be to blame 該受責備；該為…負責；

　　是…的原因

be partly to blame 是部份的原因

> blame *v.* 責備
> be to blame　該受責備
> be partly to blame
> 是部份的原因

　　在 1952 年，倫敦大部分的家庭和工廠仍然會燒煤炭，所以空氣中充滿了煙和煤灰。繁忙交通的污染使空氣變得更髒。單單只有空氣污染，不會起霧，但是它真的會使霧形成得更快。空氣污染也會使霧變得更濃，並且使霧一直持續存在。

* coal[2] (kol) *n.* 煤　　***be filled with*** 充滿了（ = *be full of*)

coal dust 煤灰（ = *soot* (sut))　　***heavy traffic*** 繁忙的交通

even[1] (ˋivən) *adv.* 更加【強調比較級】

alone[1] (əˋlon) *adj.* 單單；僅僅【須置於名詞或代名詞之後】

cause[1] (kɔz) *v.* 使　　develop[2] (dɪˋvɛləp) *v.* 形成；產生

on and on 連續不斷地；不停地

　　在 1952 年那場大霧過後，倫敦就通過了「空氣清淨法」。這條法律有助於減少來自住家、工廠，以及汽車的污染。在 1976 年，研究顯示，倫敦空氣中的煙，只有 1950 年代的百分之二十五。雖然倫敦仍然有霧，但是很多都只會持續存在一小段時間。「豌豆濃湯般的霧」現在已經成爲過去式了。

> * act² 〔 ækt 〕 *n.* 法令；條例【bill² 〔 bɪl 〕 *n.* 法案】
> ***Clean Air Act*** 空氣清淨法　　***cut down on*** 減少…的量
> motor³ 〔'motɚ 〕 *adj.* 汽車的
> vehicle³ 〔'viɪkḷ 〕 *n.* 車輛；交通工具　　***motor vehicle*** 汽車
> ***in the 1950's*** 在 1950 年代 (= *in the 1950s*)【即 1950-1959】
> ***a little while*** 一會兒　　past¹ 〔 pæst 〕 *n.* 過去

53. (**C**) 在 1952 年那場霧出現的期間，人們都生病了；他們可能怎麼了？
　　(A) 他們忘了如何好好開車。　　(B) 他們很難行走。
　　(C) 他們看東西和呼吸都有困難。　　(D) 他們有打掃煙囪的問題。

> * *have* $\begin{cases} \textit{difficulty} \\ \textit{trouble} \end{cases}$ (*in*) + *V-ing* 很難…

54. (**A**) 根據本文，當霧形成時，可能是有哪一種天氣？
　　(A) 涼爽、潮濕，而且沒有風。　　(B) 風大但晴朗。
　　(C) 晴朗但有雨。　　(D) 有暴風雨而且寒冷。

> * windy² 〔'wɪndɪ 〕 *adj.* 風大的　　sunny² 〔'sʌnɪ 〕 *adj.* 晴朗的
> stormy³ 〔'stɔrmɪ 〕 *adj.* 暴風雨的

55. (**D**) 關於 1952 年那場霧消失後所通過的「空氣清淨法」，何者正確？
　　(A) 它減少了人口的成長。　　(B) 它使霧不再出現。
　　(C) 它減少了車禍的傷亡。　　(D) 它減少了污染。

> * growth² 〔 groθ 〕 *n.* 成長　　***not…any more*** 不再…

56. (**B**) 根據本文，下列敘述何者正確？
　　(A) 濃霧已經是過去的事了。
　　(B) 空氣污染可能會使起霧的情況變得更嚴重。
　　(C) 霧只持續了四天。
　　(D) 燃燒煤能驅散濃霧。

> * disperse⁶ 〔 dɪ'spɝs 〕 *v.* 驅散；吹散

$$
\begin{array}{c|c}
\text{di} & + \text{sperse} \\
\mid & \mid \\
\textit{apart} & + \textit{scatter}
\end{array}
$$

第貳部分：非選擇題

一、中譯英：

1. 如果我們學習多笑一點，我們的人際關係將會有所改善。

   If we learn to laugh more, our interpersonal relationships will
   $\begin{cases} \text{improve.} \\ \text{be improved.} \end{cases}$

2. 畢竟，笑是最佳良藥，能增進我們的身心健康。

   After all, laughter is the best medicine, and it can improve our mental and physical health.

【和「健康」有關的英文諺語】

1. Health is better than wealth.
   健康勝於財富。

2. A sound mind in a sound body.
   健全的心靈，在於健全的身體。

3. Laughter is the best medicine.
   笑是最好的藥。

4. Prevention is better than cure.
   預防勝於治療。

5. Time is the best healer.
   時間是最好的治療者；時間會治療一切。

6. An apple a day keeps the doctor away. 每天吃一顆蘋果，不必看醫生。

7. Running water carries no poison.
   流水不腐。

8. You cannot burn the candle at both ends.
   蠟燭不可兩頭燒；不可過分透支體力。

9. Early to bed and early to rise makes a man healthy, wealthy and wise.
   早睡早起使人健康、有錢，又聰明。

10. Bitter pills may have wholesome effects.
    良藥苦口利於病。

11. Advice when most needed is least heeded.
    忠言在最需要之時，最不被重視；忠言逆耳。

二、英文作文：

作文範例

Computers Make Life So Much Better!

Computers have revolutionized our world. *Today*, we cannot imagine what it would be like without computers. They have changed the way we work, communicate and live. Here are some reasons why I think computers are wonderful.

First, computers make communication easy.　We can transfer information in seconds.　*For example*, when I send an e-mail or a photo to a friend, she receives it immediately.　*Second*, computers help us advance in medicine and science.　Computers are used to save lives in hospitals. *In addition*, they give us more accurate weather forecasts so that we can prepare for typhoons and other disasters.　*Third*, computers improve our communities by assisting the police and fire departments.　*Finally*, computers make our lives more convenient.　*For instance*, we can avoid long lines and save time by paying our bills or shopping online.

In conclusion, computers are a great invention.　There are too many advantages of computers to count.　Why don't you use a computer today?

中文翻譯

電腦讓生活更美好！

　　電腦已經徹底改變了我們的世界。現在，我們無法想像，沒有電腦的生活會是什麼樣子。電腦已經改變了我們工作、通訊，以及生活的方式。以下就是一些我為什麼認為電腦非常棒的原因。

　　首先，電腦讓通訊變得容易。我們可以在幾秒內傳送資訊。例如，當我寄一封電子郵件，或一張照片給朋友時，她立刻就能收到。第二，電腦幫助我們，在醫學及科學方面更進步。電腦在醫院被用來拯救生命。此外，電腦給我們更準確的天氣預報，讓我們能為颱風和其他的災難做準備。第三，電腦讓我們的社會變得更好，因為電腦能協助警方和消防隊。最後，電腦使我們的生活更便利。例如，我們能夠線上付帳單或是購物，可以節省時間，不必大排長龍。

　　總之，電腦是很偉大的發明。電腦的好處，實在是多到數不清。你何不今天就來使用電腦呢？

revolutionize[4]〔͵rɛvə'luʃən͵aɪz〕v. 徹底改變；完全變革
imagine[2]〔ɪ'mædʒɪn〕v. 想像
communicate[3]〔kə'mjunə͵ket〕v. 溝通；通訊
communication[4]〔kə͵mjunə'keʃən〕n. 通訊　　transfer[4]〔træns'fɝ〕v. 傳送
advance[2]〔əd'væns〕v. 進步　　accurate[2]〔'ækjərɪt〕adj. 準確的
weather forecast 天氣預報　　community[4]〔kə'mjunətɪ〕n. 社會；社區
assist[3]〔ə'sɪst〕v. 協助　　*fire department* 消防隊
for instance 例如（= *for example*）　　line[1]〔laɪn〕n. 隊伍
online〔'ɑn͵laɪ〕adv. 在線上；在網路上　　invention[4]〔ɪn'vɛnʃən〕n. 發明
count[1]〔kaʊnt〕v. 數　　*too many…to count* …多到數不完

7000 字範圍大學入學學科能力測驗 英文試題 ②

第壹部分：單選題 (佔 72 分)

一、詞彙題 (佔 15 分)

說明： 第 1 題至第 15 題，每題有 4 個選項，其中只有一個是正確或最適當的 選項，請畫記在答案卡之「選擇題答案區」。各題答對者，得 1 分； 答錯、未作答或畫記多於一個選項者，該題以零分計算。

1. A group of soldiers found themselves caught in a dangerous web of
   _____ and betrayal.
   (A) trophy   (B) deceit   (C) vinegar   (D) donation

2. If you want to get a good grade on an English composition, you
   have to pay attention to your spelling and _____.
   (A) comment   (B) content   (C) command   (D) constant

3. "Aftershock" is about a mother choosing to save her son in an
   earthquake but whose daughter manages to survive after they are
   _____.
   (A) evacuated   (B) immigrated   (C) digested   (D) contradicted

4. With all _____ respect, I cannot agree with your statement about
   the affair.
   (A) regretful   (B) ironic   (C) due   (D) shabby

5. Helen is not allowed enough _____ to fail or succeed on her own.
   (A) sack   (B) freedom   (C) lid   (D) gap

6. Alice believes that being a diplomat is her _____. That's why
   she has dedicated herself to studying foreign languages.
   (A) doom   (B) destiny   (C) flavor   (D) fortune

7. Jacob _____ the papers from the dusty files where they had lain
   for years.
   (A) logged   (B) zoomed   (C) bleached   (D) retrieved

8. A lot of sportswear is made of _____ material, which is very comfortable to wear.
   (A) nutritious   (B) elastic   (C) fragrant   (D) concise

9. How I wish I could enjoy a relaxing afternoon, _____ sipping my coffee and listening to soft music.
   (A) compassionately (B) desperately (C) credibly   (D) leisurely

10. _____ is one of the most important ingredients in marriage; you shouldn't cheat on your spouse.
    (A) Fascination   (B) Fidelity   (C) Sensitivity (D) Bureaucracy

11. The Indonesian volcano, Mount Merapi, had not _____ for more than four hundred years before Oct. 26th, 2010.
    (A) enclosed   (B) violated   (C) erupted   (D) perceived

12. The drug dealer was arrested on the spot while trying to _____ heroin through customs.
    (A) strangle   (B) smuggle   (C) struggle   (D) stumble

13. Over the past few decades, Charles Darwin's theory of _____ has been challenged repeatedly.
    (A) solution   (B) resolution   (C) evolution   (D) revolution

14. The 2010 Flora Expo has turned many parts of Taipei City into a noisy, disjointed construction _____.
    (A) zone   (B) phase   (C) elevation   (D) ambiguity

15. In the 2010 Miss Universe beauty contest, 22-year-old Miss Mexico, Jimena Navarrete, _____ as the champion in the end.
    (A) condemned   (B) acquainted   (C) applauded   (D) emerged

二、綜合測驗（占 15 分）

說明： 第 16 題至第 30 題，每題一個空格，請依文意選出最適當的一個選項，
　　　請畫記在答案卡之「選擇題答案區」。各題答對者，得 1 分；答錯、未
　　　作答或畫記多於一個選項者，該題以零分計算。

第 16 至 20 題為題組

　　50-million-year-old fossils from an ancient whale ___16___ in the Himalayan foothills give strong evidence that modern whales are descended ___17___ a four-legged, land-dwelling animal. The fossils consist of a partial skull, some teeth and the well-preserved middle ear of an animal that was six to eight feet long and ___18___ a wolf-like nose and jaws with sharp, triangular teeth. Analysis indicated that the animal had eardrums, ___19___ do not work in water. Moreover, the right and left ears were not isolated from each other. The separation of these bones in modern marine whales ___20___ them to detect the direction of underwater sounds.

16. (A) were found　　　　　　　(B) had been found
　　(C) which were found　　　　(D) that found
17. (A) in　　　　(B) from　　　　(C) after　　　　(D) over
18. (A) was　　　(B) were　　　　(C) had　　　　(D) have
19. (A) which　　(B) what　　　　(C) with that　　(D) where it
20. (A) makes　　(B) enables　　　(C) prohibits　　(D) prevents

第 21 至 25 題為題組

　　A study reports that those who greet the sun ___21___ a smile on their face have better overall life quality. Many young people like to burn the midnight oil, but this tendency ___22___ as we age, and the study says this switch to a morning-focused schedule could be why older adults are happier than younger ones. By the time we hit the age of 60, most of us have become "morning people." Only seven percent of young adults happily hop out of bed in the morning, but in our older years, only about seven percent of us remain ___23___. The report found that morning people also tended to say they felt healthier than those that love the night. One researcher said that there are a few potential explanations for this finding: Evening people may be more prone to social jet lag; this means that their biological clock is inconsistent with their social clock. For example, most people rise early for work or school, even if they don't like it. But an evening person may ___24___ their whole week feeling unhappy because they have to get up earlier than they would like to. So if you want to feel happier, turn yourself into a morning person by increasing your natural light ___25___ early in the morning. Try going to bed earlier and waking up earlier—a great idea, but of course for night owls, it's easier said than done.

21. (A) on   (B) in   (C) by   (D) with
22. (A) fakes   (B) fades   (C) faints   (D) fancies
23. (A) be night owls   (B) to be night owls
    (C) night owls   (D) being night owls
24. (A) go on   (B) go up to   (C) go in for   (D) go through
25. (A) exposure   (B) harvest   (C) monument   (D) gravity

第 26 至 30 題爲題組

More than 85 percent of the reefs in Asia's "Coral Triangle" are directly threatened by human activities such as coastal development, pollution, and overfishing. The threat is substantially more than the global ___26___ of 60 percent and has led to a call for greater efforts to reduce destructive fishing and runoff from land. When these threats are ___27___ with recent coral bleaching, prompted by rising ocean temperatures, the percent of reefs rated as threatened increases to more than 90 percent. The Coral Triangle ___28___ Indonesia, Malaysia, Papua New Guinea, the Philippines, the Solomon Islands, and East Timor and contains nearly 30 percent of the world's reefs and more than 3,000 species of fish. More than 130 million people ___29___ in the region rely on reef ecosystems for food, employment, and revenue from tourism. Across the Coral Triangle region, coastal communities also depend on coral reefs for ___30___ from waves during storms. However, the threats to reefs in this region are incredibly high. The benefits reefs provide are at risk, which is why concerted action to relieve threats to reefs across the Coral Triangle region is so important.

26. (A) exhaust   (B) motion   (C) delight   (D) average
27. (A) contrasted   (B) combined   (C) conversed   (D) consumed
28. (A) expands   (B) stretches   (C) covers   (D) extends
29. (A) living   (B) live   (C) have lived   (D) to live
30. (A) partnership   (B) escape   (C) encounter   (D) protection

三、文意選填 (占 10 分)

說明： 第 31 題至第 40 題，每題一個空格，請依文意在文章後所提供的 (A) 到 (J)選項中分別選出最適當者，並將其英文字母代號畫記在答案卡之「選擇題答案區」。各題答對者，得 1 分；答錯、未作答或畫記多於一個選項者，該題以零分計算。

第 31 至 40 題為題組

Most spiders   __31__   to feed on insects and on other spiders, although a few large species also take birds and lizards. Many spider species are known to feed on plant pollen caught in webs, and studies have shown that young spiders have a more   __32__   rate of survival if they have the opportunity to eat pollen. In captivity, several spider species are also known to   __33__   feed on bananas, milk, egg yolk and sausages.

Most spiders   __34__   sticky webs to   __35__   their prey. Once the prey is trapped in the web, the spider   __36__   its prey with poison to   __37__   from struggling. Web-building spiders have poor vision, but are extremely sensitive to vibrations. Some jumping spiders hunt other spiders in ways that display   __38__ ,   __39__   their victims or luring them into their webs. Laboratory studies show that these jumping spiders learn very quickly how to   __40__   new prey species. However, they seem to be relatively slow "thinkers", which is not surprising, as their brains are vastly smaller than those of mammalian predators.

(A) injects   (B) intelligence   (C) prevent it   (D) conquer

(E) successful   (F) prefer   (G) confusing   (H) employ

(I) catch   (J) occasionally

四、閱讀測驗（占 32 分）

說明： 第 41 題至第 56 題，每題請分別根據各篇文章之文意選出最適當的一個
選項，請畫記在答案卡之「選擇題答案區」。各題答對者，得 2 分；答
錯、未作答或畫記多於一個選項者，該題以零分計算。

第 41 至 45 題為題組

     Maria Toorpakai Wazir is a star squash player with a promising international career. Born in a highly conservative region of Pakistan, she had to disguise herself as a boy when she took up the sport—and later received threats for playing it. "I am a warrior, and I will die like a warrior." Maria is courageous—and she's had to be, to play squash in a region where many girls are even denied an education.

     Squash is a popular sport in Pakistan and the country has produced many world champions. Women play it too—although not where she comes from. Maria says she fell in love with the game the first time she saw people playing it. "I just liked how the kids had so much determination, the beautiful rackets and balls, and the kit," she says. In her first month or two of playing squash, people didn't know she was a girl. When the truth came out, other players started taunting her. "They used to tease me, use bad language. It was unbearable and disrespectful— extreme bullying." She didn't give up. She locked herself in the squash court and played for hours, from morning to evening. "My hands were swollen, bruised and bleeding, but I still kept playing." The hard work paid off. She won several national junior championships and turned professional in 2006. But the extra attention brought trouble to the family.

     "In our area, girls wear a veil all the time and are not even allowed to leave their family homes," explains her father. "When people saw

Maria, they were shocked. They said she had brought dishonor to our tribe and they criticized me heavily for it." A letter was pinned to the window of his car telling him to stop his daughter. It threatened "awful consequences" if he did not act. But he maintained that if his daughter wanted to pursue a career in sport, he would support her.

The Pakistani squash federation provided Maria with security, setting up a checkpoint next to her house. Snipers were positioned around the squash court. But she decided things had gone too far. A squash court has so much glass in it, so if there was a bomb blast inside, it would kill so many innocent people. Instead, she started practicing in her room. When her father saw this spirit in her, he said, "If you want to play squash, then the only option you have is to leave the country."

So Maria sent emails to everywhere she could find squash courts in the West. One of her emails reached Canadian squash legend Jonathon Power. He replied saying he would like to teach her squash in Canada. Several months later, in 2011, she arrived in Toronto and started training with him. She is currently Pakistan's top female player and ranked the 49th best woman in the world. Power is convinced that she will go far. "She absolutely has the talent and determination to become the best player in the world," he says. As for Maria's father, he couldn't be prouder. "Pakistan and the whole Muslim world should be proud of her," he says.

41. What is the passage about?
    (A) The sport of squash.
    (B) The hardships faced by girls in Pakistan.
    (C) An unusual athlete.
    (D) The world's best female squash player.

42. Why did Maria disguise herself as a boy?
    (A) Girls are not allowed to play squash in Pakistan.
    (B) Her father did not permit her to play.

(C) She preferred the boys' uniform to the girls'.

(D) Her neighbors disapproved of girls who played squash.

43. Why did Maria stop playing squash in Pakistan?

(A) She didn't want others to be hurt.

(B) She feared for her life.

(C) She received an excellent offer from a Canadian team.

(D) It was difficult to play while wearing a veil.

44. What is true about Maria today?

(A) She is the best female squash player in Pakistan.

(B) Because she is a professional, she makes a lot of money from her sport.

(C) She played in Canada for five years.

(D) She has turned her back on her home country.

45. Which word best describes Maria's hometown?

(A) Careful.　　(B) Traditional.　　(C) Liberal.　　(D) Athletic.

第 46 至 48 題爲題組

　　Around the end of the eighteenth century, some families trooped north from Mexico to California. On a stream along the desert's edge, they built a settlement called Los Angeles. For many years it was a market town, where nearby farmers and ranchers met to trade.

　　From 1876 to 1885, many railroads were built. Los Angeles was linked to San Francisco and through San Francisco to the rest of the country. Eventually, the railroad provided a direct route between Los Angeles and Chicago. Then in the 1890s, oil was discovered in the city. As oil wells went up, workers built many highways and pipelines. Digging began on a harbor that would make Los Angeles not only an ocean port but also a fishing center. In 1914, the harbor was completed and the Panama Canal opened. Suddenly Los Angeles became the busiest port on the Pacific Coast.

Today, Los Angeles is the main industrial center in the West. It produces goods not only for other West Coast communities but also for those in other parts of the country. It leads the nation in making airplanes and equipment for exploring outer space. Many motion pictures and television programs are filmed in Los Angeles. The city is also the business center for states in the West. Improvements in transportation are the main reason for Los Angeles' growth.

46. When did Los Angeles start to become the busiest port on the Pacific Coast?
(A) In the 1890s.　(B) In 1914.　(C) In 1885.　(D) In 1920.

47. Choose an appropriate title for this passage.
(A) The Past of Los Angeles　(B) The Future of Los Angeles
(C) The Growth of Los Angeles　(D) The Industries in Los Angeles

48. San Francisco is mentioned in the passage for which of the following reasons?
(A) San Francisco was very near Los Angeles.
(B) San Francisco was linked to Chicago.
(C) Oil was also discovered in San Francisco in the 1890s.
(D) San Francisco linked Los Angeles to the rest of the country.

第 49 至 52 題為題組

The French, it seems, are falling out of love, not with free health care, or short workweeks, or long vacations in August, but with bread. The average Frenchman these days eats only half a baguette (a stick-shaped loaf) a day compared with almost a whole baguette in 1970 and more than three in 1900. Women eat about a third less than men, and young people almost 30 percent less than a decade ago.

Bread is yielding its place on the table to rivals like breakfast cereals, pasta and rice. France may still enjoy the highest density of independent bakeries in the world, but their number is falling. There are currently over 32,000, far less than the 54,000 in 1950. At a bit more than a dollar a loaf, the basic baguette is one of the country's cheapest food staples. Ten billion baguettes are sold every year in France.

The decline is so worrisome that a bakers' group started a nationwide campaign that defends bread as promoting good health, good conversation and French civilization. "Coucou, tu as pris le pain?" ("Hi there, have you picked up the bread?") is the campaign's slogan. The bread slogan was posted on billboards and printed on bread bags in 130 cities around the country. The campaign's Web site explains that France is a "civilization of bread" and that this food is part of the traditional meal. Bread is described as healthy and useful in avoiding weight gain. It is rich in vegetal protein and fiber and low in fat; carbohydrates are a source of energy. If people on diets want to avoid giving in to something with fat and sugar, bread is there. Its filling effect allows you to wait for the next meal. Then there is the emotional effect: Buying fresh bread on the way home is a simple way of showing loved ones that you have thought about them and of giving them pleasure during the day.

According to the group, eating habits are changing. People are too busy or work too late to go to the bakery. Teenagers are skipping breakfast. Now, when people see the word "coucou," bakers want it to be spontaneous for consumers to say to themselves, "Ah, I have to buy bread today."

49. What is the article about?
    (A) The nutritional benefits of eating bread.
    (B) Changing lifestyles in France.
    (C) Important aspects of French culture.
    (D) A decline in the demand for bread in France.

50. Which of the following is one reason that the French are eating less bread?

(A) They are eating pasta and rice instead.

(B) Bread is high in carbohydrates.

(C) The price of bread has risen by 30%.

(D) It has become more difficult to find a bakery.

51. According to the article, what do many French teenagers eat for breakfast these days?

   (A) Half of a baguette.   (B) One-third of a baguette.

   (C) Rice.   (D) Nothing.

52. What does "coucou" most likely mean?

   (A) baker   (B) hi there   (C) fresh   (D) bread

第 53 至 56 題爲題組

It didn't take long after Pokemon Go's release for the first reports of injuries to come flooding in. Players reported falling over holes in the road, twisting ankles, and even walking into poles and other obstacles because they were paying attention to their phones instead of their surroundings.

Two men suffered moderate injuries when they tumbled off a seaside cliff north of San Diego while reportedly playing Pokemon Go, officials said. The pair fell after climbing a fence and disregarding warning signs in order to get on the cliff in Encinitas, California, said Fire Marshal Anita Pupping. One of the men plunged about 50 feet while his companion fell about 80 to 90 feet, landing on the beach. "The fire department had to rescue them with ropes and harnesses and such," said Pupping.

Pokemon Go has become a summer phenomenon, a game played on smartphones in which characters are projected on the screen amid the player's actual surroundings. The goal of the game is to capture the animated figures. Unlike past app-based games, Pokemon Go is being credited with persuading kids and adults to exercise by having to walk to play. But it also may have claimed its first death.

Two teenagers from Guatemala were shot while they were playing the extremely popular game. An 18-year-old man was killed, while his 17-year-old cousin was badly wounded. Local reports said the pair were walking along a railroad looking for Pokemon on a street in Chiquimula, 200 km from Guatemala City.

It isn't clear what sparked the violent attack, but police suggest the game's location features may have led them unknowingly into a dangerous neighborhood. Almost 20 bullet shells were found at the scene of the murder and police are now looking for a white van that was seen fleeing the scene.

Meanwhile, although not fatal, a driver in Baltimore attempting to catch Pokemon crashed into a police cruiser, with the incident caught on one of the officer's body cameras. After witnessing an SUV slamming into the patrol car, the officer ran down to see the driver outside his vehicle, smartphone still in hand. Baltimore Police didn't say if the man was charged with distracted driving, but used the incident to warn other drivers.

53. What does the article imply about Pokemon Go?
   (A) The app is popular mainly among teenagers and is regarded as a passing fad that nobody will care about next summer.
   (B) People get so involved in playing the game they don't pay attention to where they are going, which may lead to injury and death.
   (C) Playing for extended periods of time increases the risk of serious injury resulting from chronic use.
   (D) By stretching properly before launching the app, players increase their odds of capturing the animated figures.

54. What happened near San Diego?
   (A) A woman twisted her ankle.
   (B) Twenty bullet shells were found.

(C) Two men fell from a seaside cliff.

(D) A police cruiser was damaged.

55. What happened in Guatemala?

(A) One man was killed while robbing a bank.

(B) Two teens were shot while looking for Pokemon.

(C) Firefighters had to rescue several Pokemon stuck in a tree.

(D) A man crashed his car into a police cruiser while texting.

56. What is Pokemon Go credited with?

(A) Popularizing animated figures.

(B) Promoting community involvement.

(C) Exposing criminal activities.

(D) Encouraging people to exercise.

第貳部分：非選擇題（占 28 分）

說明： 本部分共有二題，請依各題指示作答，答案必須寫在「答案卷」上，
並標明大題號（一、二）。作答務必使用筆尖較粗之黑色墨水的筆書
寫，且不得使用鉛筆。

一、中譯英（占 8 分）

說明： 1. 請將以下中文句子譯成正確、通順、達意的英文，並將答案寫在
「答案卷」上。

2. 請依序作答，並標明子題號。每題 4 分，共 8 分。

1. 擁有手機的優點之一，就是無論你去哪裡，都很容易聯絡得上。

2. 此外，如果有緊急的情況，你可以立刻打電話。

二、英文作文（占 20 分）

說明： 1. 依提示在「答案卷」上寫一篇英文作文。

2. 文長至少 120 個單詞（words）。

提示： 文章第一段請以 "I shall never forget what happened between
_____ and me when I was _____." 開始，敘述從小到大
你的某位家人與你之間所發生過最難忘的一件事。第二段請描述該件
事對你的影響或啓發。

7000 字範圍大學入學學科能力測驗 英文試題② 詳解

第壹部分：單選題

一、詞彙題：

1. (**B**) 一隊士兵發現自己陷入欺騙與背叛的圈套中。
   - (A) trophy⁶ ('trofɪ) n. 戰利品；獎品
   - (B) *deceit* (dɪ'sit) n. 欺騙　deceive⁵ v. 欺騙
   - (C) vinegar³ ('vɪnɪgɚ) n. 醋
   - (D) donation⁶ (do'neʃən) n. 捐贈
   - * soldier² ('soldʒɚ) n. 士兵；軍人　*be caught in* 陷入；被捲入
     web³ (wɛb) n. 網；圈套　betrayal⁶ (bɪ'treəl) n. 出賣；告密

de	ceive
down	take
re	ceive
back	take
per	ceive
through	take

2. (**B**) 如果你想要在英文作文拿高分，就應該注意拼字跟內容。
   - (A) comment⁴ ('kɑmɛnt) n. 評論　No comment. 無可奉告。
   - (B) *content*⁴ ('kɑntɛnt) n. 內容；含量 < of >
     (kən'tɛnt) adj. 滿足的　n. 滿意 (= satisfaction⁴)　v. 使滿足
   - (C) command³ (kə'mænd) v. 命令；指揮　n. 命令；運用能力
     have a good command of N. 精通～
   - (D) constant³ ('kɑnstənt) adj. 不斷的　constantly adv. 不斷地
   - * composition⁴ (,kɑmpə'zɪʃən) n. 作文　spelling² ('spɛlɪŋ) n. 拼字

3. (**A**) 電影「唐山大地震」是有關一位母親在地震中選擇要救兒子，但女兒在他們兩人被撤離後，設法生存的故事。
   - (A) *evacuate*⁶ (ɪ'vækjʊ,et) v. 撤離；疏散　evacuation n.
   - (B) immigrate⁴ ('ɪmə,gret) v. 遷移；移入 (↔ emigrate⁶)
     immigration⁴ n. 移入；境管局 (↔ emigration⁶)
     immigrant⁴ n. 移入者 (↔ emigrant⁶)
   - (C) digest⁴ (daɪ'dʒɛst) v. 消化；理解
     digestion⁴ (daɪ'dʒɛstʃən) n. 消化
   - (D) contradict⁶ (,kɑntrə'dɪkt) v. 與…矛盾　contradiction⁶ n. 矛盾
   - * aftershock ('æftɚ,ʃɑk) n. 餘震　*manage*³ *to V.* 設法～

e	vacu	ate
out	empty	v.

> 1976 年 7 月 28 日凌晨 3 時 42 分，河北唐山市發生芮氏規模 7.8 的大地震，能量相當於 400 顆原子彈，唐山頃刻夷爲平地，共 24.2 萬人死亡。2010 年由馮小剛拍攝，以唐山大地震爲主題的電影上映。

4. (**C**) <u>恕我直言</u>，我不同意你對這次事件的說法。

    (A) regretful〔rɪˈgrɛtfəl〕 *adj.* 後悔的；遺憾的   regret[3] *v. n.* 後悔

       【比較】regrettable〔rɪˈgrɛtəbl̩〕 *adj.* 可惜的；令人遺憾的

    (B) ironic[6]〔aɪˈrɑnɪk〕 *adj.* 諷刺的（ = *sarcastic* ）

    (C) ***due***[3]〔dju〕 *adj.* 應有的；充分的；適當的；到期的

       with all due respect 字面的意思是「以應有的尊重」，引申為

       「恕我冒昧；恕我直言」，通常用於你覺得接下來要講的話可

       能會觸怒對方之前。

    (D) shabby[5]〔ˈʃæbɪ〕 *adj.* 破舊的（ = *ragged*[5] = *worn out* ）；卑劣的

    * statement[1]〔ˈstetmənt〕 *n.* 敘述；說法   affair[2]〔əˈfɛr〕 *n.* 事件

5. (**B**) 海倫沒有足夠的<u>自由</u>去自行承擔成敗。

    (A) sack[3]〔sæk〕 *n.* 一袋（的量）；解僱   get the sack 被解僱

    (B) ***freedom***[2]〔ˈfridəm〕 *n.* 自由

    (C) lid[2]〔lɪd〕 *n.* 蓋子   eyelid[5] *n.* 眼皮

    (D) gap[3]〔gæp〕 *n.* 缺口；差異（ = *difference*[2] ）

6. (**B**) 愛麗絲相信成為外交官是她的<u>天命</u>。這就是她致力於學外語的原因。

    (A) doom[6]〔dum〕 *n.* 劫數；死亡；最後審判

    (B) ***destiny***[5]〔ˈdɛstənɪ〕 *n.* 命運；使命；天命

    (C) flavor[3]〔ˈflevɚ〕 *n.* 口味（ = *taste*[1] ）

    (D) fortune[3]〔ˈfɔrtʃən〕 *n.* 命運；好運；財富

       fortunate[4] *adj.* 幸運的（ = *lucky*[1] ）

    * diplomat[4]〔ˈdɪpləˌmæt〕 *n.* 外交官

    dedicate[6] *oneself to V-ing/N* 致力於~

7. (**D**) 雅各從滿是灰塵的檔案中<u>拿回</u>已擱置多年

的這些文件。

> lie-lied-lied *v.* 說謊
> lie-lay-lain *v.* 躺
> lay-laid-laid *v.* 放置

    (A) log[2]〔lɔg〕 *v.* 寫（航海）日誌   *n.* 圓木

       【比較】blog *n.* 網誌；部落格

    (B) zoom[5]〔zum〕 *n.* 嗡嗡聲；暴漲   zoom lens[3] 變焦鏡頭

       v. 嗡嗡作響；暴漲（ = *rise rapidly*[2] ）；呼嘯而過

    (C) bleach[5]〔blitʃ〕 *v.* 漂白；褪色（ = *fade*[3] ）   *n.* 漂白劑

    (D) ***retrieve***[6]〔rɪˈtriv〕 *v.* 取回

    * papers[1]〔ˈpepɚz〕 *n. pl.* 文件   dusty[4]〔ˈdʌstɪ〕 *adj.* 滿是灰塵的

8. (**B**) 很多運動服都是用<u>彈性</u>材料做成的，穿起來非常舒服。
- (A) nutritious[6] 〔 nju'trɪʃəs 〕 *adj.* 有營養的（= *nourishing*[6]）
- (B) ***elastic***[4] 〔 ɪ'læstɪk 〕 *adj.* 有彈性的；可變通的
  （= *flexible*[4]；↔ *stiff*[3]）
  elastic band[1] 橡皮筋（= *rubber*[1] band）
- (C) fragrant[4] 〔'fregrənt 〕 *adj.* 芳香的
  fragrance[4] 〔'fregrəns 〕 *n.* 芳香
- (D) concise[6] 〔 kən'saɪs 〕 *adj.* 簡明的（= *brief*[3]）
- * sportswear 〔'sports,wɛr 〕 *n.* 運動服【sport[1] 〔 sport 〕 *n.* 運動】
  be made of 由～（材料）製成
  material[2,6] 〔 mə'tɪrɪəl 〕 *n.* 材料；原料

9. (**D**) 我真希望能夠享受一個輕鬆的下午，<u>悠閒地</u>啜飲著我的咖啡，聽著
輕柔的音樂。
- (A) compassionately[5] 〔 kəm'pæʃənɪtlɪ 〕 *adv.* 同情地
  compassion[5] *n.* 同情；憐憫（= *sympathy*[4]）
- (B) desperately[4] 〔'dɛspərɪtlɪ 〕 *adv.* 絕望地（= *hopelessly*）；拼命地
- (C) credibly[6] 〔'krɛdəblɪ 〕 *adv.* 可信地（= *believably*[2]）
  credibility[6] 〔,krɛdə'bɪlətɪ 〕 *n.* 可信度　　credit[3] 〔'krɛdɪt 〕 *n.* 信用
- (D) ***leisurely***[4] 〔'liʒəlɪ 〕 *adv.* 悠閒地（= *unhurriedly*）
  leisure[3] 〔'liʒɚ 〕 *n., adj.* 空閒（的）；悠閒（的）
- * relaxing[3] 〔 rɪ'læksɪŋ 〕 *adj.* 令人放鬆的　　sip[3] 〔 sɪp 〕 *v.* 啜飲；小口喝

10. (**B**) 在婚姻裡，<u>忠貞</u>是最重要的要素之一；你不應該對你的配偶不忠。
- (A) fascination[6] 〔,fæsn'eʃən 〕 *n.* 魅力；吸引力（= *charm*[3] = *appeal*[3]）
  fascinate[5] 〔'fæsn,et 〕 *v.* 使著迷（= *charm*[3]）
- (B) ***fidelity***[6] 〔 fə'dɛlətɪ 〕 *n.* 忠貞；忠實（= *loyalty*[4] = *faithfulness*[4]）
- (C) sensitivity[5] 〔,sɛnsə'tɪvətɪ 〕 *n.* 敏感
  sensitive[3] 〔'sɛnsətɪv 〕 *adj.* 敏感的
- (D) bureaucracy[6] 〔 bju'rɑkrəsɪ 〕 *n.* 官僚（制度）；繁文縟節
  bureau[5] 〔'bjuro 〕 *n.* 部門（= *department*[2]）；局（= *agency*[4]）
- * ingredient[4] 〔 ɪn'gridɪənt 〕 *n.* 材料；要素
  marriage[2] 〔'mærɪdʒ 〕 *n.* 婚姻
  cheat[2] 〔 tʃit 〕 *v.* 欺騙；（對配偶）不忠　　spouse[6] 〔 spauz 〕 *n.* 配偶

11. (**C**) 在 2010 年 10 月 26 日之前，印尼的默拉皮火山已經四百多年沒有
<u>爆發</u>了。

(A) enclose[4]〔ɪn'kloz〕v. (隨函) 附寄；包圍 (= *encircle*)
　　【比較】disclose[6]〔dɪs'kloz〕v. 揭露 (= *uncover*[6])
(B) violate[4]〔'vaɪə,let〕v. 違反　　violation[4]〔,vaɪə'leʃən〕n. 違反
(C) ***erupt***[5]〔ɪ'rʌpt〕v. (火山) 爆發　　eruption[6]〔ɪ'rʌpʃən〕n. 爆發
(D) perceive[5]〔pɚ'siv〕v. 察覺　　perception[6]〔pɚ'sɛpʃən〕n. 知覺

> 2010 年 10 月 26 日傍晚 6 時，印尼默拉皮火山突然爆發。此後連續三週火山不斷間歇爆發，造成 206 人死亡，附近的 38 萬民眾全數被撤離。許多民眾因吸入火山灰而呼吸困難，甚至休克或死亡。

12. (**B**) 那位毒販在海關試圖偷渡海洛因時當場被捕。
(A) strangle[6]〔'stræŋgl〕v. 使窒息 (= *choke*[3])；勒死
(B) ***smuggle***[6]〔'smʌgl〕v. 走私；偷運
(C) struggle[2]〔'strʌgl〕v. 掙扎；奮鬥 (= *strive*[4]) < *for* / *against* >
(D) stumble[5]〔'stʌmbl〕v. 絆倒 (= *trip*[1]) < *on* / *over* >
　　stumbling block　絆腳石

* dealer[3]〔'dilɚ〕n. 商人；業者　　***drug dealer*** 毒販
arrest[2]〔ə'rɛst〕v. 逮捕　　***on the spot*** 當場
heroin[6]〔'hɛro‧ɪn〕n. 海洛因【第一級毒品】
customs[5]〔'kʌstəmz〕n. pl. 海關

13. (**C**) 過去數十年來，達爾文的進化論不斷地被挑戰。
(A) solution[2]〔sə'luʃən〕n. 解決之道　　solve[2]〔salv〕v. 解決
(B) resolution[4]〔,rɛzə'luʃən〕n. 決心　　resolve[4]〔rɪ'zalv〕v. 決心
(C) ***evolution***[6]〔,ɛvə'luʃən〕n. 進化
　　evolve[6]〔ɪ'valv〕n. 進化 (= *develop*[2])

e	volut	ion
out	roll	n.

(D) revolution[4]〔,rɛvə'luʃən〕n. 革命
　　revolve[5]〔rɪ'valv〕v. 公轉　　revolver〔rɪ'valvɚ〕n. 左輪手槍
　　【比較】rotate[6]〔'rotet〕v. (天體的) 自轉

* decade[3]〔'dɛked〕n. 十年　　***Charles Darwin*** 達爾文
theory[3]〔'θiərɪ〕n. 理論　　repeatedly[2]〔rɪ'pitɪdlɪ〕adv. 反覆地

14. (**A**) 2010 臺北花博使臺北市的許多部份變成喧囂且支離破碎的建築區。
(A) ***zone***[3]〔zon〕n. 區域 (= *area*[1] = *section*[2])
(B) phase[6]〔fez〕n. 階段 (= *stage*[2])；時期
　　【比較】phrase[2]〔frez〕n. 片語

time zone	時區
war zone	戰區

(C) elevation〔,ɛlə'veʃən〕n. 提昇；高度；海拔

elevate⁵〔ˈɛləˌvet〕v. 提昇 (= raise¹)
elevator²〔ˈɛləˌvetɚ〕n. 電梯；升降梯

(D) ambiguity⁶〔ˌæmbɪˈgjuətɪ〕n. 模稜兩可
ambiguous⁶〔æmˈbɪgjʊəs〕adj. 模稜兩可的 (= vague⁵)

* ***Flora Expo*** 花卉博覽會【國際園藝展覽會，繼日本大阪、淡路島、濱明湖、
中國昆明、瀋陽、泰國清邁後，臺北舉辦第七屆，於 2011 年 4 月 25 日閉幕】
disjointed〔dɪsˈdʒɔɪntɪd〕adj. 支離破碎的
construction⁴〔kʌnˈstrʌkʃən〕n. 建築

15. (**D**) 在 2010 年環球小姐選美比賽中，22 歲的墨西哥小姐吉美娜・奈娃瑞
特脫穎而出，最後成為冠軍。

(A) condemn⁵〔kənˈdɛm〕v. 譴責 (= denounce⁶)
(B) acquaint⁴〔əˈkwent〕v. 使認識；使熟悉
(C) applaud⁵〔əˈplɔd〕v. 鼓掌
(D) ***emerge***⁴〔ɪˈmɝdʒ〕v. 出現 (= appear¹)
【比較】merge⁶〔mɝdʒ〕v. 合併 (= unite³)

e	merge
out	sink

* ***Miss Universe*** 環球小姐【1952 年開始一年一度的選美比賽】
beauty contest 選美比賽　　***Miss Mexico*** 墨西哥小姐
champion³〔ˈtʃæmpɪən〕n. 冠軍　　***in the end*** 最後

二、綜合測驗：

第 16 至 20 題為題組

有五千萬年之久古老的鯨魚化石，在喜馬拉雅山麓的丘陵被發現，這提供
　　　　　　　　　　　　　　　　　　　　　　　　　16
了強烈的證據，證明了現代的鯨魚是來自四隻腳的陸地動物。這些化石包括部
　　　　　　　　　　　　　　　　17
分頭顱、一些牙齒，還有保存得很好的中耳，這隻動物長六到八呎，有著像狼
　　　　　　　　　　　　　　　　　　　　　　　　　　　18
一樣的鼻子和嘴，還有尖銳、三角形的牙齒。

* fossil⁴〔ˈfɑsḷ〕n. 化石　　ancient²〔ˈenʃənt〕adj. 古老的
Himalayan〔ˌhɪmiˈleən〕adj. 喜馬拉雅山脈的【the Himalayas 喜馬拉雅
山脈】　　foothill〔ˈfʊtˌhɪl〕n. 山麓的丘陵【hill¹〔hɪl〕n. 丘陵】
evidence⁴〔ˈɛvədəns〕n. 證據　　modern²〔ˈmɑdən〕adj. 現代的
descended〔dɪˈsɛndɪd〕adj. 是～後裔；系出～的
【descend⁶〔dɪˈsɛnd〕v. 下降】
dwell⁵〔dwɛl〕v. 居住 (= reside⁵ = live¹)
consist⁴〔kənˈsɪst〕v. 組成【con = all；sist = stand】
partial⁴〔ˈparʃəl〕adj. 部分的　　skull⁵〔skʌl〕n. 頭蓋骨；頭顱

preserve[4] 〔 prɪˈzɝv 〕 *v.* 保存（= *keep*[1]）
jaws[3] 〔 dʒɔz 〕 *n. pl.* （動物的）嘴【包括上下頷和牙齒】
sharp[1] 〔 ʃɑrp 〕 *adj.* 銳利的
triangular 〔 traɪˈæŋgjələ 〕 *adj.* 三角形的【triangle[2] 〔 traɪˈæŋgl 〕*n.* 三角形】

16.（**C**） 空格引導形容詞子句，修飾先行詞 fossils，故選 (C) ***which were found***。

17.（**B**） ***be descended from*** 是…的後裔

18.（**C**） 依句意，這隻動物「有」像狼一樣的鼻子，且為過去式，選 (C) ***had***。

分析顯示，這隻動物有鼓膜，那在水裡是不能作用的。此外，它的左右耳沒有
　　　　　　　　　　　　　　　19
分離。現代海洋中鯨魚的耳骨分離，使它們能夠偵測水裡聲音的方向。
　　　　　　　　　　　　　　　　　　　20

＊ analysis[4] 〔 əˈnæləsɪs 〕 *n.* 分析【analyze[4] 〔ˈænḷ,aɪz 〕*v.* 分析】
indicate[2] 〔ˈɪndə,ket 〕 *v.* 顯示（= *show*[1]）
eardrum 〔ˈɪr,drʌm 〕 *n.* 耳鼓；鼓膜【外耳和中耳之間的薄膜，是耳朵重要
　　的組成部分，負責音波的傳遞，鼓膜破裂或穿孔會導致聽力喪失】
work[1] 〔 wɝk 〕 *v.* 工作；起作用（= *function*[2]）
isolated[4] 〔ˈaɪsḷ,etɪd 〕 *adj.* 隔離的；分離的（= *separated*[2]）
separation[3] 〔,sɛpəˈreʃən 〕 *n.* 分開；分離
marine[5] 〔 məˈrin 〕 *adj.* 海洋的
detect[2] 〔 dɪˈtɛkt 〕 *v.* 發現；偵測（= *discover*[1] = *sense*[1]）
direction[2] 〔 dəˈrɛkʃən 〕 *n.* 方向
underwater 〔ˈʌndə,wɑtə 〕 *adj.* 水下的；水裡的

19.（**A**） 空格要代替前面的 eardrums，做後句的主詞，又要連接前後兩句話，
　　　　　為關代，故選 (A) ***which***。

20.（**B**） (A) make[1] 〔 mek 〕*v.* 使
　　　　　(B) ***enable***[3] 〔 ɪnˈebḷ 〕*v.* 使能夠（= *allow*[1]）
　　　　　(C) prohibit[6] 〔 proˈhɪbɪt 〕*v.* 禁止
　　　　　(D) prevent[3] 〔 prɪˈvɛnt 〕*v.* 阻止；防止

$$\left\{\begin{array}{l} \text{prohibit}^6 \ v. \ 禁止 \\ = \text{forbid}^4 \\ = \text{outlaw}^6 \\ = \text{disallow} \\ = \text{ban}^5 \\ = \text{bar}^1 \end{array}\right.$$

第 21 至 25 題為題組

　　一項研究報導，面帶微笑迎接陽光的人，整體的生活品質比較好。許多年
　　　　　　　　　　　　　　　　　　　　　　　　　21
輕人喜歡熬夜開夜車，但這種傾向會隨著年紀變老而逐漸消失，而且這個研究
　　　　　　　　　　　　　　　　　　　　　　　　22

提到，這種轉變成以早晨爲主的行程，可能解釋了爲什麼老年人比年輕人快樂。等到我們到了 60 歲時，大部分的人都會變成「晨間人」。年輕人當中，只有百分之七的人早上會快樂地跳下床，但是到了晚年，只有百分之七的人還依然是夜貓族。

23

    * report[1]〔rɪ'port〕v. 報導　　greet[2]〔grit〕v. 問候；迎接
    overall[5]〔'ovɚ,ɔl〕adj. 全面的；整體的 (= complete[2] = total[1])
    quality[2]〔'kwɑlətɪ〕n. 品質　　midnight〔'mɪd,naɪt〕n. 午夜
    burn the midnight oil 熬夜；開夜車
    tendency[4]〔'tɛndənsɪ〕n. 傾向；趨勢
    age[1]〔edʒ〕v. 老化；變老 (= grow old)
    switch[3]〔swɪtʃ〕n. 開關；轉變 (= change[2])
    focus[2]〔'fokəs〕v. 對準焦點；集中 (= concentrate[4] = center[1])
    schedule[3]〔'skɛdʒul〕n. 時間表　　hop[2]〔hɑp〕v. 跳 (= jump[1])
    remain[3]〔rɪ'men〕v. 維持；依然是

> itch[4]〔ɪtʃ〕n. 癢
> witch[4]〔wɪtʃ〕n. 女巫
> switch[3]〔swɪtʃ〕n. 轉變

21. (**D**)　依句意，臉上「帶著」微笑迎接陽光，介系詞用 ***with***，選 (D)。

22. (**B**)　(A) fake[3]〔fek〕v. 僞造；假裝 (= pretend[3])
      (B) ***fade***[3]〔fed〕v. 褪色；逐漸消失 (= fade away = disappear[2])
      (C) faint[3]〔fent〕v. 昏倒 (= pass out = lose consciousness)
      (D) fancy[3]〔'fænsɪ〕v. 幻想；想像 (= imagine[2])

23. (**C**)　remain「依然是」，後面可接形容詞或名詞，作主詞補語，故本題選 (C) ***night owls***「夜貓族」。

這個報告發現，晨間人也常說，他們感覺比那些喜歡夜晚的人更健康。一位研究人員指出，這項調查結果有幾種可能的解釋：夜間人可能更容易有社交時差的傾向；這個意思是他們的生物時鐘和社交時鐘不一致。例如，大部分人早起是爲了工作或上學，即使他們並不喜歡。但如果是夜間人，可能經歷一整個星
24
期都會不開心，因爲他們必須比自己想要的時間更早起床。所以，如果你想要快樂，把你自己變成晨間人吧，增加自己一大早接觸自然光的機會。試著早點
25
睡覺、早點起床——這是個好主意，不過當然，對夜貓族而言，說比做容易。

    * tend[3]〔tɛnd〕v. 傾向於 < to V > (= have a tendency[4] to V)
    researcher[4]〔rɪ's3tʃɚ〕n. 研究人員【research[4]〔rɪ's3tʃ , 'ris3tʃ〕n., v. 研究】
    potential[5]〔pə'tɛnʃəl〕adj. 可能的 (= possible[1] = likely[1] = probable[3])

explanation⁴〔͵ɛksplə'neʃən〕n. 說明；解釋
finding〔'faɪndɪŋ〕n. 研究（調查）結果
prone⁶〔pron〕adj. 有～傾向的 < to >
social²〔'soʃəl〕adj. 社會的；社交的
jet³〔dʒɛt〕n. 噴射機　　lag⁴〔læg〕n. 落後 (= delay²)
jet lag 時差　　biological⁶〔͵baɪə'lɑdʒɪkl̩〕adj. 生物的
inconsistent〔͵ɪnkən'sɪstənt〕adj. 不一致的 (= conflicting²
　 = contradictory⁶)【consistent⁴〔kən'sɪstənt〕adj. 一致的】
whole¹〔hol〕adj. 全部的；整個的 (= entire² = total¹)
natural²〔'nætʃərəl〕adj. 天然的　　**wake up** 醒來 (= wake² = awake³)
(It's) **Easier said than done**. 【諺】說比做容易；知易行難。

```
con   + sist  +ent
 |        |      |
together + stand + adj.
```

24. (**D**) (A) go on 繼續 (= keep on = continue¹)
　　　　(B) go up to 走到～；走近 (= approach³)
　　　　(C) go in for 喜歡 (= enjoy²)；參加 (= take part in)
　　　　(D) **go through** 通過；經歷 (= undergo⁶ = experience²)

25. (**A**) (A) **exposure**⁴〔ɪk'spoʒɚ〕n. 暴露；接觸 (= contact²)
　　　　(B) harvest³〔'hɑrvɪst〕n. 收穫 (= crop²)
　　　　(C) monument⁶〔'mɑnjəmənt〕n. 紀念碑；
　　　　　　紀念物 (= memorial⁴)
　　　　(D) gravity⁵〔'grævətɪ〕n. 引力；重力

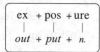
```
ex  + pos + ure
 |      |     |
out + put  + n.
```

第 26 至 30 題為題組

　　亞洲的「珊瑚三角」有超過百分之 85 的珊瑚礁，都直接受到人類活動的威脅，例如海岸的發展、污染和過度捕魚。這個威脅遠超過全球<u>平均百分之 60</u>，

26

導致了衆人呼籲，要更加努力來減少破壞性的捕魚和來自陸地的逕流。當這些威脅，再<u>加上</u>近來因爲海洋溫度日漸升高，而造成的珊瑚白化現象，被認爲瀕

27

臨絕種的珊瑚礁百分比，增加到超過百分之 90。

* reef⁵〔rif〕n. 礁石　　Asia〔'eʃə, 'eʒə〕n. 亞洲
coral⁵〔'kɔrəl〕n. 珊瑚　　triangle²〔'traɪ͵æŋgl̩〕n. 三角形
directly¹〔də'rɛktlɪ〕adv. 直接地　　threaten³〔'θrɛtn̩〕v. 威脅
human¹〔'hjumən〕adj. 人類的　　activity³〔æk'tɪvətɪ〕n. 活動
coastal¹〔'kostl̩〕adj. 海岸的
development²〔dɪ'vɛləpmənt〕n. 發展　　threat³〔θrɛt〕n. 威脅
substantially⁵〔səb'stænʃəlɪ〕adv. 大大地 (= considerably³ = greatly¹)

global[3] (ˈglobḷ) *adj.* 全球的 (= *worldwide*)

effort[2] (ˈɛfət) *n.* 努力 (= *endeavor*[5])

reduce[3] (rɪˈdjus) *v.* 減少 (= *decrease*[4])

destructive[5] (dɪˈstrʌktɪv) *adj.* 破壞的 (= *damaging*[2])

runoff (ˈrʌn͵ɔf) *n.* 逕流【降水 (precipitation) 落至地面上後，一部分自
　　地表面或地下流入河流或海洋者，稱爲逕流】

recent[2] (ˈrisn̩t) *adj.* 最近的　　bleach[5] (blitʃ) *v.* 漂白

prompt[4] (prɑmpt) *v.* 促使 (= *cause*[1] = *bring about*)

rising[1] (ˈraɪzɪŋ) *adj.* 漸增的　　temperature[2] (ˈtɛmprətʃə) *n.* 溫度

rate[3] (ret) *v.* 認爲；視爲 < as > (= *regard*[2])

threatened[3] (ˈθrɛtn̩d) *adj.* 瀕臨絕種的 (= *endangered*[4])

26. (**D**)　(A) exhaust[4] (ɪgˈzɔst) *n.* 廢氣 (= *waste gas*)
　　　　　　　　v. 使筋疲力盡 (= *tire out* = *wear out*)
　　　　(B) motion[2] (ˈmoʃən) *n.* 動作 (= *movement*[1])
　　　　(C) delight[4] (dɪˈlaɪt) *n.* 高興 (= *joy*[1])　　*v.* 使高興 (= *make happy*)
　　　　(D) ***average***[3] (ˈævərɪdʒ) *n.* 平均；一般標準　*adj.* 平均的；一般的

27. (**B**)　(A) contrast[4] (kənˈtræst) *v.* 使對照 (= *compare*[2] = *distinguish*[4])
　　　　(B) ***combine***[3] (kəmˈbaɪn) *v.* 結合 (= *mix*[2] = *blend*[4] = *join*[1])
　　　　(C) converse[4] (kənˈvɝs) *v.* 談話 (= *talk*[1])
　　　　(D) consume[4] (kənˈsum) *v.* 消耗；消費 (= *use*[2])

「珊瑚三角」涵蓋了印尼、馬來西亞、巴布亞紐幾內亞、菲律賓、所羅門群島，
　　　　　　28
和東帝汶，包含全世界珊瑚礁將近百分之 30，超過 3,000 種魚類。居住在這個
　　　　　　　　　　　　　　　　　　　　　　　　　　　　　　29
地區超過一億三千萬人，都依賴珊瑚礁的生態系統，獲得食物、就業及觀光收
入。整個「珊瑚三角」地區，沿岸的社區也仰賴珊瑚礁，在暴風雨時提供保護
　　　　　　　　　　　　　　　　　　　　　　　　　　　　　　　　30
避免大浪。然而，這個地區珊瑚礁面臨的威脅非常高。珊瑚礁所能提供的好處
也岌岌可危。這就是爲什麼整個「珊瑚三角」地區，需要大家一致努力來減輕
對珊瑚礁的威脅，如此地重要。

　　* Indonesia (͵ɪndəˈniʒə) *n.* 印尼　　　Malaysia (məˈleʒə) *n.* 馬來西亞
　　Papua New Guinea (ˈpæpjʊə͵njuˈgɪnɪ) *n.* 巴布亞紐幾內亞
　　the Philippines (ðəˈfɪlə͵pinz) *n.* 菲律賓
　　the Solomon Islands (ðəˈsɑləmənˈaɪləndz) *n.* 所羅門群島
　　East Timor (ˈist tɪˈmɔr) *n.* 東帝汶

contain² 〔kən'ten〕 v. 包含 (= include²)

species⁴ 〔'spiʃɪz〕 n. 物種；種類

region² 〔'ridʒən〕 n. 地區 (= area¹ = zone³)

rely³ 〔rɪ'laɪ〕 v. 依賴 (= depend²) < on >

ecosystem 〔'ɛko,sɪstəm〕 n. 生態系統【字首 eco 來自
  ecology⁶ 〔ɪ'kalədʒɪ〕 n. 生態學，system³ 〔'sɪstəm〕 n. 系統】

employment³ 〔ɪm'plɔɪmənt〕 n. 職業；就業

revenue⁶ 〔'rɛvə,nju〕 n. 歲收；收入 (= income²)

tourism³ 〔'turɪzəm〕 n. 旅遊業；觀光業

across¹ 〔ə'krɔs〕 prep. 橫跨；遍及 (= throughout²)

community⁴ 〔kə'mjunətɪ〕 n. 社區   wave² 〔wev〕 n. 波浪

incredibly 〔ɪn'krɛdəblɪ〕 adv. 難以置信地 (= unbelievably)；非常
  地 (= extremely³)【credible⁶ 〔'krɛdəbl〕 adj. 可信的 (= believable²)，
  字首 in 和 un 表「否定」】   benefit³ 〔'bɛnəfɪt〕 n. 利益 (= profit³)

risk³ 〔rɪsk〕 n. 危險 (= danger¹)   **be at risk** 有危險 (= be in danger)

concerted 〔kən'sɝtɪd〕 adj. 協定的；一致的 (= combined³)
【concert³ 〔'kɑnsɝt〕 n. 音樂會；演唱會 〔kən'sɝt〕 v. 協調】

action¹ 〔'ækʃən〕 n. 行動   relieve⁴ 〔rɪ'liv〕 v. 減輕 (= ease¹ = lessen⁵)

28. (**C**) (A) expand⁴ 〔ɪk'spænd〕 v. 擴大 (= enlarge⁴)
    (B) stretch² 〔strɛtʃ〕 v. 伸展 (= extend⁴ = spread²)
    (C) **cover**¹ 〔'kʌvɚ〕 v. 涵蓋 (= contain² = include²)
    (D) extend⁴ 〔ɪk'stɛnd〕 v. 延伸 (= stretch² = prolong⁵)

29. (**A**) 空格原為 people *who live* in the region…，將關代 who 省略，改成
    分詞片語 *living*，選 (A)。

30. (**D**) (A) partnership⁴ 〔'pɑrtnɚ,ʃɪp〕 n. 合夥關係 (= alliance⁶)
    (B) escape³ 〔ə'skep〕 n., v. 逃避
    (C) encounter⁴ 〔ɪn'kauntɚ〕 n., v. 遭遇
    (D) **protection**³ 〔prə'tɛkʃən〕 n. 保護 (= safety² = shield⁵)

三、文意選填：

第 31 至 40 題為題組

　　大部分蜘蛛都 ³¹·(**F**) 偏愛吃昆蟲或其他蜘蛛，不過有一些大型蜘蛛也會吃鳥類和蜥蜴。許多種蜘蛛據說會吃沾黏在蜘蛛網上的植物花粉，而且研究顯示，如果小蜘蛛有機會吃花粉的話，它們的存活率會比較 ³²·(**E**) 成功。在被監禁狀態時，還有幾種蜘蛛據說 ³³·(**J**) 偶爾也會吃香蕉、牛奶、蛋黃和香腸。

* *feed*[1] *on* 以～為食　　insect[2] 〔'ɪnsɛkt〕 *n.* 昆蟲
species[4] 〔'spiʃɪz〕 *n.* 種類　　lizard[5] 〔'lɪzəd〕 *n.* 蜥蜴
pollen 〔'pɑlən〕 *n.* 花粉　　rate[3] 〔 ret 〕 *n.* 速率；比率
survival[3] 〔 sə'vaɪvl̩ 〕 *n.* 存活；生存　　*rate of survival* 存活率
opportunity[3] 〔ˌɑpə'tjunətɪ〕 *n.* 機會
captivity[6] 〔 kæp'tɪvətɪ 〕 *n.* 監禁；被俘
occasionally[4] 〔 ə'keʒənl̩ɪ 〕 *adv.* 偶爾；有時
yolk[3] 〔 jok 〕 *n.* 蛋黃　　sausage[5] 〔'sɔsɪdʒ〕 *n.* 香腸

大部分蜘蛛都 34. (H) 利用有黏性的蜘蛛網來 35. (I) 捕捉它們的獵物。一旦獵物被困在網子裡，蜘蛛就會 36. (A) 注射毒液到獵物體內，37. (C) 避免它掙扎。會結網的蜘蛛視力不好，但是它們對震動極度敏感。

* employ[3] 〔 ɪm'plɔɪ 〕 *v.* 利用 (= *use*[1] = *make use of*)
sticky[3] 〔'stɪkɪ〕 *adj.* 黏的　　web[3] 〔 wɛb 〕 *n.* 網子
catch[1] 〔 kætʃ 〕 *v.* 捕捉 (= *capture*[3])　　prey[5] 〔 pre 〕 *n.* 獵物
trap[2] 〔 træp 〕 *v.* 困住　　inject[6] 〔 ɪn'dʒɛkt 〕 *v.* 注射
poison[2] 〔'pɔɪzn̩〕 *n.* 毒藥　　prevent[3] 〔 prɪ'vɛnt 〕 *v.* 避免
struggle[2] 〔'strʌgl̩〕 *v.* 掙扎　　vision[3] 〔'vɪʒən〕 *n.* 視力
extremely[3] 〔 ɪk'strɪmlɪ 〕 *adv.* 極度地
sensitive[3] 〔'sɛnsətɪv〕 *adj.* 敏感的 < *to* >　　vibration[6] 〔 vaɪ'breʃən 〕 *n.* 震動

有些跳蛛獵食其他蜘蛛的方式，會展現出 38. (B) 智力，39. (G) 混淆它們的受害者，或引誘它們進入蜘蛛網裡。

* display[2] 〔 dɪ'sple 〕 *v.* 展現 (= *exhibit*[4] = *show*[1])
intelligence[4] 〔 ɪn'tɛlədʒəns 〕 *n.* 智力
confuse[3] 〔 kən'fjuz 〕 *v.* 混淆；使困惑
victim[3] 〔'vɪktɪm〕 *n.* 受害者　　lure[6] 〔 lʊr 〕 *v.* 引誘；誘惑

實驗室裡的研究顯示，這些跳蛛學習如何 40. (D) 征服新種獵物，速度很快。然而，它們的思考速度相對之下似乎挺慢的，而這一點並不令人驚訝，因為它們的大腦比哺乳類掠食者的大腦小多了。

* laboratory[4] 〔'læbrəˌtorɪ〕 *n.* 實驗室
conquer[4] 〔'kɑŋkə〕 *v.* 征服；擊敗 (= *defeat*[4])
seem[1] 〔 sim 〕 *v.* 似乎
relatively[4] 〔'rɛlətɪvlɪ〕 *adv.* 相對地；相當地 (= *pretty*[1])
vastly[4] 〔'væstlɪ〕 *adv.* 大大地 (= *hugely*[1] = *extremely*[3])
mammalian 〔 mæ'melɪən 〕 *adj.* 哺乳類的【mammal[5] 〔'mæml̩〕 *n.* 哺乳類
　動物】　　predator 〔'prɛdətə〕 *n.* 掠食者

四、閱讀測驗：

第 41 至 45 題爲題組

　　瑪麗亞・托爾帕凱・瓦濟爾是一位壁球明星球員，她的國際壁球生涯前途無量。出生於巴基斯坦一個非常保守的地區，她剛開始從事這項運動時，必須偽裝成男孩——後來還曾因爲打壁球而受到威脅。「我是個戰士，我也會死得像個戰士。」瑪麗亞非常勇敢——在一個許多女孩連受教育的機會都沒有的地區打壁球，她必須很勇敢。

* squash[5,6]〔skwɑʃ〕*n.* 壁球【squash[5,6] 做動詞時，表「壓扁；壓爛」之意】
promising[4]〔ˈprɑmɪsɪŋ〕*adj.* 有希望的；有前途的（= hopeful[4]）
career[4]〔kəˈrɪr〕*n.* 職業　　highly[4]〔ˈhaɪlɪ〕*adv.* 高度地；非常地
conservative[4]〔kənˈsɜvətɪv〕*adj.* 保守的（= traditional[2] = old-fashioned）
region[2]〔ˈridʒən〕*n.* 地區（= area[1] = zone[3] = district[4]）
Pakistan〔ˈpækɪˌstæn , ˌpækɪˈstæn〕*n.* 巴基斯坦【位於印度西北部】
disguise[4]〔dɪsˈgaɪz〕*v.* 偽裝　　**take up** 開始；著手
warrior[5]〔ˈwɔrɪɚ〕*n.* 戰士；勇士（= fighter[2]）
courageous[4]〔kəˈredʒəs〕*adj.* 勇敢的（= brave[1]）
deny[2]〔dɪˈnaɪ〕*v.* 否認；否定；拒絕給予（= reject[2] = refuse[2]）

　　壁球在巴基斯坦是一項很受歡迎的運動，這個國家製造出許多世界冠軍。女性也可以打壁球——不過在她的故鄉不行。瑪麗亞說，她第一次看到人們打壁球，就愛上這項運動了。她說：「我就是喜歡那些小孩有那麼大的決心，漂亮的球拍和球，還有裝備。」在她開始打壁球的前一兩個月，別人還不知道她是個女孩。當眞相洩漏時，其他球員開始嘲諷她。「他們過去經常取笑我，說很不好聽的話。那眞是難以忍受，很無禮——非常欺負人。」

* champion[3]〔ˈtʃæmpɪən〕*n.* 冠軍（者、隊伍）（= champ = title holder）
【championship[4] 則指「冠軍資格、頭銜；冠軍賽」】
fall in love with ~ 愛上 ~（= fall for）
determination[4]〔dɪˌtɜməˈneʃən〕*n.* 決心
　　（= willpower[1] = strength[3]）

> rocket[4]〔ˈrɑkɪt〕*n.* 火箭
> racket[4]〔ˈrækɪt〕*n.* 球拍

racket〔ˈrækɪt〕*n.* 球拍【racket 還有「喧鬧；吵鬧」之意】
kit[3]〔kɪt〕*n.* 一套裝備（= equipment[4] = gear[4]）
come out 洩漏（= be revealed[3] = become known/public）【不及物動詞】
taunt[5]〔tɔnt〕*v.* 嘲笑；嘲諷（= tease[3] = mock[5] = ridicule[6]）
unbearable〔ʌnˈbɛrəbḷ〕*adj.* 難以忍受的（= intolerable）
【bear[2,1] *v.* 忍受（= tolerate[4]）；tolerable[4]〔ˈtɑlərəbḷ〕*adj.* 可忍受的】
disrespectful[4]〔ˌdɪsrɪˈspɛktfəl〕*adj.* 無禮的；失禮的（= impolite[2]
　　= offensive[4] = rude[4]）　　bully[5]〔ˈbʊlɪ〕*v.* 欺負；霸凌　*n.* 霸凌者

她並沒有放棄。她把自己鎖在壁球場裡，連續打幾小時，從早到晚。「我的手腫了，淤青又流血，但我還是繼續打球。」她的努力有了成果。她贏得了好幾場全國的青少年冠軍賽，在 2006 年轉職業。但是額外的關注也為她的家人帶來麻煩。

* lock[2] 〔 lɑk 〕 *n.* 鎖　　*v.* 鎖上　　court[2] 〔 kort 〕 *n.* 球場
swollen[3] 〔'swolən 〕 *adj.* 腫起的【swell[3] 〔 swɛl 〕 *v.* 膨脹；腫起來】
bruise[5] 〔 bruz 〕 *v.* 淤傷　　bleed[3] 〔 blid 〕 *v.* 流血
pay off 成功；有回報 (= *succeed*[2] = *work*[1] = *be effective*[2])
professional[4] 〔 prə'fɛʃən̩l 〕 *adj.* 職業的　　attention[2] 〔 ə'tɛnʃən 〕 *n.* 注意

「在我們這個地區，女孩子永遠都戴著面紗，甚至不被允許離開家族的房屋。」她父親解釋說道。「當人們看到瑪麗亞，他們嚇壞了。他們說她為我們的部族帶來恥辱，也因此強烈批評我。」一封信別在他的車窗上，叫他阻止他女兒。信上威脅如果他不行動會有「可怕的後果」。但他堅持，如果他女兒想要追求體育方面的事業，他一定會支持她。

* veil[5] 〔 vel 〕 *n.* 面紗　　***all the time*** 一直
allow[1] 〔 ə'lau 〕 *v.* 允許 (= *permit*[3])　　explain[2] 〔 ɪk'splen 〕 *v.* 解釋；說明
shocked[2] 〔 ʃɑkt 〕 *adj.* 震驚的；嚇壞的 (= *stunned*[5] = *taken aback*)
dishonor 〔 dɪs'ɑnɚ 〕 *n.* 不名譽；恥辱 (= *disgrace*[6] = *shame*[3])
tribe[3] 〔 traɪb 〕 *n.* 種族；部落　　criticize[4] 〔'krɪtə,saɪz 〕 *v.* 批評
pin[2] 〔 pɪn 〕 *v.* 釘住；固定住　　threaten[3] 〔'θrɛtn̩ 〕 *v.* 威脅
awful[3] 〔'ɔful 〕 *adj.* 可怕的 (= *terrible*[2] = *dreadful*[5])
consequence[4] 〔'kɑnsə,kwɛns 〕 *n.* 結果；後果 (= *result*[2] = *outcome*[4])
maintain[2] 〔 men'ten 〕 *v.* 維持；堅持 (= *insist*[2])
pursue[3] 〔 pɚ'su 〕 *v.* 追求【名詞為：pursuit[4] 〔 pɚ'sut 〕 *n.* 追求】

巴基斯坦的壁球聯盟提供瑪麗亞安全戒備，在她家旁邊設置檢查站。在壁球場的周圍有狙擊手待命，但是她覺得事情變得太離譜了。壁球場有非常多的玻璃，所以如果裡面有炸彈爆炸，會害死許多無辜的人。於是她改為開始在自己房間裡練習。當她的父親看見她這股精神時，他說：「如果妳想要打壁球，那麼妳唯一的選擇就是離開這個國家。」

* Pakistani 〔,pækɪ'stænɪ 〕 *adj.* 巴基斯坦的
federation[6] 〔,fɛdə'reʃən 〕 *n.* 聯盟 (= *association*[4] = *union*[3])
provide[2] 〔 prə'vaɪd 〕 *v.* 提供　　security[3] 〔 sɪ'kjurətɪ 〕 *n.* 安全；戒備
(= *safety measures*)　　***set up*** 設立
checkpoint 〔'tʃɛk,pɔɪnt 〕 *n.* 檢查站；關卡　　sniper 〔'snaɪpɚ 〕 *n.* 狙擊手
position[1] 〔 pə'zɪʃən 〕 *v.* 配置　　***go too far*** 太過分　　bomb[2] 〔 bɑm 〕 *n.* 炸彈
blast[5] 〔 blæst 〕 *n.* 爆炸 (= *explosion*[4])　　innocent[3] 〔'ɪnəsn̩t 〕 *adj.* 無辜的
instead[3] 〔 ɪn'stɛd 〕 *adv.* 反之；改為　　spirit[2] 〔'spɪrɪt 〕 *n.* 精神

所以瑪麗亞寄發電子郵件，給西方國家裡她可以找到壁球場的每個地方。她的其中一封電郵，寄到了加拿大的壁球傳奇人物，強納森・鮑爾那裡。他回信說，他願意在加拿大教導她壁球。幾個月之後，在 2011 年，她抵達多倫多，開始和他一起訓練。她目前是巴基斯坦排名第一的女子選手，全世界女子排名第 49 名。鮑爾確信她可以非常成功。他說：「她絕對有這個天分和決心，可以成為全世界最好的壁球選手。」至於瑪麗亞的父親，他非常驕傲。他說：「巴基斯坦和整個回教世界，都應該要以她為榮。」

* reach[1]〔 ritʃ 〕v. 到達　　legend[4]〔 ˈlɛdʒənd 〕n. 傳說；傳奇人物
Toronto〔 təˈranto 〕n. 多倫多【位於加拿大東南，是**安大略省**
（ Ontario〔 anˈtɛrɪo 〕）首府，也是加拿大第一大都市】
currently[3]〔 ˈkɝəntlɪ 〕adv. 目前；現在　　rank[3]〔 ræŋk 〕v. 排名
convinced[4]〔 kənˈvɪnst 〕adj. 相信的；確信的（ = certain[1] = positive[2]）
go far 成功（ = be successful[2]）
absolutely[4]〔 ˈæbsə͵lutlɪ 〕adv. 絕對地（ = definitely[4] = certainly[1]）
talent[2]〔 ˈtælənt 〕n. 天分（ = gift）　　**as for** 至於（ = as to）
proud[2]〔 praud 〕adj. 驕傲的；引以為傲的 < of >
couldn't be prouder 不可能更驕傲了；非常驕傲
Muslim〔 ˈmʌzlɪm , ˈmuslɪm 〕adj. 穆斯林的；回教的

41.(**C**) 這篇文章是關於什麼？
    (A) 壁球這項運動。　　　　　(B) 巴基斯坦女孩所面臨的艱難。
    (C) 一位不尋常的運動員。　　(D) 全世界最優秀的女子壁球選手。
    * hardship[4]〔 ˈhardʃɪp 〕n. 辛苦；艱難（ = difficulty[2]）
    athlete[3]〔 ˈæθlit 〕n. 運動員

42.(**D**) 瑪麗亞為什麼要把自己偽裝成男孩？
    (A) 在巴基斯坦，女孩不許打壁球。
    (B) 她的父親不允許她打。　　(C) 她喜歡男生的制服勝過女生的。
    (D) 她的鄰居不贊成女生打壁球。
    * permit[3]〔 pɚˈmɪt 〕v. 允許　　uniform[2]〔 ˈjunə͵fɔrm 〕n. 制服
    prefer[2] A to B 喜歡 A 勝過 B（ = like A better than B）
    disapprove[6]〔 ͵dɪsəˈpruv 〕v. 不贊同 < of >（ = frown[4] on）

43.(**A**) 瑪麗亞為什麼在巴基斯坦不打壁球了？
    (A) 她不想要其他人受傷。　　(B) 她擔心自己的生命有危險。
    (C) 她收到來自一支加拿大隊伍很好的提議。
    (D) 戴著面紗打球很困難。
    * **fear[1] for** 害怕；擔心（ = worry[1] about）

44. (**A**) 有關現在的瑪麗亞何者正確？
　　(A) 她是巴基斯坦最優秀的女子壁球選手。
　　(B) 因為她是職業選手，她從這項運動中賺了很多錢。
　　(C) 她在加拿大打球五年了。　　(D) 她背棄了自己的祖國。
　　* professional⁴〔 prə'fɛʃənḷ 〕*n.* 職業選手
　　　turn** one's **back on 背棄 (= *abandon*⁴)

45. (**B**) 下面哪一個字最能描述瑪麗亞的家鄉？
　　(A) 謹慎的　　　　(B) 傳統的　　　　(C) 開明的　　　　(D) 運動的
　　* liberal³〔'lɪbərəl 〕*adj.* 開明的；無偏見的 (= *open-minded*)
　　　athletic⁴〔 æθ'lɛtɪk 〕*adj.* 運動的；強壯靈活的 (= *muscular*⁵)

第 46 至 48 題為題組

　　大約在 18 世紀末時，有些家庭集結在一起，從墨西哥往北來到了加州。在沙漠邊緣的一條溪流旁，他們建立了一個殖民地稱為洛杉磯。多年來，它一直是個市集城鎮，附近的農夫和牧場主人都會到這裡進行交易。

　　* troop³〔 trup 〕*v.* 群集；集結【troops³〔 trups 〕*n. pl.* 軍隊】
　　　stream²〔 strim 〕*n.* 溪流　　along¹〔 ə'lɔŋ 〕*prep.* 沿著
　　　desert²〔'dɛzət 〕*n.* 沙漠　　edge¹〔 ɛdʒ 〕*n.* 邊緣 (= *border*³)
　　　settlement²〔'sɛtḷmənt 〕*n.* 殖民地 (= *community*⁴ = *colony*³)
　　　rancher〔'ræntʃə 〕*n.* 牧場主人 (= *farmer*¹)【ranch⁵〔 ræntʃ 〕*n.* 牧場】
　　　trade²〔 tred 〕*v.* 進行交易 (= *do business*)

　　從 1876 年到 1885 年，興建了許多鐵路。洛杉磯連接到舊金山，並可經由舊金山連接到全國其餘各地。到最後，鐵路提供了一條從洛杉磯直接到芝加哥的路線。

　　* railroad¹〔'rel,rod 〕*n.* 鐵路　　link²〔 lɪŋk 〕*v.* 連接 (= *connect*³)
　　　eventually⁴〔 ɪ'vɛntʃuəlɪ 〕*adv.* 最後；終於 (= *finally*¹ = *in the end*)
　　　direct¹〔 də'rɛkt 〕*adj.* 直接的　　route⁴〔 rut , raut 〕*n.* 路線

　　然後在 1890 年代，該市發現了石油。鑽油井建好後，工人們還建造了很多公路和管線。港口的開挖工程，使得洛杉磯不僅成為一個海港，也是漁業中心。在 1914 年，港口興建完成，而且巴拿馬運河也開始通航。突然間，洛杉磯成為太平洋沿岸最繁忙的港口。

　　* discover¹〔 dɪ'skʌvə 〕*n.* 發現　　well¹〔 wɛl 〕*n.* 井
　　　oil well 鑽油井　　***go up*** 被興建　　highway²〔'haɪ,we 〕*n.* 公路
　　　pipeline⁶〔'paɪp,laɪn 〕*n.* 管線　　dig¹〔 dɪg 〕*v.* 挖掘
　　　harbor³〔'hɑrbə 〕*n.* 港口　　port²〔 port 〕*n.* 港口 (= *harbor*³)

Panama〔ˋpænə͵mɑ〕*n.* 巴拿馬【中美洲一國家】
canal⁵〔kəˋnæl〕*n.* 運河　***Panama Canal*** 巴拿馬運河【通過巴拿馬地
峽，連通大西洋和太平洋的運河】　　coast¹〔kost〕*n.* 海岸

今日，洛杉磯是美國西部的主要工業中心。它所生產的商品，不僅供給美國西岸的其他社區，也提供給美國其他地方的社區。它在製造飛機和探索外太空的設備方面領先全國。很多電影和電視節目都在洛杉磯拍攝。該市也是美國西部各州的商業中心。交通運輸的改善是洛杉磯發展的主要原因。

* industrial³〔ɪnˋdʌstrɪəl〕*adj.* 工業的
　goods⁴〔gʊdz〕*n.* 商品（= *merchandise*¹）
　community⁴〔kəˋmjunətɪ〕*n.* 社區　　lead¹·⁴〔lid〕*v.* 領先
　equipment⁴〔ɪˋkwɪpmənt〕*n.* 裝備　　explore⁴〔ɪkˋsplor〕*v.* 探索
　outer space 外太空　　motion²〔ˋmoʃən〕*n.* 動作（= *movement*¹）
　motion picture 電影　　film²〔fɪlm〕*v.* 拍攝（= *shoot*²）
　improvement²〔ɪmˋpruvmənt〕*n.* 改善
　transportation⁴〔͵trænspɚˋteʃən〕*n.* 交通運輸

46.（**B**）洛杉磯何時開始變成太平洋沿岸最繁忙的港口？
　　(A) 1890 年代。　(B) 1914 年。　(C) 1885 年。　(D) 1920 年。

47.（**C**）選出本文最適當的標題。
　　(A) 洛杉磯的過去　　　　　　(B) 洛杉磯的未來
　　(C) 洛杉磯的發展　　　　　　(D) 洛杉磯的產業
　* appropriate⁴〔əˋproprɪɪt〕*adj.* 適當的（= *suitable*³）

48.（**D**）舊金山在本文中被提到，是因為下列哪一個原因？
　　(A) 舊金山非常靠近洛杉磯。　　(B) 舊金山和芝加哥相連結。
　　(C) 舊金山在 1890 年代也發現石油。
　　(D) 舊金山將洛杉磯連接到全國其餘各地。

第 49 至 52 題為題組

　　法國人不再愛的，不是免費醫療，不是每週工時很短，也不是八月的長假，似乎是麵包喔。法國男性現在每人每天平均只吃半條「長棍麵包」（baguette），相較之下，在1970年時，幾乎吃掉一整條，1900年時吃超過三條。女性吃的比男性少三分之一，而年輕人吃的比10年前少了將近百分之30。

　* ***fall out of love with*** 不再愛～了（↔ *fall in love with* 愛上～）
　health care 醫療　　workweek¹〔ˋwɝk͵wik〕*n.* 工作週；一週工時
　average³〔ˋæv(ə)rɪdʒ〕*adj.* 平均的　　***these days*** 近來；現在

baguette〔bæ'gɛt〕*n.* 法國長棍麵包　　stick² 〔stɪk〕*n.* 棍子；棒子
loaf² 〔lof〕*n.* (麵包) 一條【複數為：loaves】
compared with 和～比較　　decade³ 〔'dɛked〕*n.* 十年【deca = ten】

　　麵包在餐桌上的地位，部分讓給了競爭對手，像早餐的穀類食品、義大利麵和米飯。法國所擁有的獨立麵包店，密度也許依舊是世界最高，但是數量逐漸減少。目前有超過 32,000 家，但比起 1950 年時的 54,000 家少很多了。基本的長棍麵包，每條價格一元美金多一點，是法國最便宜的主食之一。在法國，每年可賣出一百億條長棍麵包。

　　* yield⁵ 〔jild〕*v.* 讓與　　rival⁵ 〔'raɪvḷ〕*n.* 對手；競爭者 (= *competitor*⁴)
　　cereal² 〔'sɪrɪəl〕*n.* 穀類食品【如玉米片、燕麥片等】
　　pasta⁴ 〔'pɑstə〕*n.* 義大利麵【總稱，有很多種形狀】
　　density⁶ 〔'dɛnsətɪ〕*n.* 密度【dense⁴ 〔dɛns〕*adj.* 濃密的】
　　independent² 〔ˌɪndɪ'pɛndənt〕*adj.* 獨立的　　bakery² 〔'bekərɪ〕*n.* 麵包店
　　currently³ 〔'kɜəntlɪ〕*adv.* 目前　　staple⁶ 〔'stepḷ〕*n.* 主要產品

　　麵包的衰退令人擔憂，以致於有一個麵包師團體發動一項全國性的活動，以提倡推廣健康、良好對話和法國文明，來捍衛麵包的地位。「嗨！你買麵包了嗎？」就是這個活動的口號。全法國 130 個城市，廣告看板上、麵包店的袋子上都貼著、印著這個口號。這個活動的網址中解釋，「麵包代表了法國文明」，這種食物是法國傳統餐點的一部份。麵包被描述成是健康的，而且有助於避免體重增加。麵包富含植物性蛋白質和纖維、低脂肪；而碳水化合物是熱量來源之一。節食中的人如果想要避免臣服於含有脂肪和糖分的食物，麵包是最佳選擇。它的飽足感能夠讓你撐到下一餐。另外還有感情上的效果：在回家途中購買新鮮的麵包，是一個很簡單的方法，來告訴你心愛的家人，你在為他們著想，想給予他們一天的樂趣。

　　* decline⁶ 〔dɪ'klaɪn〕*n.* 衰退；下跌 (= *fall*¹ = *decrease*⁴)
　　worrisome¹ 〔'wɜɪsəm〕*adj.* 令人擔憂的 (= *worrying*¹)
　　baker² 〔'bekɚ〕*n.* 麵包師【bake² 〔bek〕*v.* 烘烤】
　　nationwide¹ 〔'neʃən͵waɪd〕*adj.* 全國性的
　　campaign⁴ 〔kæm'pen〕*n.* 活動 (= *movement*¹)
　　defend⁴ 〔dɪ'fɛnd〕*v.* 保衛；捍衛 (= *protect*² = *guard*²)
　　promote³ 〔prə'mot〕*v.* 提倡；推廣 (= *encourage*²)
　　civilization⁴ 〔͵sɪvḷə'zeʃən , ͵sɪvḷaɪ'zeʃən〕*n.* 文明　　***pick up*** 買 (= *buy*)
　　slogan⁴ 〔'slogən〕*n.* 口號　　post² 〔post〕*v.* 張貼
　　billboard 〔'bɪl͵bord〕*n.* 告示板；廣告看板
　　describe² 〔dɪ'skraɪb〕*v.* 描述　　***be described as*** 被描述成
　　gain² 〔gen〕*n.* 增加 (= *increase*²)　　vegetal 〔'vɛdʒətḷ〕*adj.* 植物性的

protein[4] ('protiɪn) *n.* 蛋白質　　fiber[5] ('faɪbə) *n.* 纖維
carbohydrate[6] (ˌkɑrbo'haɪdret) *n.* 碳水化合物
diet[3] ('daɪət) *n.* 節食　　***give in to*** 向～屈服
effect[2] (ɪ'fɛkt) *n.* 影響；效果

carbo(n)	+ hydr	+ ate
碳	+ *water*	+ *n.*

　　根據該團體表示，法國人的飲食習慣正在改變。人們太忙碌，或是工作到太晚，所以不會去麵包店。而青少年都跳過早餐不吃。現在麵包師們希望，當消費者看到 coucou 這個字時，會自動對自己說：「啊，我今天得去買麵包。」

* skip[3] (skɪp) *v.* 跳過；省略 (= *omit*[2] = *leave out*)
spontaneous[6] (spɑn'tenɪəs) *adj.* 自動自發的 (= *natural*[2])
consumer[4] (kən'sumə) *n.* 消費者

49. (**D**) 這篇文章是有關什麼的？
　　(A) 吃麵包營養上的好處。　　(B) 法國正在改變的生活方式。
　　(C) 法國文化重要的方面。　　(D) 法國麵包需求量的下降。
　　* nutritional[6] (nju'trɪʃən!) *adj.* 營養的
　　aspect[4] ('æspɛkt) *n.* 方面　　demand[4] (dɪ'mænd) *n.* 需求量

50. (**A**) 下列何者是法國人減少吃麵包的原因之一？
　　(A) 他們改吃義大利麵和米飯。　　(B) 麵包碳水化合物含量很高。
　　(C) 麵包的價格上漲了百分之 30。　　(D) 要找到麵包店變得更困難了。

51. (**D**) 根據本文，近來許多法國青少年早餐吃什麼？
　　(A) 半條長棍麵包。　　(B) 三分之一條長棍麵包。
　　(C) 米飯。　　(D) 什麼都不吃。

52. (**B**) "coucou" 最有可能是什麼意思？
　　(A) 麵包師　　(B) 嗨　　(C) 新鮮的　　(D) 麵包

第 53 至 56 題為題組

　　「精靈寶可夢 Go」開放沒多久，第一批受傷的報導就開始湧現。據報導，有玩家掉進路上的坑洞、扭傷腳踝，或甚至走路撞上柱子及其他障礙物，都是因為他們只注意自己的手機，而沒有留意周遭環境。

* release[3] (rɪ'lis) *n.* 釋放；發行　　injury[3] ('ɪndʒərɪ) *n.* 受傷
flood[2] (flʌd) *v.* 氾濫；大量湧至 (= *overflow*[5])
twist[3] (twɪst) *v.* 扭傷 (= *sprain*[3])　　ankle[2] ('æŋk!) *n.* 腳踝
walk into 走路撞上 (= *bump into*)　　pole[3] (pol) *n.* 柱子 (= *post*[2])
obstacle[4] ('ɑbstək!) *n.* 障礙　　***pay attention to*** 注意
instead of 而非　　surroundings[1] (sə'raundɪŋz) *n., pl.* 周遭環境

　　有兩個人在聖地牙哥北方,跌落海邊懸崖受到中度傷害,據相關人員報導,他們當時正在玩寶可夢。消防局長艾妮塔‧普平說,這兩人在加州恩西尼塔斯爬上圍籬,不顧警告標誌想爬上懸崖。其中一人跌落大約 50 呎,而他的同伴跌落大約 80 到 90 呎,掉落在海灘上。普平說:「消防隊必須用繩索及安全帶等工具去解救他們。」

* moderate[4] ('madərit) *adj.* 適度的;中等的 (= *average*[3] = *medium*[3])
tumble[3] ('tʌmbl) *v.* 跌落 (= *fall down*)　　cliff[4] (klɪf) *n.* 懸崖
San Diego (,sændi'ego) *n.* 聖地牙哥【位於美國加州】
reportedly (rɪ'portɪdlɪ) *adv.* 根據報導【report[1] (rɪ'port) *v., n.* 報導】
official[2] (ə'fɪʃəl) *n.* 官員　　fence[2] (fɛns) *n.* 圍牆;籬笆
disregard[6] (,dɪsrɪ'gard) *v.* 忽視;不理
marshal[5] ('marʃəl) *n.* 警察局長;消防局長
plunge[5] (plʌndʒ) *v.* 跳入;陷入　　companion[4] (kəm'pænjən) *n.* 同伴
rescue[4] ('rɛskju) *v.* 解救 (= *save*[1])　　rope[1] (rop) *n.* 繩子
harness[5] ('harnɪs) *n.* 馬具;安全帶

　　寶可夢已經變成一個夏日的奇景,這個遊戲使用智慧型手機,在玩家眞實的環境中,角色會投射在手機螢幕上。遊戲的目標是去抓住那些動畫角色。寶可夢不像過去 app 的遊戲,人們相信這個遊戲鼓勵大人小孩們去運動,因爲要玩就要走。不過它也可能已經奪走第一條人命了。

* phenomenon[4] (fə'namə,nan) *n.* 現象;值得注意之人或事
character[2] ('kærɪktɚ) *n.* 角色　　project[2] (prə'dʒɛkt) *v.* 投射
screen[2] (skrin) *n.* 螢幕　　amid[4] (ə'mɪd) *prep.* 在~之中 (= *among*[1])
actual[3] ('æktʃuəl) *adj.* 實際的　　capture[3] ('kæptʃɚ) *v.* 抓到 (= *catch*[1])
animated[6] ('ænə,metɪd) *adj.* 動畫的
figure[2] ('fɪgɚ) *n.* 人物;角色 (= *character*[2])
past[1] (pæst) *adj.* 過去的　　credit[1] ('krɛdɪt) *v.* 相信
persuade[3] (pɚ'swed) *v.* 說服;鼓勵　　claim[2] (klem) *v.* 奪走 (生命)

　　來自瓜地馬拉的兩名青少年,在玩這個非常受歡迎的遊戲時,遭到射殺。一名 18 歲的少年死亡,而他 17 歲的表弟重傷。當地報導指出,這兩人在離瓜地馬拉市 200 公里的奇基穆拉市,他們當時正沿著鐵軌走著,尋找街上的寶可夢。

* teenager[2] ('tin,edʒɚ) *n.* 青少年 (= *adolescent*[5])
Guatemala (,gwatə'malə) *n.* 瓜地馬拉【位於中美洲,首都瓜地馬拉市
　(Guatemala City)】　　shoot[2] (ʃut) *v.* 射殺
wounded[2] ('wundɪd) *adj.* 受傷的 (= *injured*[3])　　local[1] ('lokḷ) *adj.* 當地的
pair[1] (pɛr) *n.* 兩人　　railroad[1] ('rel,rod) *n.* 鐵路;鐵軌 (= *track*[2])

引發這場暴力攻擊的原因不明，但警方表示這個遊戲的定位特點，可能使他們不知不覺走入了危險的地區。在命案現場發現了將近 20 枚彈殼，警方現在正在尋找一輛，當時被看到逃離現場的白色廂型車。

* spark[4]〔spɑrk〕v. 引發（= trigger[6] = set off）
violent[3]〔'vaɪələnt〕adj. 暴力的　　attack[2]〔ə'tæk〕n. 攻擊（= assault[5]）
suggest[3]〔sə'dʒɛst〕v. 建議；指示（= indicate[2]）
location[4]〔lo'keʃən〕n. 地點；定位
feature[3]〔'fitʃɚ〕n. 特色（= trait[6] = characteristic[4]）
unknowingly〔ʌn'noɪŋlɪ〕adv. 不知不覺地（= unawarely[1]）
neighborhood[3]〔'nebɚ,hʊd〕n. 鄰近地區；區域（= district[4]）
bullet[3]〔'bʊlɪt〕n. 子彈　　shell[2]〔ʃɛl〕n. 殼
scene[1]〔sin〕n. 景色；現場　　murder[2]〔'mɝdɚ〕n. 謀殺（案）
van[3]〔væn〕n. 廂型車　　flee[4]〔fli〕v. 逃走（= escape[1] = run away）

在此同時，巴爾的摩一名駕駛人，在企圖抓住寶可夢時撞上了警察巡邏車，他沒有致命傷，不過整個過程被其中一名員警身上的攝影機拍了下來。這名員警目睹休旅車撞上巡邏車之後，跑過去看駕駛人，他站在車外，智慧型手機還在手上。巴爾的摩警方並沒有說，這個人是否被控告開車不專心，但是他們利用這起事件來警告其他駕駛人。

* meanwhile[3]〔'min,hwaɪl〕adv. 在此同時（= in the meantime）
fatal[4]〔'fetl〕adj. 致命的（= deadly[6] = mortal[5]）
Baltimore〔'bɔltə,mor〕n. 巴爾的摩【位於美國馬里蘭州北部】
attempt[3]〔ə'tɛmpt〕v. 嘗試；企圖（= try[1]）　　crash[3]〔kræʃ〕v. 撞上
cruiser[6]〔'kruzɚ〕n. 巡邏車（= police car = patrol car）
incident[4]〔'ɪnsədənt〕n. 事件（= occurrence[5]）
witness[4]〔'wɪtnɪs〕v. 目睹（= see[1]）
SUV n. 休旅車【全名為：Sport Utility Vehicle】
slam[5]〔slæm〕v. 猛擊　　patrol[5]〔pə'trol〕n. 巡邏
patrol car 巡邏車　　vehicle[3]〔'viɪkl〕n. 車輛
charge[2]〔tʃɑrdʒ〕v. 控告 < with >（= accuse[1] < of >）
distract[6]〔dɪ'strækt〕v. 使分心

$$\left\{\begin{array}{l} \text{crash}^3 \text{ into 撞上} \\ = \text{slam}^5 \text{ into} \\ = \text{smash}^5 \text{ into} \end{array}\right.$$

$$\left\{\begin{array}{l} = \text{clash}^4 \text{ into} \\ = \text{bump}^3 \text{ into} \\ = \text{run into} \end{array}\right.$$

53. (**B**) 有關寶可夢，本文暗示什麼？

(A) 這個 app 主要受到青少年歡迎，被認為是一個短暫的流行而已，明年夏天就沒有人會在意了。

(B) <u>人們太過專注於玩遊戲，以致於他們沒有注意到他們所去的地方，這可能會導致受傷或死亡。</u>

(C) 長時間玩下來會增加，因長期使用造成嚴重傷害的危險。

(D) 藉由開始玩之前正確的伸展，玩家們可以增加抓到這些動畫角色的可能性。

* **be regarded as** 被視爲　passing (ˈpæsɪŋ) *adj.* 短暫的
fad⁵ (fæd) *n.* 流行　involved⁴ (ɪnˈvɑlvd) *adj.* 專注的
extended⁴ (ɪkˈstɛndɪd) *adj.* 長期的　period² (ˈpɪrɪəd) *n.* 期間
chronic⁶ (ˈkrɑnɪk) *adj.* 長期的　stretch² (strɛtʃ) *v.* 伸展
properly³ (ˈprɑpəlɪ) *adv.* 適當地；正確地
launch⁴ (lɔntʃ) *v.* 發動；開始　odds⁵ (ɑdz) *n., pl.* 可能性

54. (**C**) 聖地牙哥發生了什麼事情？
　(A) 一位女士扭傷了腳踝。　　(B) 20 枚彈殼被發現。
　(C) 兩名男子跌落海邊懸崖。　(D) 一台警察巡邏車被毀損。

55. (**B**) 瓜地馬拉發生了什麼事情？
　(A) 一名男子在搶銀行時身亡。
　(B) 兩名青少年在尋找寶可夢時遭到射殺。
　(C) 消防隊員必須解救卡在樹上的好幾支寶可夢。
　(D) 一名男子邊開車邊傳簡訊，撞上警察巡邏車。
　* stick² (stɪk) *v.* 使困住　text³ (tɛkst) *v.* 傳簡訊

56. (**D**) 寶可夢被相信有什麼優點？
　(A) 使動畫角色受到歡迎。　　(B) 促進社區參與。
　(C) 揭發犯罪活動。　　　　　(D) 鼓勵人們運動。
　* popularize (ˈpɑpjələˌraɪz) *v.* 使普及；使受歡迎
　promote³ (prəˈmot) *v.* 促進；推廣
　expose⁴ (ɪkˈspoz) *v.* 暴露；揭發 (= *uncover*⁶)
　criminal³ (ˈkrɪmənḷ) *n.* 罪犯　*adj.* 犯罪的

第貳部分：非選擇題

一、中翻英：

1. 擁有手機的優點之一，就是無論你去哪裡，都很容易聯絡得上。

One $\left\{\begin{array}{l}\text{advantage}\\ \text{benefit}\\ \text{merit}\\ \text{virtue}\end{array}\right\}$ of $\left\{\begin{array}{l}\text{owning}\\ \text{having}\end{array}\right\}$ a $\left\{\begin{array}{l}\text{cell}\\ \text{mobile}\end{array}\right\}$ phone is that

$\left\{\begin{array}{l}\text{you can be easily }\underline{\text{reached/contacted}}\text{ wherever you go.}\\ \text{it is easy to }\left\{\begin{array}{l}\underline{\text{reach/contact}}\\ \text{get in touch with}\end{array}\right\}\text{ you wherever you go.}\end{array}\right.$

2. 此外，如果有緊急的情況，你可以立刻打電話。

$$
\left.\begin{array}{l}
\text{In addition} \\
\text{Besides} \\
\text{Moreover} \\
\text{Furthermore} \\
\text{What's more}
\end{array}\right\}, \text{you} \left\{\begin{array}{l}\text{are able to} \\ \text{can}\end{array}\right\} \text{make a (phone) call} \left\{\begin{array}{l}\text{at once} \\ \text{immediately} \\ \text{instantly} \\ \text{right away} \\ \text{straight away} \\ \text{without delay}\end{array}\right.
$$

$$
\left\{\begin{array}{l}
\text{in case of emergency.} \\
\text{in case an emergency happens.} \\
\underline{\text{in an emergency/if an emergency happens.}}
\end{array}\right.
$$

二、英文作文：

【作文範例 1】

A Memorable Experience

I shall never forget what happened between my sister *and me when I was* in elementary school. My sister is two years older than I. We did everything together; she was my best friend. *But one day* we had a serious argument. A classmate of mine found out one of my secrets, and I was sure that my sister had betrayed me. I swore I would never speak to her again. *To my surprise*, she did not even try to apologize. We did not talk to each other for a long time. *Later*, I learned that I had dropped a note to my sister in the classroom and that someone else had read it. That was how my secret had got out. I apologized to my sister and she forgave me.

The lesson I learned from this experience was valuable—never jump to conclusions. There are two sides to every story, and I realize that I should make sure I know both of them. *In other words*, I should have all the facts. *Now* when I feel that one of my friends has done something wrong, I listen to the explanation first. *Furthermore*, whenever I have to make an important decision, I carefully consider all the possibilities before I make up my mind. The incident has made me more mature, more thoughtful and less impulsive in everything I do. *As a result*, I make fewer mistakes. *It is true that things are not always what they appear to be*. I will always bear that in mind and try never to jump to conclusions again.

中文翻譯

一次難忘的經驗

　　我永遠無法忘記我小學時，姊姊和我之間所發生的事情。我的姊姊大我兩歲，我們在一起做所有的事；她是我最要好的朋友。但有一天我們兩人大吵了一架。我一位同班同學發現了我的一個秘密，而我確信是姊姊背叛了我。我發誓再也不和她說話。令我驚訝的是，她甚至沒有試著道歉。我們彼此很長一段時間沒說話。後來我才知道是我在教室裡掉了一張要給姊姊的紙條，有別人看到了。我的秘密就是這麼洩漏的。我向姊姊道歉，而她原諒了我。

　　從這次經驗我學到了了很寶貴的一個教訓——絕對不要遽下結論。每個故事都有兩面，而我了解到我應該兩面都要知道。換言之，我應該要得知所有的事實。現在，當我感覺到我的朋友做了什麼不對的事情時，我會先聽他們的解釋。此外，每當我必須做出重大決定的時候，在下定決心之前，我會謹慎考慮所有的可能性。這件事情使我更成熟、更體貼，做一切事情更不衝動。因此，我犯的錯誤就減少了。確實，事情不一定如表面一樣。我會謹記在心，努力做到不再草率下結論。

elementary[4] *school* 小學　　argument[2] 〔ˈɑrgjəmənt〕*n.* 爭論；爭吵
betray[6] 〔bɪˈtre〕*v.* 背叛　　swear[3] 〔swɛr〕*v.* 發誓
apologize[4] 〔əˈpɑləˌdʒaɪz〕*v.* 道歉　　note[1] 〔not〕*n.* 紙條
forgive[2] 〔fəˈgɪv〕*v.* 原諒　　lesson[1] 〔ˈlɛsn̩〕*n.* 教訓
valuable[3] 〔ˈvæljəbl〕*adj.* 重要的；寶貴的
jump to a conclusion 遽下結論；草率下結論　　*make sure* 確定
in other words 換言之　　explanation[4] 〔ˌɛkspləˈneʃən〕*n.* 解釋
consider[2] 〔kənˈsɪdɚ〕*v.* 考慮　　mature[3] 〔məˈtur〕*adj.* 成熟的
thoughtful[4] 〔ˈθɔtfəl〕*adj.* 體貼的　　impulsive[5] 〔ɪmˈpʌlsɪv〕*adj.* 衝動的
appear[1] 〔əˈpɪr〕*v.* 似乎；看起來　　*bear sth. in mind* 把某事牢記在心

【作文範例 2】

A Memorable Experience

　　I shall never forget what happened between my mom *and me when I was* in junior high school. *On a starry night*, I was still on the train since my class had been delayed. *What was worse*, my cell phone was broken, so I couldn't communicate with my parents. When I arrived at the station, I saw that the street was totally dark. There were no pedestrians, only some street dogs. Feeling a little bit panicked and scared, I dashed toward my home. **Suddenly**, I noticed a figure under a dim street light. **To my astonishment**, it was my mother. I ran to her and embraced her with tears rolling down my cheeks.

At that moment, I truly realized how much my mother loves and cares about me. I cherish my parents' efforts for me, and I do my best to make them proud. I am grateful for the shelter my parents built for me. **Even though** we didn't say so to each other, the love and relationship between us is irreplaceable.

中文翻譯

一次難忘的經驗

我永遠無法忘記在我國中時，我的媽媽和我之間所發生的事情。在一個星光閃爍的夜晚，因為課程延誤了，我還坐在火車上。更糟的是，我的手機壞了，所以我無法和我父母聯絡。當我到達車站時，我看到整條街一片漆黑，沒有行人，只有一些街頭的流浪狗。我覺得有點驚慌害怕，就朝著家裡衝。突然之間我注意到，在一盞微弱的街燈下有一個身影。令我驚訝的是，那是我的媽媽。我跑去抱住她，眼淚就沿著臉頰滑落。

在那一刻，我真正了解到我的媽媽有多麼愛我、多麼在意我。我珍惜父母為我付出的努力，而我也盡全力使他們為我感到驕傲。我感謝父母為我建立的避風港。即使我們沒有對彼此這麼說出來，但是我們之間的愛和關係是無可取代的。

starry[1] (ˈstɑrɪ) *adj.* 星光閃耀的　　delay[2] (dɪˈle) *v.* 延誤
what is worse 更糟的是　　broken[1] (ˈbrokən) *adj.* 壞掉的
communicate[3] (kəˈmjunəˌket) *v.* 溝通；聯繫　totally[1] (ˈtotl̩ɪ) *adv.* 完全地
dark[1] (dɑrk) *adj.* 黑暗的　　pedestrian[6] (pəˈdɛstrɪən) *n.* 行人
panicked[3] (ˈpænɪkt) *adj.* 驚慌的　　scared[1] (skɛrd) *adj.* 害怕的
dash[3] (dæʃ) *v.* 猛衝　　suddenly[2] (ˈsʌdn̩lɪ) *adv.* 突然地
figure[2] (ˈfɪgɚ) *n.* 人影　　dim[3] (dɪm) *adj.* 昏暗的
astonishment[5] (əˈstɑnɪʃmənt) *n.* 驚訝
to sb.'s astonishment 令某人驚訝的是　　embrace[5] (ɪmˈbres) *v.* 擁抱
tear[2] (tɪr) *n.* 眼淚　　cheek[3] (tʃik) *n.* 臉頰
moment[1] (ˈmomənt) *n.* 時刻　　cherish[4] (ˈtʃɛrɪʃ) *v.* 珍惜
proud[2] (praʊd) *adj.* 驕傲的　　grateful[4] (ˈgretfəl) *adj.* 感激的
shelter[4] (ˈʃɛltɚ) *n.* 避難所　　irreplaceable[3] (ˌɪrɪˈplesəbl̩) *adj.* 無可取代的

7000 字範圍大學入學學科能力測驗 英文試題③

第壹部分：單選題（佔 72 分）

一、詞彙題（佔 15 分）

說明：　第 1 題至第 15 題，每題有 4 個選項，其中只有一個是正確或最適當的選項，請畫記在答案卡之「選擇題答案區」。各題答對者，得 1 分；答錯、未作答或畫記多於一個選項者，該題以零分計算。

1. Google opened its first overseas office in Japan in 2001. But Japan is one of a few major countries Google has yet to _____.
   (A) manipulate　　(B) conquer　　　　(C) foster　　　　(D) shuttle

2. In spite of the pills his doctor _____, he still had trouble sleeping.
   (A) identified　　(B) comprehended　　(C) forbade　　(D) prescribed

3. Don't let your _____ know you're better than they are.
   (A) enthusiasts　　(B) missionary　　(C) superiors　　(D) capitalists

4. Miss Chen is _____ in her attempt to act and talk like a high school girl. She is actually in her mid-twenties.
   (A) fragile　　　　(B) pathetic　　　　(C) random　　　　(D) brutal

5. Rock-climbing _____ great physical exertion.
   (A) acquaints　　(B) conforms　　(C) liberates　　(D) involves

6. Officer Lee pulled the _____ when the criminal tried to stab him.
   (A) evidence　　(B) juvenile　　(C) trigger　　(D) flashlight

7. It is heartbreaking to be _____ by a close friend.
   (A) make-believe　　　　　　　(B) poorly-informed
   (C) well-organized　　　　　　　(D) double-crossed

8. Taiwan was ranked at the bottom of "poor" countries in a worldwide _____ of national emissions reduction performance.
   (A) survey　　(B) exclusion　　(C) omission　　(D) preface

9. To steal ideas from one person is plagiarism; to steal from many is
   _____.
   (A) propaganda　　　(B) research　　　(C) barrier　　　(D) academy

10. The middle class voiced their _____ disapproval of the new policy.
    (A) monotonous　　　　　　　(B) anonymous
    (C) synonymous　　　　　　　(D) unanimous

11. Meat-based diets require 10-20 times as much land as plant-based
    diets. Nearly half of the world's _____ and soybeans are fed to
    animals.
    (A) corps　　　　(B) supplies　　　(C) grains　　　(D) angles

12. Animal waste and feed cropland _____ more pollutants into our
    waterways than all other human activities combined.
    (A) dump　　　　(B) detain　　　(C) implement　　　(D) degrade

13. Irene has an obsession with comic books. Whenever she is free,
    she _____ her nose in one.
    (A) pinches　　　(B) circulates　　　(C) buries　　　(D) breathes

14. Five people died in a head-on _____ due to reckless driving.
    (A) confrontation　　(B) freeway　　(C) paradox　　(D) collision

15. Antidepressants can increase suicidal thoughts and behavior. And
    suicide is a known risk of depression. It's a real _____ whether
    to take medication or not.
    (A) dilemma　　　(B) inspiration　　(C) accessory　　(D) prestige

二、綜合測驗（占 15 分）

說明： 第 16 題至第 30 題，每題一個空格，請依文意選出最適當的一個選項，
　　　請畫記在答案卡之「選擇題答案區」。各題答對者，得 1 分；答錯、未
　　　作答或畫記多於一個選項者，該題以零分計算。

第 16 至 20 題為題組

　　　___16___ is a leading cause of death among newborn penguins.
Because penguins live in a bitterly cold climate, there simply is not much

food available for them. An adult penguin, in order to feed its young, will travel several hundred miles across the snow and ice in search of food. It can ___17___ the food in its stomach for roughly three weeks. So, if the adult penguin's search for food is successful, it will be able to feed its young when it returns home.

___18___, the adult penguin's return is not a certainty. Besides, if it arrives with food too late, the baby penguin ___19___ have already starved to death. Fortunately, in most cases, the adult returns in time to feed its young. It has a(n) ___20___ clock which tells it when it must start toward home. Although this clock is not perfect, most people would agree that penguins are one of the world's most amazing creatures.

16. (A) Suffocation   (B) Deformity   (C) Starvation   (D) Nutrition
17. (A) digest   (B) store   (C) consume   (D) transit
18. (A) However   (B) Besides   (C) Similarly   (D) Conversely
19. (A) will   (B) must   (C) would   (D) should
20. (A) waterproof   (B) athletic   (C) internal   (D) digital

第 21 至 25 題為題組

After years of searching, a father has been reunited with his long-lost son who ___21___ to be only a mouse click away.

Andy Corbett was just two when his parents separated and he lost contact with his father, Graham. Both men had spent long hours ___22___ to track each other down. Though they had never lived more than half an hour apart, their searches always ended in vain.

Late one night, Andy, 39, typed his father's name into social networking website Facebook. ___23___, a long list of Graham Corbetts with their photos jumped on the screen. He nervously sent a message and waited for a ___24___, and within days he got one back saying "Hello son."

"There were about 15 Graham Corbetts that came up, but I saw this picture and my heart just started ___25___," said Andy. "I knew it was him. It was like looking at a picture of me when I'm older. I just sent a message and a day or two later got one back."

21. (A) lived out   (B) found out   (C) turned out   (D) checked out
22. (A) trying   (B) to try   (C) try   (D) for trying
23. (A) Timely   (B) Unpredictably
     (C) Respectively   (D) Instantly
24. (A) straight answer   (B) response
     (C) vocal message   (D) comeback
25. (A) aching   (B) migrating   (C) pounding   (D) limping

第 26 至 30 題為題組

Traditionally, men were the wooers and women were the wooed. That's no longer the case. Now ___26___ issues the first invitation should take the responsibility. He or she must be the one to come up with ways of spending the first "date."

It might be a drink in a country club; it might be a walk along a beautiful coastline. Whatever it might be, the initiator should suggest something ___27___ his or her date ultimately says no to the suggestion. There's nothing worse than being invited out and being ___28___ something like "What should we do?" That kind of remark deserves the response, "Well, I'd like to slip over to Paris and dine at Maxim's. Then we can catch the Orient ___29___ and lunch in Venice. After that we can take a private jet to Athens and watch the sun set over the Acropolis. Then we can play it by ear."

So whenever you take the initiative in courting your Mr. or Ms. Right, be well prepared. A mind that lacks in creativity might ___30___ you the chance of love.

26. (A) the person   (B) if they   (C) whoever   (D) somebody
27. (A) as though   (B) even if   (C) unless   (D) as long as

28. (A) was faced with　　　　(B) confronting with
　　(C) was at the face of　　　(D) confronted with

29. (A) Express　　(B) Grocery　　(C) Elevator　　(D) Vegetarian

30. (A) take　　　(B) spend　　　(C) cost　　　(D) miss

三、文意選填（占 10 分）

說明：第 31 題至第 40 題，每題一個空格，請依文意在文章後所提供的 (A) 到
　　　(J)選項中分別選出最適當者，並將其英文字母代號畫記在答案卡之「選
　　　擇題答案區」。各題答對者，得 1 分；答錯、未作答或畫記多於一個選
　　　項者，該題以零分計算。

第 31 至 40 題為題組

　　Most people put one foot in front of the other as a most basic way
to get around, though feet also come in ___31___ to kick a ball, ride a
bicycle or dance—maybe even walk on a rope high in the air.

　　But in Asia, feet are far more than just the two parts that keep us
upright and get us from one place to ___32___—they can lead people
into culturally sensitive issues.

　　In India, for example, touching another person's feet is perceived
as a sign of respect for their knowledge and experience, usually ___33___
for family elders and teachers and parents. Feet also play a ___34___
role in Indian wedding ceremonies. During Hindu weddings in western
India, the bride's parents wash the groom's feet. In eastern India, the
bride dips her feet in a mixture of milk and a red dye before entering
the groom's house, leaving red ___35___ on the floor. Hindu and
Muslim women decorate their feet in preparation for weddings, and
Hindu brides traditionally wear toe-rings after the wedding to signify
their marital ___36___.

　　In Thailand, it is the opposite—feet are considered fine for walking,
but that's about it. It is disrespectful to point your feet at seniors or put
your feet on a table or step on books, which has been a ___37___ in
Thailand for a long time and still is.

Japanese people have traditionally taken off shoes at home. Why? Some experts say the use of tatami floor mats, regarded as valuable and sacred, is a major reason for the custom. Others say it's mainly because of sanitation in a country where ___38___ is relatively high and taking shoes off can help keep feet dry.

China's modern-day interest in feet ___39___ massage. Virtually every street in major Chinese cities boasts one or more foot-massage outlets, an industry that is increasingly popular due to the traditional Chinese belief in the healing qualities of a good foot rub. People who practice traditional Chinese medicine say the foot has a lot of pressure points and ___40___ manipulating them—while loosening up those tired soles—promotes health in other parts of the body and helps prevent illness.

(A) reserved   (B) status   (C) that   (D) prominent   (E) footprints
(F) another   (G) centers around   (H) taboo   (I) handy   (J) humidity

四、閱讀測驗（占 32 分）

說明： 第 41 題至第 56 題，每題請分別根據各篇文章之文意選出最適當的一個
選項，請畫記在答案卡之「選擇題答案區」。各題答對者，得 2 分；答
錯、未作答或畫記多於一個選項者，該題以零分計算。

第 41 至 44 題為題組

Cyrano de Bergerac (1619-1655) was a French writer and notable soldier and swordsman of the 17th century, whose fame in modern times rests on a play, written in 1897 by Edmond Rostand, which focuses on the topic of Cyrano's large nose. According to Rostand's play, and to other modern stories, Cyrano was a courageous and intelligent man who was unable to express himself to the woman he loved because of his apparent ugliness. However, Cyrano, while indeed having a large nose, was in reality a self-confident and successful person. Although he never married, this may have been because of his sexual orientation rather than shyness.

Cyrano was a great writer as well as an independent thinker on religious and social issues. Indeed, he was also one of the founders of the literary category of science fiction. In one of his novels, the principal character makes several attempts to travel to the moon, with some of the methods being quite amazingly prophetic. At first, the hero of the story tries to rise above the Earth by using bottles of water, which will dry out, but finds this doesn't work. Later he fills up a large bag with air over a fire; on another occasion he uses gunpowder rockets attached to a vehicle. Another attempt involves drawing air through a heating device, which seems rather like the principle of the jet engine. Hot-air balloons became practical means of transport some 140 years after Cyrano's death, while a rocket-propelled craft carrying men reached the moon in 1969, 350 years after the writer's birth.

41. The modern stories about Cyrano de Bergerac are false because
    (A) Cyrano is a fictional character invented by Edmond Rostand.
    (B) he was not a shy or unsuccessful person.
    (C) in reality, Cyrano was a very handsome man.
    (D) they only depict the surface facts, not the causes.

42. According to the passage, what reason might lie behind Cyrano's failure to wed?
    (A) He was much too concerned with religious matters.
    (B) He was too shy to talk directly to the woman he loved.
    (C) His career as a soldier prevented him from marrying.
    (D) His sexual preferences were not inclined towards women.

43. Cyrano's depiction of air and space travel was prophetic, but which method of flying has not been successfully used in the modern period?
    (A) Air thrust.   (B) Vaporization of water.
    (C) Heated air in a balloon. (D) Rocket power.

44. What did Edmond Rostand do in 1897?
    (A) He challenged Cyrano de Bergerac to a sword fight.
    (B) He wrote a famous science fiction novel.
    (C) He wrote a play about Bergerac.
    (D) He attempted to travel to the moon.

第 45 至 48 題爲題組

American society is not nap-friendly. "In fact," says David Dinges, a sleep specialist at the University of Pennsylvania School of Medicine, "there's even a prohibition against admitting we need sleep." Nobody wants to get caught napping or be found asleep at work. Let's quote a proverb: "Some sleep five hours, nature requires seven, laziness nine and wickedness eleven."

Wrong. The way not to fall asleep at work is to take naps when you need them. "We have to totally change our attitude toward napping," says Dr. William Dement of Stanford University, a leader in sleep research.

Last year a national commission led by Dement identified an "American sleep debt," which one member said was as important as the national debt. The commission was concerned about the dangers of sleepiness: people causing industrial accidents or falling asleep while driving. This may be why we have a new sleep policy in the White House. According to a report, ex-president Bill Clinton himself is trying to take a half-hour nap every afternoon.

About 60% of American adults nap whenever they are given the opportunity. Sleeping 15 minutes to two hours in the afternoon can reduce stress and make us feel refreshed. Clearly, we were born to nap. We should "snack" on sleep whenever we feel like it.

45. It's commonly accepted in American society that too much sleep is a sign of being
    (A) unreasonable.　　(B) criminal.　　(C) lazy.　　(D) costly.

46. The research done by the Dement commission shows that Americans
    (A) don't like to take naps.
    (B) are worried about their national debt.
    (C) sleep less than is good for them.
    (D) have caused industrial and traffic accidents.

47. The purpose of this article is to
    (A) warn us of the wickedness of napping.
    (B) explain the danger of sleepiness.
    (C) discuss the side effects of taking a nap.
    (D) convince readers that it is necessary to take a nap whenever it's
        needed.

48. The sentence "Clearly, we were born to nap." in the last paragraph
    tells us that it is
    (A) preferable to have a sound sleep before a night shift.
    (B) good practice to eat something light before we go to bed.
    (C) essential to make up for lost sleep.
    (D) natural to take a nap whenever we feel the need for it.

第 49 至 52 題為題組

　　Bananas are the world's most popular fruit. But banana plants are
interesting in themselves, not only because of their fruit. They are
actually very large flowering plants, the largest in the world. Yet, many
people mistakenly believe that bananas grow on trees. Unlike fruit trees,
however, the banana plant dies after producing fruit, and a new plant
then grows from the root, which remains in the ground. New plants can
only be started from cuttings taken from the old plant. This is because
through thousands of years of selective cultivation, the seeds inside
bananas have been bred out of the modern fruit, which is actually a type
of berry. Wild bananas have large seeds which make them difficult to
eat. While seedless bananas, like seedless grapes, are easier for humans
to eat, it has unfortunately left the banana plant unable to reproduce
without the help of humans.

　　In many regions of the world, the banana is the most important fruit.
Nearly the entire plant is edible, including the soft flesh inside the stem.
The fruit itself can be cooked like a vegetable similar to a potato. When
ripe, they can also be eaten raw as they usually are in European countries.

Ripe bananas taste pleasantly sweet, and with their vitamins and minerals, are very healthy. As a banana ripens, the complex sugars in the fruit gradually break down and become simple sugar. It is the simple sugar that makes ripe bananas so sweet, and the yellower the banana, the sweeter it is. But ripe bananas are very delicate and are easily damaged during transport. Therefore, bananas for export must be harvested when still green.

Now this popular type of fruit is at risk. In some time they might disappear from our shops altogether. This is because banana plants suffer from a variety of diseases. One disease causes the plants to turn brown and makes the fruit taste bad. The plants are also in danger of attack from other diseases. So far there is no remedy, and because of the way banana plants are grown, from cuttings taken from older plants, they cannot develop natural resistance to disease. A new strain of this banana that is resistant to these diseases must be bred. Otherwise, in a few decades we may no longer be able to buy bananas as we know them.

To ensure the future of the banana crop, scientists are working to develop genetically modified banana plants capable of resisting disease. For example, scientists in Australia have changed a single gene in the banana plant's DNA. This change gives the plant resistance to the bacteria that cause it to become weak and die. The new gene stops cells from dying when attacked by the disease. However, many people, especially in Europe, are concerned about the safety of genetically modified foods, including genetically modified bananas. Yet genetically modifying the plant by changing the structure of its DNA in the laboratory may be the only way to save the banana since it does not reproduce by making seeds.

49. What do people incorrectly think about bananas?
    (A) That they are unlike other fruits.
    (B) That they are a large flowering plant.

(C) That they actually grow on trees.

(D) That they are really a kind of berry.

50. How is a European likely to eat a banana?

 (A) By cooking it just like a potato.

 (B) By letting it turn yellow first.

 (C) By breaking down its complex sugars.

 (D) By making a ripe banana sweet.

51. Why might bananas as we know them disappear from our shops?

 (A) Because this new variety of fruit tastes bad.

 (B) Because the current strain is not resistant to disease.

 (C) Because a new strain of banana can never be bred.

 (D) Because we may no longer want to buy them.

52. What is the main idea of this report?

 (A) Bananas are the world's most popular fruit.

 (B) The banana does not reproduce by making seeds.

 (C) Scientists are genetically modifying banana plants.

 (D) Today's bananas are at risk because they are seedless.

第 53 至 56 題為題組

　　If you ask people to name the person who had the greatest effect on the English language, you will get answers like "Shakespeare," "Samuel Johnson," and "Webster," but none of these men had any effect at all compared to a man who didn't even speak English—William the Conqueror.

　　Before 1066, in the land we now call Great Britain lived peoples belonging to two major language groups. In the east-central region lived the Welsh, who spoke a Celtic language. In the rest of the country lived the Anglo-Saxons, actually a mixture of Anglos, Saxons, and other Germanic and Nordic peoples, who spoke what we now call Anglo-Saxon (or Old English), a Germanic language. If this state of affairs had lasted, English today would be close to German.

But this state of affairs did not last. In 1066 the Normans, led by William, defeated the Saxons and began their rule over England. For about a century, French was the official language of England while Old English became the language of peasants. As a result, English words of politics and the law came from French rather than German. In some cases, modern English even shows a distinction between upper-class French and lower-class Anglo Saxon in its words. We even have different words for some foods, meat in particular, depending on whether it is still out in the fields or at home ready to be cooked, which shows the fact that the Saxon peasants were doing the farming, while the upper-class Normans were doing most of the eating.

When Americans visit Europe for the first time, they usually find Germany more "foreign" than France because German seems much more different from English than French does. Few realize that the English language was actually Germanic in its beginning and that the French influences are all the result of one man's ambition.

53. The two major languages spoken in what is now called Great Britain before 1066 were
   (A) Welsh and Scottish.
   (B) Nordic and Germanic.
   (C) Celtic and Old English.
   (D) Anglo-Saxon and Germanic.

54. Which of the following groups of words is, by inference, rooted in French?
   (A) president, lawyer, beef
   (B) president, bread, water
   (C) bread, field, sheep
   (D) folk, field, cow

55. If an American travels to Europe, he will find that
   (A) English is more similar to German than French.
   (B) English is no longer spoken.
   (C) many French words are similar to English ones.
   (D) he knows French better than German.

56. What is the subject discussed in the text?
   (A) The history of Great Britain.
   (B) The similarity between English and French.
   (C) The rule of England by William the Conqueror.
   (D) The French influences on the English language.

第貳部分：非選擇題（占 28 分）

說明： 本部分共有二題，請依各題指示作答，答案必須寫在「答案卷」上，並標明大題號（一、二）。作答務必使用筆尖較粗之黑色墨水的筆書寫，且不得使用鉛筆。

一、中譯英（占 8 分）

說明： 1. 請將以下中文句子譯成正確、通順、達意的英文，並將答案寫在「答案卷」上。
　　　 2. 請依序作答，並標明子題號。每題 4 分，共 8 分。

1. 只有在生病時，你才會了解健康有多重要。
2. 不要等到失去健康之後，才學會如何珍惜。

二、英文作文（占 20 分）

說明： 1. 依提示在「答案卷」上寫一篇英文作文。
　　　 2. 文長至少 120 個單詞（words）。

提示： 請仔細觀察以下三幅連環圖片的內容，並想像第四幅圖片可能的發展，寫出一個涵蓋連環圖片的內容並有完整結局的故事。

7000 字範圍大學入學學科能力測驗
英文試題 ③ 詳解

第壹部分：單選題

一、詞彙題：

1. (**B**) Google 於 2001 年在日本開了第一間海外公司。但日本是目前為止，少數 Google 還有待<u>征服</u>的主要國家。

    (A) manipulate[6] 〔 məˈnɪpjə‚let 〕 v. 操縱

    (B) *conquer*[4] 〔ˈkɑŋkɚ 〕 v. 征服　　conquest[6] n. 征服
    conqueror n. 征服者

    (C) foster[6] 〔ˈfɔstɚ 〕 v. 養育；撫養　adj. 領養的
    a foster child　領養的小孩

    (D) shuttle[4] 〔ˈʃʌtḷ 〕 v. (定期) 往返　n. 來回行駛

    * overseas[2] 〔ˈovɚˈsiz 〕 adj. 海外的　　office[1] 〔ˈɔfɪs 〕 n. 辦公室；公司
    major[3] 〔ˈmedʒɚ 〕 adj. 主要的　　*have yet to V.* 有待…

2. (**D**) 儘管醫生<u>開</u>了藥丸給他，他還是很難睡著。

    (A) indentify[4] 〔 aɪˈdɛntə‚faɪ 〕 v. 辨認

    (B) comprehend[4] 〔‚kɑmprɪˈhɛnd 〕 v. 理解
    comprehension[5] n. 理解 (力)；閱讀測驗
    comprehensive[6] adj. 全面性的

    (C) forbid[4] 〔 fɚˈbɪd 〕 v. 禁止【forbid-forbade-forbidden】

    (D) *prescribe*[6] 〔 prɪˈskraɪb 〕 v. 開 (藥方)；規定
    【 pre (= *before*) + scribe (= *write*) 】
    prescription[6] n. 處方　　fill a prescription　按處方配藥

    * *in spite of* 儘管有　　pill[3] 〔 pɪl 〕 n. 藥丸
    have trouble (*in*) + *V-ing* 很難…

3. (**C**) 別讓你的<u>上司</u>知道你比他們厲害。

    (A) enthusiast 〔 ɪnˈθuzɪ‚æst 〕 n. 狂熱者；迷
    enthusiastic[5] adj. 充滿熱忱的
    enthusiasm[4] n. 熱心；熱忱 (= *eagerness*[3])

    (B) missionary[6] 〔ˈmɪʃən‚ɛrɪ 〕 n. 傳教士　　mission[3] n. 任務

(C) **superior**[3] 〔 səˋpɪrɪɚ 〕 *n.* 上司；
長官（＝*supervisor*[5]）；前輩
adj. 上級的；較優秀的

> superior[3] *n.* 上司　*adj.* 較優秀的
> ↔ inferior[3] *n.* 下屬　*adj.* 較差的

(D) capitalist[4] 〔ˋkæpətlɪst 〕 *n.* 資本家
capital[3] *n.* 資本；首都；大寫字母　　capitalism[4] *n.* 資本主義

4. (**B**) 陳小姐想要舉止和說話都像女高中生一樣，真是可悲。她其實已經
二十五、六歲了。

  (A) fragile[6] 〔ˋfrædʒəl 〕 *adj.* 脆弱的；易碎的（＝*frail*[6]＝*delicate*[4]）

  (B) **pathetic**[6] 〔 pəˋθɛtɪk 〕 *adj.* 可悲的（＝*pitiful*[3]）

  (C) random[6] 〔ˋrændəm 〕 *adj.* 隨便的；漫無目的的
random guess　隨便的亂猜

  (D) brutal[4] 〔ˋbrutḷ 〕 *adj.* 殘忍的（＝*savage*[5]＝*cruel*[2]）

  * attempt[3] 〔 əˋtɛmpt 〕 *n.* 企圖；嘗試　　act[1] 〔 ækt 〕 *v.* 舉止；表現
actually[3] 〔ˋæktʃʊəlɪ 〕 *adv.* 實際上
in *one's* **mid-twenties** 在某人二十五、六歲時

5. (**D**) 攀岩需要很多體力。

  (A) acquaint[4] 〔 əˋkwent 〕 *v.* 使認識；使熟悉
acquaint *sb.* with *sth.* 使某人熟悉某事
acquaintance *n.* 認識的人
a nodding acquaintance　點頭之交

  (B) conform[6] 〔 kənˋfɔrm 〕 *v.* 遵守 < *to* >

  (C) liberate[6] 〔ˋlɪbə͵ret 〕 *v.* 解放　　liberation[6] *n.* 解放
women's liberation　婦女解放運動
liberal[3] *adj.* 自由的；開放的　　liberty[3] *n.* 自由

  (D) **involve**[4] 〔 ɪnˋvɑlv 〕 *v.* 牽涉；包含；需要；和…有關
involvement[4] *n.* 牽涉　　be involved in 牽涉在…當中

  * rock-climbing 〔ˋrɑkˋklaɪmɪŋ 〕 *n.* 攀岩
physical[4] 〔ˋfɪzɪkḷ 〕 *adj.* 身體的　　exertion[6] 〔 ɪgˋzɝʃən 〕 *n.* 努力；費力

6. (**C**) 李警官在罪犯想要刺傷他時，扣了板機。

  (A) evidence[4] 〔ˋɛvədəns 〕 *n.* 證據

  (B) juvenile[5] 〔ˋdʒuvənḷ , ˋdʒuvə͵naɪl 〕 *n.* 青少年（＝*adolescent*[5]
＝*teenager*[2]）　 *adj.* 青少年的
juvenile delinquency　青少年犯罪

(C) ***trigger***[6] (ˈtrɪgɚ) *n.* 扳機　　*v.* 引發 (= *cause*[1])

　　pull the trigger 扣扳機

(D) flashlight[2] (ˈflæʃˌlaɪt) *n.* 手電筒；閃光燈

* criminal[3] (ˈkrɪmən!) *n.* 罪犯　　　stab[3] (stæb) *v.* 刺

7. (**D**) 被好朋友欺騙真是令人心碎。

(A) make-believe (ˈmekbəˈliv) *adj.* 假裝的　*n.* 假裝

(B) poorly-informed (ˈpʊrlɪˌɪnˈfɔrmd) *adj.* 消息不靈通的

　　well-informed *adj.* 消息靈通的　　inform[3] *v.* 通知

(C) well-organized (ˈwɛlˈɔrgənˌaɪzd) *adj.* 井然有序的；安排妥當的

　　organize[2] *v.* 組織

(D) ***double-crossed*** (ˈdʌb!ˈkrɔst) *adj.* 被欺騙的 (= *deceived*[5]) ；

　　被出賣的 (= *betrayed*[6])　　　double-cross *v.* 欺騙；出賣

* heartbreaking (ˈhartˌbrekɪŋ) *adj.* 令人心碎的　***close friend*** 密友

8. (**A**) 在一項關於全球各國減少排放量之表現的調查中，台灣被排在表現「差」的國家後段。

(A) ***survey***[3] (ˈsɝve) *n.* 調查 (= *investigation*[4])

(B) exclusion[6] (ɪkˈskluʒən) *n.* 排除　　exclude[5] *v.* 排除

　　exclusive[6] *adj.* 排他性的；獨家的

(C) omission[2] (oˈmɪʃən) *n.* 省略；遺漏　　omit[2] *v.* 省略；遺漏

(D) preface[6] (ˈprɛfɪs) *n.* 序言 (= *introduction*[3])

* rank[3] (ræŋk) *v.* 排名　　bottom[1] (ˈbatəm) *n.* 底部

emission (ɪˈmɪʃən) *n.* 排放（量）　　reduction[4] (rɪˈdʌkʃən) *n.* 減少

performance[3] (pɚˈfɔrməns) *n.* 表現

9. (**B**) 竊取一個人的想法叫作抄襲；偷取很多人的想法就是研究。

(A) propaganda[6] (ˌprɑpəˈgændə) *n.* （思想、主義的）宣傳

(B) ***research***[4] (ˈrisɝtʃ , rɪˈsɝtʃ) *n., v.* 研究

(C) barrier[4] (ˈbærɪɚ) *n.* 阻礙 (= *obstacle*[4])

(D) academy[5] (əˈkædəmɪ) *n.* 學院；學會　　academic[4] *adj.* 學術的

* plagiarism (ˈpledʒəˌrɪzəm) *n.* 剽竊；抄襲

10. (**D**) 中產階級異口同聲表示不贊成新政策。

(A) monotonous[6] (məˈnɑtn̩əs) *adj.* 單調的

　　【mono (= *one*) + ton (= *tone*) + ous (= *adj.*)】

　　monotony[6] (məˈnɑtn̩ɪ) *n.* 單調

(B) anonymous[6] 〔ə'nɑnəməs〕 *adj.* 匿名的

　【 an (= *without*) + onym (= *name*) + ous (= *adj.*) 】

　an anonymous letter 匿名信

(C) synonymous[6] 〔sɪ'nɑnəməs〕 *adj.* 同義的

　【 syn (= *same*) + onym (= *name*) + ous (= *adj.*) 】

　synonym[6] 〔'sɪnənɪm〕 *n.* 同義字

　(↔ antonym[6] 〔'æntə,nɪm〕 *n.* 反義字)

(D) ***unanimous***[6] 〔ju'nænəməs〕 *adj.* 全體一致的

```
un + anim + ous
 |     |     |
one + mind + adj.
```

* ***middle class*** 中產階級　voice[1] 〔vɔɪs〕 *v.* 表明 (意見)

disapproval[6] 〔,dɪsə'pruvl̩〕 *n.* 不贊成　policy[2] 〔'pɑləsɪ〕 *n.* 政策

11. (**C**) 以肉類為主的飲食方式所需要的土地，是以植物為主的十到二十倍。
　　全世界有將近一半的穀物和大豆，都被拿來餵食動物。

(A) corps[4] 〔kor〕 *n.* 部隊；團體

　the Marine Corps （美國）海軍陸戰隊

(B) supplies[2] 〔sə'plaɪz〕 *n. pl.* 供應量；補給品　supply[2] *n. v.* 供給

(C) ***grain***[3] 〔gren〕 *n.* 穀物

(D) angle[3] 〔'æŋgl̩〕 *n.* 角度 【比較】angel[3] 〔'ændʒəl〕 *n.* 天使

* meat-based 〔'mit'best〕 *adj.* 以肉為主的　diet[3] 〔'daɪət〕 *n.* 飲食

require[2] 〔rɪ'kwaɪr〕 *v.* 需要　time[1] 〔taɪm〕 *n.* 倍

plant-based 〔'plænt'best〕 *adj.* 以植物為主的

nearly[2] 〔'nɪrlɪ〕 *adv.* 將近　soybean[2] 〔'sɔɪ,bin〕 *n.* 大豆

feed[1] 〔fid〕 *v.* 餵

12. (**A**) 動物排泄物跟飼料農場排放到我們水道中的污染物，比所有其他人類
　　活動加起來還要多。

(A) ***dump***[3] 〔dʌmp〕 *v.* 傾倒；丟棄 (= *discard*[5] = *throw away*)

　dumping ground 垃圾傾倒場

(B) detain[6] 〔dɪ'ten〕 *v.* 拘留

(C) implement[6] 〔'ɪmplə,mɛnt〕 *v.* 實施

　(= *put into effect*) 〔'ɪmpləmənt〕 *n.* 工具

(D) degrade[6] 〔dɪ'gred〕 *v.* 降低 (地位、人格)

```
dump[3]  v. 傾倒
bump[3]  v. 碰撞
jump[1]  v. 跳躍
plump  adj. 豐滿的
pump[2]  v. 抽 ( 水 )
```

* waste[1] 〔west〕 *n.* 廢棄物；排泄物　feed[1] 〔fid〕 *n.* 飼料

cropland 〔'krɑp,lænd〕 *n.* 農地　pollutant[6] 〔pə'lutn̩t〕 *n.* 污染物

waterway 〔'wɔtɚ,we〕 *n.* 水路　combine[3] 〔kəm'baɪn〕 *v.* 結合

13. (**C**) 艾琳對漫畫書十分著迷。只要她有空，就會<u>埋</u>首於漫畫書中。

(A) pinch⁵ 〔 pɪntʃ 〕 v. 捏 　　(B) circulate⁴ 〔'sɝkjə,let〕 v. 循環

(C) ***bury***³ 〔'bɛrɪ〕 v. 埋 　 ***bury*** one's ***nose in a book*** 埋頭看書

(D) breathe³ 〔 brɪð 〕 v. 呼吸

* obsession 〔 əb'sɛʃən 〕 n. 著迷 　 ***comic book*** 漫畫書
free¹ 〔 fri 〕 adj. 有空的

14. (**D**) 五個人在魯莽駕駛造成的迎面<u>撞擊</u>中死亡。

(A) confrontation⁶ 〔,kɑnfrən'teʃən〕 n. 對立；衝突
confront⁵ v. 面對；使面對 (= face¹)

(B) freeway⁴ 〔'fri,we〕 n. 高速公路 【比較】highway² n. 公路

(C) paradox⁵ 〔'pærə,dɑks〕 n. 矛盾；似非而是的雋語

(D) ***collision***⁶ 〔 kə'lɪʒən 〕 n. 相撞 　 ***head-on collision*** 迎面相撞
collide⁶ v. 相撞

* head-on 〔'hɛd'ɑn〕 adj. 迎面的 　 ***due to*** 因為；由於
reckless⁵ 〔'rɛklɪs〕 adj. 魯莽的

15. (**A**) 抗憂鬱劑可能會增加自殺的念頭跟行為。而自殺是憂鬱症已知的一種風險。要不要服用藥物真的是<u>兩難</u>。

(A) ***dilemma***⁶ 〔 də'lɛmə 〕 n. 進退兩難的局面 (= plight⁶)
be in a dilemma 陷入兩難困境

(B) inspiration⁴ 〔,ɪnspə'reʃən〕 n. 激勵；靈感

(C) accessory⁶ 〔 æk'sɛsərɪ 〕 n. 配件

(D) prestige⁶ 〔'prɛstɪdʒ〕 n. 聲望
prestigious adj. 有聲望的 　 prestigious school 名校

* antidepressant 〔'æntaɪ,dɪ'prɛsn̩t〕 n. 抗憂鬱劑
suicidal 〔,suə'saɪdl̩〕 adj. 自殺的 　 suicide³ 〔'suə,saɪd〕 n. 自殺
depression⁴ 〔 dɪ'prɛʃən 〕 n. 沮喪；憂鬱 　 take¹ 〔 tek 〕 v. 服用
medication⁶ 〔,mɛdɪ'keʃən〕 n. 藥物治療；藥物

二、綜合測驗：

第 16 至 20 題為題組

　　<u>飢餓</u>是新生企鵝的主要死因。因為企鵝生活在嚴寒刺骨的氣候中，所以牠
　　　16
們可以取得的食物並不多。一隻成年的企鵝，為了要餵自己的小孩，會在冰天
雪地裡走好幾百哩，以尋找食物。牠可以將食物<u>儲存</u>在胃裡大約三個星期。所
17

以，如果成年的企鵝能成功地找到食物，那當牠回家時，就能餵自己的小孩
吃東西。

> * leading[1]（'lidɪŋ）adj. 主要的【lead[1] v. 領先；居首位】
> cause[1]（kɔz）n. 原因
> newborn（'nju,bɔrn）adj. 剛出生的【born[1] adj. 出生的】
> penguin[2]（'pɛngwɪn）n. 企鵝　　bitterly[2]（'bɪtəlɪ）adv. 猛烈地；刺骨地
> available[3]（ə'veləbḷ）adj. 可獲得的
> adult[1]（ə'dʌlt）adj. 成年的　n. 成人；成年的動物
> young[1]（jʌŋ）n. 幼小動物；幼仔　　travel[2]（'trævḷ）v. 行進
> *in search of* 尋找　　stomach[2]（'stʌmək）n. 胃
> roughly[4]（'rʌflɪ）adv. 大約（= *approximately*[6] = *about*[1]）

16. (**C**) (A) suffocation（,sʌfə'keʃən）n. 窒息　　suffocate[6] v. 窒息而死
    (B) deformity（dɪ'fɔrmətɪ）n. 畸形【de（= *away*）】
    form[2] n. 形狀
    (C) ***starvation***[6]（stɑr'veʃən）n. 飢餓；餓死
    starving[3] adj. 快餓死的
    (D) nutrition[6]（nju'trɪʃən）n. 營養　　nutritious[6] adj. 營養的

17. (**B**) (A) digest[4]（daɪ'dʒɛst）v. 消化　（'daɪdʒɛst）n. 文摘
    (B) ***store***[1]（stor）v. 儲存
    (C) consume[4]（kən'sum）v. 消耗；吃；喝　　consumption[6] n. 消耗
    (D) transit[6]（'trænsɪt）n. 運輸；（機場）過境；轉機
    mass rapid transit　捷運（= *MRT*）

<u>不過</u>，成年的企鵝並不一定會回來。此外，如果牠帶食物
　　18
回來得太晚，小企鵝<u>就會</u>已經餓死了。幸好，在大部分的情況
　　　　　　　19
中，成年的企鵝都會及時趕回來餵自己的小孩。

> * certainty[6]（'sɝtṇtɪ）n. 確實的事；必然的事物　　starve[3]（stɑrv）v. 飢餓
> ***starve to death*** 餓死　　case[1]（kes）n. 情況　　***in time*** 及時

18. (**A**) (A) ***however***[2]（hau'ɛvɚ）adv. 不過；然而

| in time　及時 |
| on time　準時 |

    (B) besides[2]（bɪ'saɪdz）adv. 此外
    (C) similarly[2]（'sɪmələlɪ）adv. 同樣地
    (D) conversely[4]（kən'vɝslɪ）adv. 相反地

19. (**A**) 依句意，小企鵝「將會」已經餓死，選 (A) *will*。而 (B) must have + p.p. 表「當時一定」，在此不合；又 if 子句是直說法的條件句，非假設語氣，故 (C) (D) 不合。

企鵝有生理時鐘，會告訴牠何時必須動身回家。雖然這個生理時鐘並不完美，
     20
但大部分的人都會同意，企鵝是全世界最令人驚奇的動物之一。

     * start¹〔start〕v. 出發；動身   toward²〔tord , tə'word〕prep. 朝向
     perfect²〔'pɝfɪkt〕adj. 完美的   amazing³〔ə'mezɪŋ〕adj. 驚人的
     creature³〔'kritʃɚ〕n. 動物；生物

20. (**C**) (A) waterproof⁶〔'wɔtɚ'pruf〕adj. 防水的
         (B) athletic⁴〔æθ'lɛtɪk〕adj. 運動員的
         (C) ***internal***³〔ɪn'tɝnl〕adj. 內部的；體內的
             internal clock 生理時鐘（ = *biological clock*）
         (D) digital〔'dɪdʒɪtl〕adj. 數位的   digital camera 數位相機

第 21 至 25 題為題組

     經過多年的搜尋，有位父親終於跟他失散很久的兒子團聚，但結果他兒子跟他只有點一下滑鼠的距離而已。
     21

     * reunite〔͵rijʊ'naɪt〕v. 重聚；團圓；使團聚【reunion⁴ n. 團圓】
     long-lost〔'lɔŋ͵lɔst〕adj. 失蹤很久的   mouse¹〔maʊs〕n. 老鼠；滑鼠
     click³〔klɪk〕n. 喀嚓聲；點滑鼠的聲音
     be only a mouse click away 只有點一下滑鼠的距離而已【也就是「很容
         易就可在網路上找到」（ = *can be easily found on the Internet*）】

21. (**C**) (A) lived out 活過；長壽度過   (B) found out 查出
         (C) ***turned out*** 結果（是）   (D) checked out 查看；結帳退房

     當安迪·科貝特的父母分開時，他才兩歲，然後他就跟父親葛雷姆失去聯絡。他們兩人花了很長的時間想找到彼此。雖然他們住的地方，相距從未超過
                                          22
半小時車程，他們的搜尋最後總是徒勞無功。

     * Andy Corbett〔'ændɪ'kɔrbɛt〕n. 安迪·科貝特
     separate²〔'sɛpə͵ret〕v. 分開   Graham〔'greəm〕n. 葛雷姆
     contact²〔'kɑntækt〕n. 聯絡   hours¹〔aʊrz〕n. pl. 時間

track down 追蹤；找到；調查…的消息
apart[3]〔ə'part〕*adv.* 分開地　　***in vain*** 徒勞無功

22. (**A**)　spend +
$$\left\{ \begin{array}{l} 錢 \\ 時間 \end{array} \right\} + \left\{ \begin{array}{l} \text{on + N.} \\ \text{(in) + V-ing} \end{array} \right.$$

某天晚上很晚的時候，39 歲的安迪，在社交網站 Facebook 上，打上自己父親的名字。<u>馬上</u>就有一長串葛雷姆‧科貝特的名字和照片，突然出現在螢幕
　　　　23
上。他緊張地傳了一個訊息，然後等待<u>回應</u>，過沒幾天，就有人回應說：「哈
　　　　　　　　　　　　　　24
囉，兒子。」

> * late[1]〔let〕*adv.* 晚；到很晚；到深夜　　type[2]〔taɪp〕*v.* 打（字）
> social[2]〔'soʃəl〕*adj.* 社交的　　networking[3]〔'nɛt,wɜkɪŋ〕*n.* 網路連線
> website[4]〔'wɛb,saɪt〕*n.* 網站　　***social networking website*** 社交網站
> photo[2]〔'foto〕*n.* 照片　　jump[1]〔dʒʌmp〕*v.* 跳
> screen[2]〔skrin〕*n.* 螢幕
> ***jump on the screen*** 突然出現在螢幕上（= *suddenly appear on the screen*）
> nervously[3]〔'nɜvəslɪ〕*adv.* 緊張地　　message[2]〔'mɛsɪdʒ〕*n.* 訊息
> within[2]〔wɪð'ɪn〕*prep.* 在…之內

23. (**D**)　(A) timely[1]〔'taɪmlɪ〕*adj.* 適時的
　　　　　　 (B) unpredictably[4]〔,ʌnprɪ'dɪktəblɪ〕*adv.* 不可預料地
　　　　　　 (C) respectively[6]〔rɪ'spɛktɪvlɪ〕*adv.* 分別地；各自地
　　　　　　 (D) ***instantly***[2]〔'ɪnstəntlɪ〕*adv.* 立刻；馬上（= *Immediately*[3]）

24. (**B**)　(A) straight answer 坦率的答案　　straight[2] *adj.* 坦誠的；直率的
　　　　　　 (B) ***response***[3]〔rɪ'spɑns〕*n.* 回答；回應
　　　　　　 (C) vocal message 語音留言【text message 簡訊】
　　　　　　　　 vocal[6]〔'vokḷ〕*adj.* 聲音的
　　　　　　 (D) comeback〔'kʌm,bæk〕*n.* 東山再起；捲土重來

「大約有 15 個葛雷姆‧科貝特出現，但我一看到這張照片，心就開始<u>狂</u>
　　　　　　　　　　　　　　　　　　　　　　　　　　　　　　25
<u>跳</u>，」安迪說。「我知道那就是他。這就像是在看自己老了以後的照片一樣。
我傳了一個訊息，一兩天後就收到回覆了。」

> * ***come up*** 出現　　later[1]〔'letɚ〕*adv.* …之後

come up 出現
= turn up
= show up

25. (**C**) (A) ache³〔ek〕*v.*（持續地）疼痛

    (B) migrate⁶〔'margret〕*v.* 遷移

    (C) ***pound***²〔paʊnd〕*v.* 重擊；（心）劇烈跳動；怦怦跳

    (D) limp⁵〔lɪmp〕*v.* 跛行

第 26 至 30 題爲題組

  傳統上，男人是追求者，而女人是被追求者。情況已經不再是如此。現在最先提出邀請<u>的人</u>，應該要負起責任。他或她必須想出第一次「約會」的行程。
        26

    * traditionally²〔trə'dɪʃənlɪ〕*adv.* 傳統上

      wooer⁶〔'wuɚ〕*n.* 追求者   woo⁶〔wu〕*v.* 追求

      the wooed 被追求者   ***no longer*** 不再   ***the case*** 事實

      issue⁵〔'ɪʃju〕*v.* 發出   invitation²〔ˏɪnvə'teʃən〕*n.* 邀請

      responsibility³〔rɪˏspɑnsə'bɪlətɪ〕*n.* 責任

      take the responsibility 負起責任   ***come up with*** 提出；想出

      spend¹〔spɛnd〕*v.* 度過   date¹〔det〕*n.* 約會

26. (**C**) 依句意，選 (C) ***whoever***「凡是…的人」(= *any one who*)。如選 (A) the person 或 (D) somebody，則句子缺連接詞，而 (B) if they 用法不合，因動詞 issues 是單數動詞。

  可能是去鄉村俱樂部喝一杯；可能是去漂亮的海邊散步。無論是什麼，提出邀請的人應該建議做某事，<u>即使</u>他或她約會的對象最後拒絕了這項建議。
        27

    * country¹〔'kʌntrɪ〕*n.* 國家；鄉村   ***country club*** 鄉村俱樂部【附設有
      網球場、高爾夫球場、游泳池等設備的郊外俱樂部】

      coastline〔'kostˏlaɪn〕*n.* 海岸線；沿海地帶【coast¹ *n.* 海岸】

      initiator⁵〔ɪ'nɪʃɪˏetɚ〕*n.* 創始人；發起者

      date¹〔det〕*n.* 約會的對象

      ultimately⁶〔'ʌltəmɪtlɪ〕*adv.* 最後

        (= *eventually*⁴ = *finally*¹)   ***say no*** 拒絕

> initial⁴ *adj.* 最初的
> initiate⁵ *v.* 創始
> initiator⁵ *n.* 創始人

27. (**B**) (A) as though 就好像 (= *as if*)

    (B) ***even if*** 即使

    (C) unless³〔ʌn'lɛs〕*conj.* 除非

    (D) as long as 只要 (= *so long as*)

沒有什麼比受邀出門，卻要<u>面臨</u>像是「我們該做些什麼？」這類的問題，還要
　　　　　　　　　　　　　28

來得糟糕。這類的話應該得到的回答是：「嗯，我想去巴黎，在美心餐廳用餐。

然後我們可以搭東方<u>快車</u>，在威尼斯吃午餐。之後再搭私人噴射機去雅典，觀
　　　　　　　　29

賞衛城上面的落日。然後再隨機應變。」

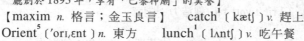

* remark⁴ 〔 rɪ'mɑrk 〕 *n.* 評論；話　　 deserve⁴ 〔 dɪ'zɜv 〕 *v.* 應得
response³ 〔 rɪ'spɑns 〕 *n.* 回答　　 slip² 〔 slɪp 〕 *v.* 溜；悄悄地走
dine⁵ 〔 daɪn 〕 *v.* 用餐【diner *n.* 用餐者】
Maxim's 〔'mæksɪmz 〕 *n.* 美心餐廳【法國的 Maxim's 餐
　　廳創於 1893 年，享有「巴黎神廟」的美譽】
　【maxim *n.* 格言；金玉良言】　　 catch¹ 〔 kætʃ 〕 *v.* 趕上
Orient⁵ 〔'orɪɛnt 〕 *n.* 東方　　 lunch¹ 〔 lʌntʃ 〕 *v.* 吃午餐
Venice 〔'vɛnɪs 〕 *n.* 威尼斯【位於義大利東北部】
private² 〔'praɪvɪt 〕 *adj.* 私人的　　 jet³ 〔 dʒɛt 〕 *n.* 噴射機
Athens 〔'æθənz 〕 *n.* 雅典【希臘首都】　　 set¹ 〔 sɛt 〕 *v.* (太陽、月亮)落下
Acropolis 〔 ə'krɑpəlɪs 〕 *n.* (雅典的)衛城【巴特農 (Parthenon) 神殿之所
　　在地，為古希臘藝術精粹匯集之地】　　 ***play it by ear*** 隨機應變；見機行事

28. (**D**)

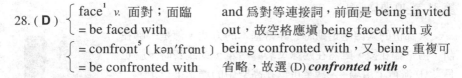

{ face¹ *v.* 面對；面臨　　 and 爲對等連接詞，前面是 being invited
{ = be faced with　　 out，故空格應填 being faced with 或
{ = confront⁵ 〔 kən'frʌnt 〕　 being confronted with，又 being 重複可
{ = be confronted with　　 省略，故選 (D) ***confronted with***。

29. (**A**) (A) ***express*** ² 〔 ɪk'sprɛs 〕 *n.* 快車　　 ***Orient Express*** 東方快車
　　　(B) grocery³ 〔'grosərɪ 〕 *n.* 雜貨；雜貨店 (= *grocery store*)
　　　(C) elevator² 〔'ɛlə,vetɚ 〕 *n.* 電梯；升降機
　　　(D) vegetarian⁴ 〔,vɛdʒə'tɛrɪən 〕 *n.* 素食者

【補充資料】

　　「東方快車」(Orient Express) 其實就是往東行的特
快車，以豪華及舒適服務享負盛名，也是全世界最具有歷
史、傳統、文化與格局的豪華列車。

　　其中一個著名的路線，就是從巴黎火車站東站 (Gare
de l'Est)，行經中途站威尼斯，連結到最東方的目的地伊
斯坦堡，於 1883 年 10 月 4 日正式啓程，一路橫貫歐洲大
陸，Paris-Budapest-Bucharest-Istanbul，這個路線主要橫跨了七國，每年都只
有一班車，總計共需花六天五夜，單程票約爲 9,190 美元。

所以，每當你主動追求你的眞命天子或眞命天女時，要有充分的準備。缺乏創意的想法，可能會<u>使你失去</u>戀愛的機會。

30

> * initiative[6] 〔ɪ'nɪʃɪ,etɪv〕 *n.* 主動權　　***take the initiative*** 採取主動
> court[2] 〔kort〕 *v.* 追求（= woo[6] = chase[1] = chase after）
> ***Mr. Right*** （作爲結婚對象的）理想的男人；眞命天子
> Ms.[2] 〔mɪz〕 *n.* 女士　　***Ms. Right*** 眞命天女
> ***well prepared*** 有充份準備的
> mind[1] 〔maɪnd〕 *n.* 想法
> lack[1] 〔læk〕 *v.* 缺乏
> creativity[4] 〔,krie'tɪvətɪ〕 *n.* 創造力；創意

> creativity[4] *n.* 創造力；創意
> = originality[6] 〔ə,rɪdʒə'nælətɪ〕

30. (**C**) 依句意，選 (C) ***cost***[1] 〔kɔst〕 *v.* 使花費；使喪失；使損失。而 (A) take[1] 〔tek〕 *v.* （事物）花費（時間），(B) spend 〔spɛnd〕 *v.* （人）花費（時間、金錢），(D) miss[1] 〔mɪs〕 *v.* 錯過；想念，則不合句意。

三、文意選填：

<u>第 31 至 40 題爲題組</u>

大部份的人四處走動時，非常基本的方式，都是一腳在前，另一腳在後，雖然在踢球、騎腳踏車，或跳舞時，腳也是 [31.] **(I)** <u>派得上用場</u>——甚至可以在高空中的繩索上行走。

> * ***get around*** 四處走動
> handy[3] 〔'hændɪ〕 *adj.* 手邊的；方便的
> ***come in handy*** 派得上用場；（在必要時）有用
> kick[1] 〔kɪk〕 *v.* 踢　　rope[1] 〔rop〕 *n.* 繩子
> ***high in the air*** 在高空中

但是在亞洲，腳就不只是使我們直立，要把我們從一個地方帶到 [32.] **(F)** <u>另一個地方的兩個部位而已</u>——它們可能會使我們遇到有文化敏感性的問題。

> * Asia 〔'eʃə〕 *n.* 亞洲　　part[1] 〔part〕 *n.* 部位
> upright[5] 〔'ʌp,raɪt〕 *adj.* 直立的　　get[1] 〔gɛt〕 *v.* 使；讓
> lead[1] 〔lid〕 *v.* 使　　culturally[3] 〔'kʌltʃərəlɪ〕 *adv.* 在文化上
> sensitive[3] 〔'sɛnsətɪv〕 *adj.* 敏感的
> issue[5] 〔'ɪʃjʊ〕 *n.* 議題；問題

　　例如，在印度，碰另一個人的腳，被認為是尊敬其知識和經驗的象徵，通常只 [33.] **(A)** 保留給家裡的長輩和老師，以及父母。

be perceived as
= be recognized as
= be regarded as
= be thought of as
= be looked upon as
= be viewed as
= be seen as　被認為是

* India〔'ɪndɪə〕*n.* 印度
  perceive[5]〔pə'siv〕*v.* 察覺；認為
  sign[2]〔saɪn〕*n.* 表示；象徵
  reserve[3]〔rɪ'zɝv〕*v.* 保留
  elder[2]〔'ɛldɚ〕*n.* 長輩

腳在印度的婚禮中，也扮演了 [34.] **(D)** 重要的角色。在印度西部的印度人婚禮中，新娘的父母會洗新郎的腳，在印度東部，新娘在進新郎的家之前，會將腳浸在牛奶與紅色染料的混合物中，在地板上留下紅色的 [35.] **(E)** 腳印。印度教和回教的婦女，在準備婚禮時，都會裝飾自己的腳，而且傳統上，印度教的新娘，在婚禮結束後，會戴腳趾環，以表示自己的婚姻 [36.] **(B)** 狀況。

* *play a…role* 扮演…角色
  prominent[4]〔'prɑmənənt〕*adj.* 卓越的；有名的；重要的
  wedding ceremony 婚禮　　Hindu〔'hɪndu〕*adj.* 印度人的；印度教的
  western[2]〔'wɛstən〕*adj.* 西部的　　bride[3]〔braɪd〕*n.* 新娘
  groom[4]〔grum〕*n.* 新郎（ = *bridegroom*[4] ）
  eastern[2]〔'istən〕*adj.* 東部的　　dip[3]〔dɪp〕*v.* 沾；浸
  mixture[3]〔'mɪkstʃɚ〕*n.* 混合物　　dye[4]〔daɪ〕*n.* 染料
  footprint〔'fʊt,prɪnt〕*n.* 腳印　　Muslim〔'mʌzlɪm〕*adj.* 回教的
  decorate[2]〔'dɛkə,ret〕*v.* 裝飾　　*in preparation for* 為…作準備
  traditionally[2]〔trə'dɪʃənlɪ〕*adv.* 傳統上　　toe-ring〔'to,rɪŋ〕*n.* 腳趾環
  signify[6]〔'sɪgnə,faɪ〕*v.* 表示　　marital〔'mærətl〕*adj.* 婚姻的
  status[4]〔'stetəs〕*n.* 地位；狀況　　*marital status* 婚姻狀況

　　在泰國卻剛好相反——一般認為，腳用來走路是可以的，但差不多就是這樣了。把腳指向長輩，或把腳放在桌上或踩在書本上，都是很失禮的，這在泰國，長久以來都是 [37.] **(H)** 禁忌，現在仍然是。

* Thailand〔'taɪlənd〕*n.* 泰國　　opposite[3]〔'ɑpəzɪt〕*n.* 相反
  consider[2]〔kən'sɪdɚ〕*v.* 認為　　fine[1]〔faɪn〕*adj.* 好的
  that's about it 差不多就是這樣了
  disrespectful[4]〔,dɪsrɪ'spɛktfəl〕*adj.* 失禮的；無禮的
  point A at B 把 A 指向 B　　senior[4]〔'sinjɚ〕*n.* 長輩
  step[1]〔stɛp〕*v.* 踩　　taboo〔tə'bu〕*n.* 禁忌

　　傳統上，日本人在家都會脫鞋。爲什麼？有些專家說，他們所使用的榻榻米地墊，被認爲是珍貴而且神聖的，可能是這項習俗的主要原因。有些人說，主要是衛生的原因，因爲在 **38.(J)** 濕度相當高的國家，脫掉鞋子有助於使腳保持乾爽。

* **take off** 脫掉　　**some…others** 有些…有些
  tatami〔tɑˊtɑmi〕*n.* 榻榻米　　mat² 〔mæt〕*n.* 墊子
  regard² 〔rɪˊgɑrd〕*v.* 認爲　　**be regarded as** 被認爲是
  valuable³ 〔ˊvæljʊəbḷ〕*adj.* 珍貴的　　sacred⁵ 〔ˊsekrɪd〕*adj.* 神聖的
  major³ 〔ˊmedʒɚ〕*adj.* 主要的　　sanitation⁶ 〔͵sænəˊteʃən〕*n.* 衛生
  humidity⁴ 〔hjuˊmɪdətɪ〕*n.* 濕度　　relatively⁴ 〔ˊrɛlətɪvlɪ〕*adv.* 相對地

　　中國現在對腳的興趣，**39.(G)** 主要和按摩有關。在中國主要的城市，幾乎每條街都有一家或多家的腳底按摩店，這個行業越來越受歡迎，因爲傳統的中國人相信，好好按摩腳能有治療的效果。

* modern-day〔ˊmɑdən͵de〕*adj.* 現代的
  interest¹ 〔ˊɪntrɪst〕*n.* 興趣　　**center around** 以…爲中心
  massage⁵ 〔məˊsɑʒ〕*n.* 按摩　　virtually⁶ 〔ˊvɝtʃʊəlɪ〕*adv.* 幾乎
  boast⁴ 〔bost〕*v.* 以擁有…而自豪
  outlet⁶ 〔ˊaʊt͵lɪt〕*n.* 商店　　industry² 〔ˊɪndʌstrɪ〕*n.* 行業
  increasingly² 〔ɪnˊkrisɪŋlɪ〕*adv.* 越來越（= *more and more*）
  due to 因爲；由於　　belief² 〔bɪˊlif〕*n.* 確信＜*in*＞
  healing³ 〔ˊhilɪŋ〕*adj.* 治療的　　quality² 〔ˊkwɑlətɪ〕*n.* 特性
  good¹ 〔gʊd〕*adj.* 充分的
  rub¹ 〔rʌb〕*n.* 摩擦；按摩（= *massage*⁵）

傳統的中醫師說，腳有很多穴道，**40.(C)** 而且巧妙地使用它們——當放鬆疲累的腳底肌肉的同時——還能增進身體其他部位的健康，並有助於預防疾病。

* **practice medicine** 行醫；當醫生
  pressure³ 〔ˊprɛʃɚ〕*n.* 壓力

  > practice medicine 行醫
  > practice law 開業當律師

  point¹ 〔pɔɪnt〕*n.* 點　　**pressure point** 穴道
  manipulate⁶ 〔məˊnɪpjə͵let〕*v.* 操縱；巧妙地使用
  while¹ 〔hwaɪl〕*conj.* 同時　　**loosen up** 放鬆（肌肉）
  sole⁵ 〔sol〕*n.* 腳底　　promote³ 〔prəˊmot〕*v.* 增進；促進
  part¹ 〔pɑrt〕*n.* 部位　　prevent³ 〔prɪˊvɛnt〕*v.* 預防
  illness² 〔ˊɪlnɪs〕*n.* 疾病

四、閱讀測驗：

第 41 至 44 題為題組

　　西哈諾・德・貝勒拉克（1619-1655）是十七世紀的法國作家，也是著名的軍人和劍客，他是靠艾德蒙・羅斯坦於 1897 年寫的劇本，才聞名於現代，那齣戲的焦點就在西哈諾的大鼻子這個主題。

* Cyrano de Bergerac〔ˈsihɑno də ˈbɝdʒəræk〕*n.* 西哈諾・德・貝勒拉克
notable⁵〔ˈnotəbl̩〕*adj.* 著名的（= *famous*²）
soldier²〔ˈsoldʒɚ〕*n.* 軍人
swordsman〔ˈsordzmən〕*n.* 劍客【sword³ *n.* 劍】
fame⁴〔fem〕*n.* 名聲　　　*modern times* 現代
rest on 依賴；依靠　　play¹〔ple〕*n.* 戲劇
Edmond Rostand〔ˈɛdmənd ˈrɑstænd〕*n.* 艾德蒙・羅斯坦
focus on 集中於；專注於

根據羅斯坦的戲劇，以及其他現代的故事，西哈諾是個勇敢而且聰明的男人，但因其貌不揚，而不敢跟自己心愛的女人告白。然而，西哈諾雖然真的有個大鼻子，但其實是個有自信，而且成功的人。雖然他終生未婚，但這可能是因為他的性傾向，而不是因為害羞。

* courageous⁴〔kəˈredʒəs〕*adj.* 勇敢的
intelligent⁴〔ɪnˈtɛlədʒənt〕*adj.* 聰明的
be unable to V. 無法…
express²〔ɪkˈsprɛs〕*v.* 表達
apparent³〔əˈpærənt〕*adj.* 外表上的；明顯的
ugliness〔ˈʌglɪnɪs〕*n.* 醜陋【ugly² *adj.* 醜的】
while¹〔hwaɪl〕*conj.* 雖然　　indeed³〔ɪnˈdid〕*adv.* 真地；的確
reality²〔rɪˈælətɪ〕*n.* 真實；事實　　*in reality* 事實上
self-confident〔ˌsɛlfˈkɑnfədənt〕*adj.* 有自信的【confident³ *adj.* 有信心的】
sexual³〔ˈsɛkʃʊəl〕*adj.* 性的　　orientation⁵〔ˌorɪɛnˈteʃən〕*n.* 定位；傾向
sexual orientation 性傾向；性取向；性向
rather than 而不是　　shyness〔ˈʃaɪnɪs〕*n.* 害羞【shy¹ *adj.* 害羞的】

> in reality 事實上
> = in truth
> = in effect
> = in fact
> = as a matter of fact

　　西哈諾是個偉大的作家，在宗教和社會議題上，也有自己的想法。事實上，他也是科幻小說這種文體的創始人之一。在他寫的其中一本小說裡，主角嘗試要登陸月球好幾次，用的方法有些非常有先見之明。一開始，故事裡的男主角試圖靠幾瓶水飛上天，但是因為瓶子裡的水會變乾，所以就發現這樣做行不通。

* *as well as* 以及　　independent²〔ˌɪndɪˈpɛndənt〕*adj.* 獨立的
independent thinker 有獨立思想的人；有自己想法的人

religious[3] 〔 rɪ'lɪdʒəs 〕 *adj.* 宗教的　　issue[5] 〔'ɪʃjʊ 〕 *n.* 議題
indeed[3] 〔 ɪn'did 〕 *adv.* 的確；真正地
founder[4] 〔'faʊndɚ 〕 *n.* 創立者　　literary[4] 〔'lɪtə,rɛrɪ 〕 *adj.* 文學的
category[5] 〔'kætə,gorɪ 〕 *n.* 範疇；種類 (= *genre* 〔'ʒɑnrə 〕 *n.* 形式)
fiction[4] 〔'fɪkʃən 〕 *n.* 小說【集合名詞】　　*science fiction* 科幻小說
novel[2] 〔'nɑvḷ 〕 *n.* 小說【可數名詞】　　principal[2] 〔'prɪnsəpḷ 〕 *adj.* 主要的
character[2] 〔'kærɪktɚ 〕 *n.* 人物；角色　　attempt[3] 〔 ə'tɛmpt 〕 *n. v.* 嘗試
make an attempt to V. 企圖；嘗試　　travel[2] 〔'trævḷ 〕 *v.* 行進；前進
method[2] 〔'mɛθəd 〕 *n.* 方法　　amazingly[3] 〔 ə'mezɪŋlɪ 〕 *adv.* 非常地
prophetic 〔 prə'fɛtɪk 〕 *adj.* 預言性的【prophet[5] 〔'prɑfɪt 〕 *n.* 預言者】
at first 起初；開始時　　hero[2] 〔'hɪro 〕 *n.* 英雄；男主角
rise[1] 〔 raɪz 〕 *v.* 升起；飛上天空　　***dry out*** 變乾
work[1] 〔 wɝk 〕 *v.* 有效；行得通

後來，他把裝滿空氣的大袋子放在一團火上面；另一次，他則是使用裝在車上的有火藥的火箭。還有一次，他試著讓空氣通過一個加熱裝置，看起來很像噴射引擎的原理。在西哈諾死後大約一百四十年，熱氣球變成了實際的運輸方式，而用火箭推進的太空船，也在 1969 年載著人類登陸月球，那是在西哈諾誕生後三百五十年。

* ***fill up*** 裝滿　　occasion[3] 〔 ə'keʒən 〕 *n.* 場合；時刻
gunpowder 〔'gʌn,paʊdɚ 〕 *n.* 火藥【gun[1] *n.* 槍；砲；powder[3] *n.* 粉末；
　　火藥】　　rocket[3] 〔'rɑkɪt 〕 *n.* 火箭
attach[4] 〔 ə'tætʃ 〕 *v.* 附上；裝上< *to* >　　vehicle[3] 〔'viɪkḷ 〕 *n.* 車輛
involve[4] 〔 ɪn'vɑlv 〕 *v.* 和…有關；包含　　draw[1] 〔 drɔ 〕 *v.* 吸入；引導
heating[1] 〔'hitɪŋ 〕 *adj.* 加熱的　　device[4] 〔 dɪ'vaɪs 〕 *n.* 裝置
seem[1] 〔 sim 〕 *v.* 似乎；看起來　　rather[2] 〔'ræðɚ 〕 *adv.* 相當
principle[2] 〔'prɪnsəpḷ 〕 *n.* 原理　　***jet engine*** 噴射引擎
balloon[1] 〔 bə'lun 〕 *n.* 氣球　　***hot-air balloon*** 熱氣球
practical[3] 〔'præktɪkḷ 〕 *adj.* 實際的　　means[2] 〔 minz 〕 *n.* 方式
transport[3] 〔 træns'port 〕 *n.* 運輸　　some[1] 〔 sʌm 〕 *adv.*【用於數字前】大約
rocket-propelled[6] 〔'rɑkɪt,prə'pɛld 〕 *adj.* 火箭推動的
craft[4] 〔 kræft 〕 *n.* 太空船 (= *spacecraft* [5])　　carry[1] 〔'kærɪ 〕 *v.* 載運

41. (**B**) 關於西哈諾・德・貝勒拉克的現代故事是錯的，因爲
　　(A) 西哈諾是艾德蒙・羅斯坦捏造的小說人物。
　　(B) <u>他不是害羞或不成功的人。</u>
　　(C) 事實上，西哈諾是個非常英俊的男人。
　　(D) 他們只描述表面的事實，不是原因。

* false[1] 〔 fɔls 〕 *adj.* 錯的　　fictional[4] 〔 ˈfɪkʃənḷ 〕 *adj.* 小說的；虛構的
character[2] 〔 ˈkærɪktɚ 〕 *n.* 人物　　invent[2] 〔 ɪnˈvɛnt 〕 *v.* 虛構
depict[6] 〔 dɪˈpɪkt 〕 *v.* 描述　　surface[2] 〔 ˈsɝfɪs 〕 *adj.* 表面的
cause[1] 〔 kɔz 〕 *n.* 原因

42. (**D**) 根據本文，西哈諾未能結婚，其背後的理由可能是什麼？
   (A) 他太關心宗教事務。
   (B) 他太害羞，不敢直接和他心愛的女人說話。
   (C) 他軍人的職業使他無法結婚。
   (D) 他的性向並非傾向於女生。

   * lie[1] 〔 laɪ 〕 *v.* 存在　　failure[2] 〔 ˈfeljɚ 〕 *n.* 未能 < *to* >
   wed[2] 〔 wɛd 〕 *v.* 結婚【wedding[1] *n.* 婚禮】　　***much too*** 太過
   be concerned with 關心　　matter[1] 〔 ˈmætɚ 〕 *n.* 事情
   career 〔 kəˈrɪr 〕 *n.* 事業；職業
   prevent sb. from V-ing 使某人無法…
   preference[5] 〔 ˈprɛfərəns 〕 *n.* 偏愛
   sexual preference 性傾向（ = *sexal orientation* ）
   be inclined towards 傾向於（ = *be inclined to* ）

43. (**B**) 西哈諾對空中和太空旅行的描述很有先見之明，但哪種飛行的方法，
   在現代並未成功地被使用？
   (A) 空氣推力。　　　　　　(B) 水的蒸發作用。
   (C) 氣球裡的熱空氣。　　　(D) 火箭動力。

   * depiction[6] 〔 dɪˈpɪkʃən 〕 *n.* 描述　　period[2] 〔 ˈpɪrɪəd 〕 *n.* 時期
   thrust[5] 〔 θrʌst 〕 *n.* 推進；推力
   vaporization 〔 ˌvæpəraɪˈzeʃən 〕 *n.* 蒸發（作用）
   heated air 熱空氣　　power[1] 〔 ˈpauɚ 〕 *n.* 力量；動力

44. (**C**) 艾德蒙·羅斯坦在 1897 年做了什麼？
   (A) 他向西哈諾·德·貝勒拉克挑戰，要用劍決鬥。
   (B) 他寫了一本有名的科幻小說。
   (C) 他寫了一齣關於貝勒拉克的戲。
   (D) 他企圖登上月球。

   * challenge[3] 〔 ˈtʃælɪndʒ 〕 *v.* 向…挑戰 < *to* >
   sword[3] 〔 sord 〕 *n.* 劍　　fight[1] 〔 faɪt 〕 *n.* 格鬥
   attempt to V. 企圖…；嘗試…

【補充資料】

　　西哈諾（Cyrano de Bergerac）既是無敵劍客，以一當百銳不可擋，也是天才詩人，鬥劍時還能配合動作吟出漂亮的詩句。不過，恃才傲物的他卻有軟弱的一面——佔了整張臉孔四分之三的大鼻子，令他自慚形穢，使他不敢向暗戀已久的表妹示愛。於是他幫胸無點墨卻英俊瀟灑的情敵代寫情書，促成表妹的姻緣，自己則始終隱身幕後，直到臨終，才向表妹吐露真情。

　　無懈可擊的戲劇效果，機智慧點的文字運用，誠摯無尤的浪漫深情，「大鼻子情聖」（Cyrano de Bergerac）上演後即被譽為「法國人的驕傲與希望」，迄今仍是劇壇上最光彩奪目的珍寶。

第 45 至 48 題為題組

　　美國社會並不贊成午睡打個盹。「事實上，」賓州大學醫學院的睡眠專家大衛・丁其說，「甚至還禁止承認我們需要睡眠。」沒有人想要在工作時，被抓到打瞌睡或是被發現睡著了。我們可以引用一句諺語：「有些人睡五小時，生理需求要我們睡七個小時，懶人睡九小時，邪惡的人要睡到十一個小時。」

* nap[3] 〔 næp 〕 *n. v.* 午睡；小睡；打瞌睡
friendly[2] 〔'frɛndlɪ 〕 *adj.* 贊成的；友善的
specialist[5] 〔'spɛʃəlɪst 〕 *n.* 專家
University of Pennsylvania 賓州大學
【私立長春藤聯盟名校之一】
school of medicine 醫學院
(= *medical school*)
【law school 法學院】
prohibition[6] 〔ˌproə'bɪʃən 〕 *n.* 禁止
【prohibit[6] 〔 prə'hɪbɪt 〕 *v.* 禁止】　　***get caught + V-ing*** 被抓到正在…
quote[3] 〔 kwot 〕 *v.* 引用　　proverb[4] 〔'prɑvɝb 〕 *n.* 諺語
nature[1] 〔'netʃɚ 〕 *n.* 生理需求　　require[2] 〔 rɪ'kwaɪr 〕 *v.* 要求
laziness 〔'læzɪnɪs 〕 *n.* 懶惰【lazy[1] *adj.* 懶惰的】
wickedness 〔'wɪkɪdnɪs 〕 *n.* 邪惡 (= *evil*[3])　【wicked[3] *adj.* 邪惡的】

> nap[3] *n. v.* 小睡；打瞌睡
> = doze[4] 〔 doz 〕
> = snooze 〔 snuz 〕

> friendly（友善的；贊成的）常用於名詞之後，表示很贊成或支持某事，如 environment-friendly、eco-friendly 就是「環保的；重視環境的」。

　　錯。不想在上班時睡著的方法，就是在想睡時，就去休息。「我們看待小睡的態度，必須完全改變，」史丹佛大學睡眠研究的先驅威廉・得曼博士說。

* ***fall asleep*** 睡著　　***take a nap*** 午睡；小睡
totally[1] 〔'totlɪ 〕 *adv.* 完全地；全部地　　attitude[3] 〔'ætə,tjud 〕 *n.* 態度
Stanford University 史丹佛大學【位於加州，是美國著名的私立大學】
leader[1] 〔'lidɚ 〕 *n.* 領導者；先驅　　research[4] 〔'risɝtʃ , rɪ'sɝtʃ 〕 *n.* 研究

　　得曼博士去年主持了一個全國性的委員會，確認「美國人有睡眠負債」，而有位委員說，睡眠負債的重要性不亞於國債。此委員會很擔心睏倦的危險性：人們會造成工業意外，或是在開車時睡著。這可能就是白宮會擬定新的睡眠政策的原因。根據報導，前總統比爾・克林頓，每天下午都會想辦法午睡半個小時。

* national[2] 〔'næʃənl〕 *adj.* 全國的　　commission[5] 〔kə'mɪʃən〕 *n.* 委員會
  lead[1,4] 〔 lid 〕 *v.* 領導；指揮【lead-led-led】
  identify[4] 〔aɪ'dɛntə,faɪ〕 *v.* 辨識；確認　　debt[2] 〔dɛt〕 *n.* 債【注意發音】
  national debt 國債　　***be concerned about*** 關心；擔心
  sleepiness[2] 〔'slipənɪs〕 *n.* 愛睏；想睡　　cause[1] 〔kɔz〕 *v.* 造成
  industrial[3] 〔ɪn'dʌstrɪəl〕 *adj.* 工業的　　policy[2] 〔'pɑləsɪ〕 *n.* 政策
  the White House 白宮【美國總統官邸】
  「*ex* + 頭銜」表「前任的…」。

　　大概有百分之六十的美國成人，一有機會就會小睡一下。在下午睡個十五分鐘到兩個小時，可以減輕壓力，並使我們恢復精神。顯而易見的是，我們天生就需要小睡。每當愛睏時，我們就應該小睡片刻。

* adult[1] 〔ə'dʌlt〕 *n.* 成人　　reduce[3] 〔rɪ'djus〕 *v.* 減少
  stress[2] 〔strɛs〕 *n.* 壓力
  refresh[4] 〔rɪ'frɛʃ〕 *v.* 使恢復精神；使神清氣爽
  clearly[1] 〔'klɪrlɪ〕 *adv.* 清楚地；顯而易見地
  be born to V. 天生就會…
  snack on 吃…當點心；少量取用　　***feel like* + N. / V-ing** 想要…

stress[2] *n.* 壓力
= strain[5] 〔stren〕
= tension[4]
= pressure[3]

45. (**C**) 美國社會普遍認為，睡太多就表示一個人是
    (A) 不講道理的。　　　　　　(B) 犯罪的。
    (C) <u>懶惰的。</u>　　　　　　　(D) 昂貴的。

    * commonly[1] 〔'kɑmənlɪ〕 *adv.* 普遍地
      accept[2] 〔ək'sɛpt〕 *v.* 接受；認為　　sign[2] 〔saɪn〕 *n.* 跡象；表示
      unreasonable[3] 〔ʌn'riznəbḷ〕 *adj.* 不合理的；不講道理的
      criminal[3] 〔'krɪmənḷ〕 *adj.* 犯罪的　　costly[2] 〔'kɔstlɪ〕 *adj.* 昂貴的

46. (**C**) 德曼博士的委員會所做的研究顯示，美國人
    (A) 不喜歡小睡片刻。　　　　(B) 擔心他們的國債。
    (C) <u>睡眠時間不夠，會對他們有害。</u>
    (D) 已經造成了工業和交通的意外。

47. (**D**) 本文的目的是要
(A) 警告我們小睡片刻是邪惡的。
(B) 解釋想睡的危險。　　　(C) 討論小睡片刻的副作用。
(D) <u>說服讀者，每當有需要時，就必須小睡片刻。</u>

* purpose¹ (ˈpɝpəs) *n.* 目的；主旨　　*warn sb. of sth.* 警告某人某事
side effect 副作用　　convince⁴ (kənˈvɪns) *v.* 使相信；說服

48. (**D**) 在最後一段，"Clearly, we were born to nap." (顯然我們天生就需要小睡片刻。) 這個句子告訴我們，
(A) 在上夜班之前，最好要熟睡。
(B) 在我們上床睡覺之前，最好要吃點清淡的東西。
(C) 彌補錯失的睡眠是有必要的。
(D) <u>每當我們覺得有需要就要小睡片刻，這是很自然的。</u>

* preferable⁴ (ˈprɛfərəb!) *adj.* 較合人意的；比較好的
sound sleep 熟睡　　shift⁴ (ʃɪft) *n.* 輪班；輪換的班
night shift 夜班　　practice¹ (ˈpræktɪs) *n.* 習慣；做法
light¹ (laɪt) *adj.* 清淡的；不油膩的
essential⁴ (əˈsɛnʃəl) *adj.* 必要的；非常重要的
make up for 彌補　　lost (lɔst) *adj.* 錯過的

<u>第 49 至 52 題為題組</u>

　　香蕉是全世界最受歡迎的水果。但是香蕉樹本身就很有趣，不只是因為它的果實。香蕉其實是非常大型的開花植物，是全世界最大的。但是許多人都誤以為香蕉是長在樹上。然而，香蕉樹不像其他果樹，它在結果之後就會枯死，然後殘留在土裡的根部，會再長出新的香蕉樹。新的香蕉樹只能從原本那棵樹被砍下來的地方開始生長。

* interesting¹ (ˈɪntrɪstɪŋ) *adj.* 有趣的　　fruit¹ (frut) *n.* 水果；果實
actually³ (ˈæktʃʊəlɪ) *adj.* 實際上
flowering¹ (ˈflaʊərɪŋ) *adj.* 會開花的【flower¹ *n.* 花　*v.* 開花】
yet¹ (jɛt) *adv.* 然而　　mistakenly (məˈstekənlɪ) *adv.* 錯誤地
unlike¹ (ʌnˈlaɪk) *prep.* 不像　　*fruit tree* 果樹
produce² (prəˈdjus) *v.* 生產；結 (果實)
root¹ (rut) *n.* 根　　remain³ (rɪˈmen) *v.* 殘留
ground¹ (graʊnd) *n.* 地面；土壤
start¹ (start) *v.* 使產生
cutting (ˈkʌtɪŋ) *n.* 切下的東西【cut¹ *v.* 切】

> mistakenly *adj.* 錯誤地
> = incorrectly
> = wrongly

這是因為經過數千年的選擇性培育，香蕉裡面的種子，已經從現代的香蕉中培育出來，而香蕉實際上是一種漿果。野生的香蕉有很大的種子，所以令人難以下嚥。雖然無籽香蕉就像無籽葡萄一樣，人類較容易食用，但遺憾的是，這使得香蕉樹如果沒有人類的協助，就無法繁殖。

* through[1] 〔 θru 〕 *prep.* 在整個⋯期間
  selective[6] 〔 sə'lɛktɪv 〕 *adj.* 選擇的　　cultivation[6] 〔,kʌltə'veʃən 〕 *n.* 栽培
  seed[1] 〔 sid 〕 *n.* 種子　　breed[4] 〔 brid 〕 *v.* 培育（新品種）；繁殖
  actually[3] 〔'æktʃəlɪ 〕 *adv.* 事實上　　berry[3] 〔'bɛrɪ 〕 *n.* 漿果【可泛指小型無
  　籽水果】　　wild[2] 〔 waɪld 〕 *adj.* 野生的　　while[1] 〔 hwaɪl 〕 *conj.* 雖然
  seedless 〔'sidlɪs 〕 *adj.* 無籽的　　grape[2] 〔 grep 〕 *n.* 葡萄
  unfortunately[4] 〔 ʌn'fɔrtʃənɪtlɪ 〕 *adv.* 不幸地；遺憾地

reproduce[5] *v.* 繁殖
= multiply[2]
= breed[4]

  leave[1] 〔 liv 〕 *v.* 使處於（某種狀態）
  reproduce[5] 〔,riprə'djus 〕 *v.* 繁殖

　　在全世界的許多地區，香蕉都是最重要的水果。幾乎整棵香蕉樹都可以食用，包括莖裡面的柔軟部分。香蕉本身可以被當成類似馬鈴薯一樣的蔬菜烹調。香蕉成熟時也能生吃，在歐洲國家通常是生吃。成熟的香蕉嚐起來香甜可口，而且裡面的維生素和礦物質也非常有益健康。

* region[2] 〔'ridʒən 〕 *n.* 地區

edible[6] *adj.* 可食用的
audible *adj.* 聽得到的

  entire[2] 〔 ɪn'taɪr 〕 *adj.* 整個的
  edible[6] 〔'ɛdəbḷ 〕 *adj.* 可食用的
  flesh[3] 〔 flɛʃ 〕 *n.* 果肉；（蔬菜等的）葉、莖等可吃的部分
  stem[4] 〔 stɛm 〕 *n.* （草木的）莖　　***be similar to*** 和⋯類似
  ripe[3] 〔 raɪp 〕 *adj.* 成熟的　　raw[3] 〔 rɔ 〕 *adj.* 生的
  taste[1] 〔 test 〕 *v.* 嚐起來　　pleasantly[2] 〔'plɛzṇtlɪ 〕 *adv.* 令人愉快地
  vitamin[3] 〔'vaɪtəmɪn 〕 *n.* 維他命；維生素　　mineral[4] 〔'mɪnərəl 〕 *n.* 礦物質

當香蕉成熟時，果實裡的雙糖會逐漸分解，變成單糖。單糖會讓成熟的香蕉變得很甜，而且顏色越黃的香蕉就愈甜。但是成熟的香蕉非常脆弱，在運送途中很容易受損。因此，要出口的香蕉，必須在尚未成熟時就採收。

* ripen[3] 〔'raɪpən 〕 *v.* （水果、穀物等）成熟
  complex[3] 〔 kəm'plɛks , 'kɑmplɛks 〕 *adj.* 複合的
  complex sugar 複糖【如澱粉】　　gradually[3] 〔'grædʒuəlɪ 〕 *adv.* 逐漸地
  break down 分解　　simple[1] 〔'sɪmpḷ 〕 *adj.* 單一的
  simple sugar 單糖【如葡萄糖、蔗糖】　　delicate[4] 〔'dɛləkɪt 〕 *adj.* 脆弱的
  「the + 比較級⋯，the + 比較級」表「越⋯就越⋯」。
  transport[3] 〔 træns'port 〕 *n.* 運送　　export[3] 〔'ɛksport 〕 *n.* 出口；輸出
  harvest[3] 〔'hɑrvɪst 〕 *v.* 採收　　green[1] 〔 grin 〕 *adj.* （水果等）未熟的

現在這種受歡迎的水果處境很危險。再過些時候,它們可能就會從我們的商店中完全消失。這是因為香蕉樹罹患了各種疾病。有一種疾病會把香蕉樹變成棕色,使香蕉變難吃。香蕉樹還面臨被其他疾病侵襲的危險。

* risk³ 〔 rɪsk 〕 *n.* 危險;風險　　***at risk*** 有危險
in¹ 〔 ɪn 〕 *prep.* 再過… (時間)
altogether² 〔 ˏɔltəˋgɛðɚ 〕 *adv.* 完全地;徹底地
suffer from 罹患　　variety³ 〔 vəˋraɪətɪ 〕 *n.* 種類;多樣性
a variety of 各種的;各式各樣的 (= *various*³)
cause¹ 〔 kɔz 〕 *v.* 導致;使　　turn¹ 〔 tɝn 〕 *v.* 變成
in danger of 面臨…危險　　attack² 〔 əˋtæk 〕 *n. v.* 攻擊;侵襲

> at risk 有危險
> = in danger

到目前為止,仍然沒有治療方法,而且因為香蕉種植的方式,是用原本的香蕉樹被砍掉的部分來栽培,所以它們無法產生對疾病的天然抵抗力。必須培育出能夠抵抗這些疾病的新品種香蕉。否則,再過幾十年,我們可能就再也無法買到大家所熟知的香蕉了。

* ***so far*** 至今;到目前為止　　remedy⁴ 〔 ˋrɛmədɪ 〕 *n.* 治療法
grow¹ 〔 gro 〕 *v.* 種植　　older¹ 〔 ˋoldɚ 〕 *adj.* 舊的;從前的
develop² 〔 dɪˋvɛləp 〕 *v.* 培養出;(逐漸) 產生
resistance⁴ 〔 rɪˋzɪstəns 〕 *n.* 抵抗力 < to >　　strain⁵ 〔 stren 〕 *n.* 品種
resistant⁶ 〔 rɪˋzɪstənt 〕 *adj.* 有抵抗力的 < to >
otherwise⁴ 〔 ˋʌðɚˏwaɪz 〕 *adv.* 否則
decade³ 〔 ˋdɛked 〕 *n.* 十年　　***no longer*** 不再

> strain⁵ *n.* 品種
> = breed⁴

為了確保香蕉這種農作物的未來,科學家正努力培育,能抵抗疾病的基因改造香蕉樹。例如,澳洲的科學家已經改變了香蕉樹 DNA 中的一個基因。這項改變讓香蕉樹能抵抗會使它變虛弱和死亡的細菌。新的基因能使細胞受到疾病侵襲時不會死亡。

* ensure⁵ 〔 ɪnˋʃur 〕 *v.* 確保　　crop² 〔 krɑp 〕 *n.* 農作物
work¹ 〔 wɝk 〕 *v.* 努力　　develop² 〔 dɪˋvɛləp 〕 *v.* 培育
genetically⁶ 〔 dʒəˋnɛtɪklɪ 〕 *adv.* 在基因方面
modify⁵ 〔 ˋmɑdəˏfaɪ 〕 *v.* 修正;改造
genetically modified 基因改造的
be capable of V-ing 能夠… (= *be able to V.*)
resist³ 〔 rɪˋzɪst 〕 *v.* 抵抗　　Australia 〔 ɔˋstreljə 〕 *n.* 澳洲
single² 〔 ˋsɪŋɡḷ 〕 *adj.* 單一的　　gene⁴ 〔 dʒin 〕 *n.* 基因
DNA 去氧核糖核酸【染色體和基因的組成分子】
bacteria³ 〔 bækˋtɪrɪə 〕 *n. pl.* 細菌
stop…from* + *V-ing 使…不會～　　cell² 〔 sɛl 〕 *n.* 細胞

> modify⁵ *v.* 改造
> = alter⁵ 〔 ˋɔltɚ 〕
> = change²

但是，有許多人，尤其是在歐洲的人，擔心基因改造食物的安全，包括基因改造的香蕉。然而，在實驗室裡用改變香蕉樹 DNA 構造的方式來進行基因改造，可能是唯一能拯救香蕉樹的辦法，因為它無法用製造種子的方式來繁殖。

> genetically modified food　基因改造食物
> (= GM food)

* **be concerned about** 擔心　　　yet¹〔jɛt〕conj. 但是 (= but)
structure³〔'strʌktʃɚ〕n. 構造；結構
laboratory⁴〔'læbərə,torɪ〕n. 實驗室 (= lab)　　　save¹〔sev〕v. 拯救

49. (**C**) 人們對香蕉有何錯誤的想法？
　　(A) 它們不像其他的水果。　　(B) 它們是大型的開花植物。
　　(C) 它們其實是長在樹上。　　(D) 它們真的是一種漿果。
　　* incorrectly〔,ɪnkə'rɛktlɪ〕adv. 不正確地　　unlike¹〔ʌn'laɪk〕prep. 不像

50. (**B**) 歐洲人可能會如何吃香蕉？
　　(A) 就像馬鈴薯一樣煮它。　　(B) 先讓它變黃。
　　(C) 分解它的複糖。　　　　　(D) 使成熟的香蕉變甜。
　　* European〔,jurə'piən〕n. 歐洲人　　likely¹〔'laɪklɪ〕adj. 可能的

51. (**B**) 我們熟知的香蕉為何可能會從商店中消失？
　　(A) 因為這種新品種的水果很難吃。
　　(B) 因為目前的品種對疾病沒有抵抗力。
　　(C) 因為新品種的香蕉絕對無法被培育出來。
　　(D) 因為我們可能不會想再買它們。
　　* current³〔'kɝənt〕adj. 現在的；目前的

52. (**D**) 這篇報導的主旨為何？
　　(A) 香蕉是全世界最受歡迎的水果。
　　(B) 香蕉不是靠產生種子來繁殖。
　　(C) 科學家正在用基因改造香蕉樹。
　　(D) 現在香蕉岌岌可危，因為它們沒有種子。
　　* **main idea** 主旨

第 53 至 56 題為題組

　　如果你要人們說出，誰對英文這種語言的影響最大，你會聽到一些像「莎士比亞」、「薩姆爾強森」，以及「韋伯斯特」這樣的答案，但是這些人跟某人相較之下，沒有一個有任何的影響力，這個人就是「征服者威廉」，他甚至連英文都不會說。

* name[1] 〔 nem 〕 v. 說出（名字）
Shakespeare 〔'ʃek͵spɪr〕 n. 莎士比亞
【1564-1616，英國劇作家、詩人】
effect[2] 〔 ɪ'fɛkt 〕 n. 影響
have an effect on 對…有影響
compare[2] 〔 kəm'pɛr 〕 v. 比較
compared to 和…相比
（= *compared with*）
conqueror 〔'kɑŋkərə 〕 n. 征服者【conquer[4] v. 征服】
William the Conqueror 征服者威廉【即英格蘭國王威廉一世，1066-1087 年在位】

name[1] v. 替…命名；說出…的名字
name A after B 用 B 的名字替 A 命名
to name just a few 僅列舉其中幾個
you name it 應有盡有

have an effect on 對…有影響
= have an impact on
= have an influence on

【補充資料】

Samuel Johnson 〔'sæmjuəl'dʒɑnsṇ 〕 n. 薩姆爾強森（1709-1784）
【英國歷史上最有名的文人之一，集文評家、詩人，散文家、
傳記家於一身，也是第一本英文字典的編纂者。他花了九年時
間，獨力編出的《英語詞典》（The Dictionary of the English
Language），為他贏得文名及「博士」的頭銜。詹姆斯包斯韋爾（James Boswell）
後來為他寫傳記，記錄他後半生的言行，使他成為家喻戶曉的人物。他在 1784
年過世，獲得葬於倫敦西敏寺的殊榮】

Webster 〔'wɛbstə 〕 n. 韋伯斯特（1758-1843）【出生於美國康乃
狄克州，十六歲那年，父母便把他送到耶魯大學就讀。韋伯斯特
認為，美式英文在拼法、發音、措辭，以及用法上，都和英式用
法不盡相同，因此美國人應該有屬於自己的字典。他在 1828 年
出版了第一本美國版的英文字典《美國英語詞典》（An American Dictionary
of the English Language），俗稱《韋氏一版》，1841 年《韋氏二版》問世，
奠定了他在美國字典編纂上，永遠大師級的地位】

　　西元 1066 年之前，在現今我們稱為大不列顛的地方，住著隸屬於兩大語系
的民族。東部的中央地區，住的是威爾斯人，說的是塞爾特語。其他地區住的
是盎格魯薩克遜人，事實上他們是盎格魯人、薩克遜人，和其他日耳曼人，以
及北歐民族的混合，他們說的是現在所謂的盎格魯薩克遜語（也就是古英文），
隸屬於日耳曼語系。如果當時這種狀況一直持續下去，現今的英文就會比較接
近德文。

* land[1] 〔 lænd 〕 n. 國家；國土；地區
Great Britain 大不列顛【英格蘭、蘇格蘭和威爾斯的合稱】
people[1] 〔'pipḷ〕 n. 民族【為可數名詞】；n. pl. 人　　　***belong to*** 屬於

major[3] (ˈmedʒɚ) *adj.* 主要的　　region[2] (ˈridʒən) *n.* 地區

Welsh (wɛlʃ) *adj.* 威爾斯的　　***the Welsh*** 威爾斯人

Celtic (ˈsɛltɪk) *adj.* 塞爾特語系的　　***the rest*** 其餘的人或物

Anglo-Saxon *n.* 盎格魯薩克遜人　*adj.* 盎格魯薩克遜的

actually[3] (ˈæktʃuəlɪ) *adv.* 實際上

mixture[3] (ˈmɪkstʃɚ) *n.* 混合【mix[2] *v.* 混合】

Anglo (ˈæŋglo) *n.* 盎格魯人

Saxon (ˈsæksn̩) *n.* 薩克遜人【為古代德國日耳曼民族的一支，在西元四、五世紀時，與盎格魯人一起侵略英國，融合成盎格魯薩克遜人，即最道地的英國人】

Germanic (dʒɝˈmænɪk) *adj.* 日耳曼的；德國的

Nordic (ˈnɔrdɪk) *adj.* 北歐的　　***what we call*** 所謂的 (= *what is called*)

or[1] (ɔr) *conj.* 也就是　　state[2] (stet) *n.* 狀態

affair[1] (əˈfɛr) *n.* 事情　　***state of affairs*** 狀況；形勢

last[1] (læst) *v.* 持續不變　　***be close to*** 接近

German (ˈdʒɝmən) *n.* 德文

　　但是這種狀況並未持續下去。西元 1066 年，諾曼第人在威廉的領軍下，擊敗了薩克遜人，開始統治英國。大約有一世紀的時間，法文成為英國的官方語言，而古英文變成農夫使用的語言。因此，英文中有關政治及法律的字眼，都來自法文，而非德文（日耳曼語系）。

* Norman (ˈnɔrmən) *n.* 諾曼第人【古代北歐人與法國人的混血民族】

lead[1] (lid) *v.* 率領【lead-led-led】　　defeat[4] (dɪˈfit) *v.* 打敗

rule[1] (rul) *n.* 統治 < *over* >　　century[2] (ˈsɛntʃərɪ) *n.* 世紀

official[2] (əˈfɪʃəl) *adj.* 官方的；正式的　　***official language*** 官方語言

while[1] (hwaɪl) *conj.* 然而 (= *whereas[5]*)

peasant[5] (ˈpɛznt) *n.* 農夫　　***as a result*** 因此 (= *therefore[2]*)

politics[3] (ˈpɑləˌtɪks) *n.* 政治　　***rather than*** 而不是 (= *instead of*)

　　在某些情況中，現代英文甚至在上流社會使用的法文，和下層階級使用的盎格魯薩克遜文的用字上，都有其差別。我們甚至會用不同的單字來稱呼某些食物，特別是肉類，端看家禽、家畜是仍在野外活動，還是在家裡準備被烹調，而這也顯示出一項事實，薩克遜農夫負責農耕，而上流社會的諾曼第人，多半只是吃，而不耕種。

* case[1] (kes) *n.* 情況　　show[1] (ʃo) *v.* 顯示

distinction[5] (dɪˈstɪŋkʃən) *n.* 差別　　class[1] (klæs) *n.* 階級

upper-class (ˈʌpɚˈklæs) *adj.* 上流社會的

lower-class (ˈloɚˈklæs) *adj.* 下層階級的

food[1]〔fud〕*n.* 食物【強調種類時，為可數名詞】
in particular 特別是（= *particularly*[2]）
depend[2]〔dɪ'pɛnd〕*v.* 依賴　　***depend on*** 依賴；視…而定
field[2]〔fild〕*n.* 田野　　out[1]〔aʊt〕*adv.* 在外面
do the farming 耕田；農耕（= *farm*[1] *v.* 耕種）
do the eating 吃

　　當美國人第一次到歐洲時，他們通常會覺得德國比法國更像「外國」，因為德文跟英文之間的差異，比法文更大。很少人知道，英文事實上是起源於德文，而法文所產生的影響，全都是某個人野心勃勃之下的產物。

* visit[1]〔'vɪzɪt〕*v.* 遊覽；去…看看
for the first time 生平第一次
find[1]〔faɪnd〕*v.* 覺得
Germany〔'dʒɝmənɪ〕*n.* 德國
foreign[1]〔'fɔrɪn〕*adj.* 外國的；性質不同的
German〔'dʒɝmən〕*n.* 德文　*adj.* 德國的　　realize[2]〔'rɪə,laɪz〕*v.* 了解
beginning[1]〔bɪ'gɪnɪŋ〕*n.* 開始；起源　　influence[2]〔'ɪnfluəns〕*n.* 影響
result[2]〔rɪ'zʌlt〕*n.* 結果；產物　　ambition[3]〔æm'bɪʃən〕*n.* 野心；抱負

> for the first time 生平第一次
> for the last time 最後一次

【補充資料】

　　西元 1066 年，諾曼第大公爵威廉（史稱 William the Conqueror「征服者威廉」）征服英國，使得盎格魯薩克遜式的古英語（Old English）進入了中古英語（Middle English）時期。中古英語除了在語法結構方面更趨簡化，詞彙更深受法語（或者更精確地說：諾曼法語 Norman French）的影響，尤其是較偏向上流、統治階層的詞彙。

　　拉丁文是法語的祖先，英語中許多拉丁系統的語詞和詞素究竟是直接來自拉丁文，抑來自法語，或來自拉丁文的其他後裔，如義大利文或西班牙語，是很難確定的。但無論如何，拉丁系統的語言在英語詞彙中的份量，與日耳曼語言對抗是綽綽有餘。

　　英語中許多意思，都可以選用日耳曼文或拉丁文來表達，分別不大，例如 god 與 deity，ghost 與 spirit，end 與 terminal。在日常生活中，日耳曼詞彙是英語的主體，但隨著知識水準提高，拉丁文的比重增加，終於凌駕其上。英國人愛用樸實的日耳曼基本名詞，如 sun, moon, son and daughter，可是與這些名詞相應的形容詞，卻多是以拉丁文詞幹構成的，如 solar, lunar, filial。又如名詞「火」是英語固有的 fire，動詞「生火」卻是拉丁文的 ignite；「法律」是古英語傳下來的 law，「立法」卻是拉丁文的 legislate。

53. (**C**) 西元 1066 年之前，在現在所謂的大不列顛，人們所說的兩種主要的
語言是什麼？
(A) 威爾斯語和蘇格蘭語。　　　(B) 諾曼第語和日耳曼語。
(C) 塞爾特語和古英文。　　　　(D) 盎格魯撒克遜語和日耳曼語。

54. (**A**) 根據推論，下列哪一組字起源於法文？
(A) president（總統），lawyer（律師），beef（牛肉）
(B) president（總統），bread（麵包），water（水）
(C) bread（麵包），field（田野），sheep（綿羊）
(D) folk（人們），field（田野），cow（母牛）

* inference⁶〔ˈɪnfərəns〕 *n.* 推論　　***by inference*** 根據推論
be rooted in 根源於；起源於　　president²〔ˈprɛzədənt〕 *n.* 總統
folk³〔fok〕 *n.* 人們　　cow¹〔kaʊ〕 *n.* 母牛【bull³〔bʊl〕公牛】

55. (**C**) 如果一個美國人前往歐洲，他會發現
(A) 英文比法文更像德文。
(B) 不再有人說英文。
(C) 許多法文字和英文字很類似。
(D) 他比較懂法文甚於德文。

* ***travel to*** 前往（= *go to*）　　***know French better*** 更熟知法文

56. (**D**) 本文所討論的主題為何？
(A) 大不列顛的歷史。
(B) 英文和法文之間的相似之處。
(C) 征服者威廉對英國的統治。
(D) 法文對英文的影響。

* text³〔tɛkst〕 *n.* 內文　　similarity³〔ˌsɪməˈlærətɪ〕 *n.* 相似之處

第貳部分：非選擇題

一、中譯英：

$$\text{Only} + \begin{Bmatrix} \text{副詞（片語）} \\ \text{副詞子句} \end{Bmatrix} + \begin{Bmatrix} \text{助動詞} \\ \text{be 動詞} \end{Bmatrix} + \text{主詞}$$

1. 只有在生病時，你才會了解健康有多重要。
Only when you are sick will you realize how important health is.

2. 不要等到失去健康之後，才學會如何珍惜。
Don't wait until you lose (your) health to learn how to cherish it.

二、英文作文：

作文範例

A Bad Night for the Burglars

One Saturday night, Mr. and Mrs. Walker went out to dinner. They left the house at nine o'clock. Little did they know that two burglars, Larry and Roger, had been watching and waiting. As soon as the Walkers left, Larry and Roger crawled in through a window and began to ransack the home. Larry went through the drawers while Roger opened the Walkers' safe. They found many valuable items, including jewelry, cash, and a brand-new television.

In the meantime, Mrs. Walker suddenly felt ill on the way to the restaurant. The couple decided to skip dinner and go home so she could rest. They were shocked to discover that they had been robbed. The careless thieves had made a terrible mess. Mrs. Walker fainted from the stress. Mr. Walker put her to bed and then called the police.

It just so happened that an off-duty policeman named John Brown was on his way home when he saw a couple of suspicious fellows loading a television into the back of a van. Springing into action, Brown drew his gun and shouted, "Freeze!" The stunned burglars raised their arms in surrender. A moment later, more police arrived and arrested the thieves. Officer Brown took great pride in returning the Walkers' stolen goods.

中文翻譯

倒楣的竊賊

　　某個星期六的晚上，沃克夫婦要出門去吃晚餐。他們九點離開家。他們並不知道有兩個竊賊，賴瑞和羅傑，一直在觀察和等待。當沃克夫婦一離開，賴瑞和羅傑就從窗戶爬進去，開始洗劫沃克家。賴瑞翻遍抽屜，而羅傑打開沃克家的保險箱。他們找到許多珍貴的物品，包括珠寶、現金，以及一台全新的電視。

　　在這期間，沃克太太在前往餐廳的途中，突然覺得不舒服。沃克夫婦決定不吃晚餐，要回家讓沃克太太休息。他們發現家裡被洗劫時覺得很震驚。粗心的竊賊把房子弄得一團亂。沃克太太因為壓力太大而昏倒。沃克先生把她送到床上，然後打電話報警。

　　碰巧有位名叫約翰・布朗的警察，就在下班回家的途中，看到有兩個可疑的傢伙，正要把一台電視裝進一輛廂型車的後面。布朗迅速採取行動，拔出他的槍，並且大叫：「不准動！」嚇呆了的竊賊舉起雙手投降。不久之後，有更多的警察到達，逮捕這兩名竊賊。能夠歸還沃克家被偷的物品，布朗警官覺得很驕傲。

burglar³〔ˋbɝglə〕*n.* 竊賊　　***go out to dinneer*** 出去吃晚餐
watch¹〔watʃ〕*v.* 觀察　　***the Walkers*** 沃克夫妻；沃克一家人
crawl³〔krɔl〕*v.* 爬　　ransack〔ˋrænˏsæk〕*v.* 洗劫　　***go through*** 搜查
drawer²〔ˋdrɔə〕*n.* 抽屜　　safe¹〔sef〕*n.* 保險箱　　item²〔ˋaɪtəm〕*n.* 物品
jewelry³〔ˋdʒuəlrɪ〕*n.* 珠寶　　cash²〔kæʃ〕*n.* 現金
brand-new〔ˋbrændˏnju〕*adj.* 全新的　　***in the meantime*** 在這期間；這時
suddenly²〔ˋsʌdn̩lɪ〕*adv.* 突然地　　ill²〔ɪl〕*adj.* 不舒服的
couple²〔ˋkʌpl̩〕*n.* 夫妻　　skip³〔skɪp〕*v.* 省去（某餐）不吃
shocked²〔ʃakt〕*adj.* 震驚的　　rob³〔rab〕*v.* 洗劫
careless¹〔ˋkɛrlɪs〕*adj.* 粗心的　　mess³〔mɛs〕*n.* 亂七八糟
make a terrible mess 弄得亂七八糟　　faint³〔fent〕*v.* 昏倒
stress²〔strɛs〕*n.* 壓力　　***put sb. to bed*** 送某人上床睡覺
It just happened that… 碰巧…　　off-duty *adj.* 已經下班的
a couple of 兩個　　suspicious⁴〔səsˋpɪʃəs〕*adj.* 可疑的
fellow²〔ˋfɛlo〕*n.* 人；傢伙　　load³〔lod〕*v.* 裝載
van³〔væn〕*n.* 小型有蓋貨車；廂型車　　spring¹〔sprɪŋ〕*v.* 迅速跳起
spring into action 迅速採取行動　　draw¹〔drɔ〕*v.* 拔出
Freeze! 不准動！　　stunned⁵〔stʌnd〕*adj.* 嚇呆的
raise¹〔rez〕*v.* 舉起　　surrender⁴〔səˋrɛndə〕*n.* 投降
raise *one's* ***arms in surrender*** 舉手投降　　arrest²〔əˋrɛst〕*v.* 逮捕
take pride in 以…為榮　　goods⁴〔gʊdz〕*n. pl.* 商品；物品

7000 字範圍大學入學學科能力測驗 英文試題④

第壹部分：單選題（佔 72 分）

一、詞彙題（佔 15 分）

說明： 第 1 題至第 15 題，每題有 4 個選項，其中只有一個是正確或最適當的
選項，請畫記在答案卡之「選擇題答案區」。各題答對者，得 1 分；
答錯、未作答或畫記多於一個選項者，該題以零分計算。

1. When a volcano _____, even people thousands of kilometers
   away could hear the sound.
   (A) slammed　　　(B) erupted　　　(C) aroused　　　(D) buckled

2. This French restaurant is an ideal place for a date, for its _____
   is romantic and pleasant.
   (A) phenomenon　(B) standard　　(C) atmosphere　(D) stability

3. People who suffer from serious trauma may exhibit _____
   behavior. Friends and family should show their concern and love.
   (A) bizarre　　　(B) blunt　　　　(C) synthetic　　(D) sturdy

4. During an economic recession, job seekers outnumber job _____,
   and thus the unemployment rate rises.
   (A) utensils　　　(B) torrents　　(C) vacancies　　(D) occupations

5. The doctor advised Mr. White to do at least 30 minutes of _____
   exercise three times a week to stay in shape.
   (A) imperial　　　(B) supreme　　(C) weary　　　(D) vigorous

6. The instructions in the camera manual are quite _____ so that
   beginners can understand how to use it.
   (A) truthful　　　(B) utter　　　　(C) explicit　　　(D) peculiar

7. After he had been running for thirty minutes, sweat ran from the
   athlete's forehead into his eyes, _____ his vision.
   (A) blurring　　　(B) offending　　(C) framing　　　(D) invading

8. The speaker is famous for his ability to _____ his complex ideas with simple stories.
   (A) interrupt   (B) illustrate   (C) flourish   (D) furnish

9. After deciding what dress to wear to the party, Helena went on to choose some _____ to match it.
   (A) decorations   (B) nutrients   (C) magnets   (D) accessories

10. Students and their parents took to the street to protest against the rise in _____ fees, for they could no longer afford higher education.
    (A) tuition   (B) treaty   (C) venture   (D) veto

11. People with an unhealthy lifestyle are more _____ to heart disease. Fatty foods, smoking, and lack of exercise are all big contributing factors to cardio-vascular disease.
    (A) tentative   (B) vulnerable   (C) wholesome   (D) parallel

12. People on a diet should learn to resist the _____ of high calorie food.
    (A) temptation   (B) threshold   (C) thriller   (D) texture

13. In order not to wake up her parents, Judy _____ into her room without making any noise.
    (A) strolled   (B) stumped   (C) tiptoed   (D) trampled

14. The two boys are quite _____. You had better keep them apart lest they fight.
    (A) alert   (B) ashamed   (C) allergic   (D) aggressive

15. No plants or crops can grow well on the _____ land.
    (A) marginal   (B) barren   (C) spare   (D) dynamic

二、綜合測驗（占 15 分）

說明： 第 16 題至第 30 題，每題一個空格，請依文意選出最適當的一個選項，
　　　請畫記在答案卡之「選擇題答案區」。各題答對者，得 1 分；答錯、未
　　　作答或畫記多於一個選項者，該題以零分計算。

第 16 至 20 題為題組

A skydiving plane caught fire shortly after taking off from a small Colorado airport, and the 13 trained jumpers ___16___ parachuted to safety before it made an emergency landing, authorities said. Officials with Out of the Blue Skydiving said they believe the plane struck a bird after leaving the airport. Passenger Trent Reese said they heard a pop on board. "The pilot took a few seconds to ___17___ the situation and he said, 'Everybody out,'" Reese said. The skydivers jumped from the plane and were ___18___ by company workers. No injuries were reported, and the plane landed safely back at the airport. The National Transportation Safety Board will ___19___. A videographer with Out of the Blue Skydiving said some skydivers had to use their reserve parachutes ___20___ they were jumping too close to the ground.

16. (A) broad   (B) abroad   (C) board   (D) aboard
17. (A) assess   (B) assist   (C) assert   (D) assign
18. (A) set up   (B) picked up   (C) looked up   (D) caught up
19. (A) inhabit   (B) institute   (C) integrate   (D) investigate
20. (A) because   (B) unless   (C) although   (D) as if

第 21 至 25 題為題組

Most Japanese eat three meals a day. Rice, the mainstay of the Japanese diet ___21___ centuries, is eaten at almost every meal. At breakfast it is usually supplemented by misoshiru (a bean-paste soup) and tsukemono (pickled vegetables). In the cities, some Japanese have ___22___ these dishes ___22___ bread, butter and eggs. Lunch is a light meal and may ___23___ salted fish, tsukemono, and tsukudani (seafood or vegetables cooked and preserved in soy sauce), ___24___ rice or noodles. Supper is the most important meal of the day, and it includes fish, beef, pork, or chicken with vegetables and rice. Meat is not as important in the Japanese diet as in ___25___ of Western nations.

21. (A) for   (B) about   (C) in   (D) to
22. (A) turned…into   (B) replaced…with
     (C) applied…to   (D) named…after
23. (A) be included in   (B) be mixed with
     (C) be composed of   (D) be consisted of
24. (A) as for   (B) at least   (C) in addition to   (D) except
25. (A) one   (B) that   (C) this   (D) others

第 26 至 30 題爲題組

    Mexican archeologists have discovered a canal system under the pyramid ___26___ the tomb of a Mayan ruler, suggesting the water tunnel could represent a symbolic path to the underworld. The system was found under the Temple of the Inscriptions, which houses the seventh-century tomb of Pakal "The Great" in Palenque, the ancient Maya city in southern Chiapas State. The ___27___ of these canals is very important and very significant. An inscription in the tomb says that to be accepted in the underworld, the dead must be dipped in the water of a god called Chaac. The underground network of canals has different levels and goes in different directions. Water ___28___ through the main canal when it was discovered, suggesting that its source is a natural spring. But archeologists have been unable to determine the length of the tunnel or where it begins. The possibility wasn't ruled out ___29___ the canals were part of a drainage or water supply system. The canal system was discovered with sonars. Archeologists ___30___ thought it could have been a fault line but cameras mounted on small vehicles confirmed the existence of the system, which was built with large stones.

26. (A) contain   (B) contains   (C) containing   (D) contained
27. (A) present   (B) presence   (C) branch   (D) border
28. (A) has still run   (B) had still run
     (C) is still running   (D) was still running
29. (A) that   (B) what   (C) whether   (D) which
30. (A) randomly   (B) initially   (C) neutrally   (D) feebly

三、文意選填（占 10 分）

說明： 第 31 題至第 40 題，每題一個空格，請依文意在文章後所提供的 (A) 到
(J) 選項中分別選出最適當者，並將其英文字母代號畫記在答案卡之「選
擇題答案區」。各題答對者，得 1 分；答錯、未作答或畫記多於一個選
項者，該題以零分計算。

第 31 至 40 題為題組

A lucky Australian man has won his own remote Pacific island
resort in a lottery, after ___31___ just US$49 for the winning ticket to
claim the paradise property. The man, ___32___ as Joshua, won the
16-room Micronesian resort in a draw ___33___ by an Australian couple,
who were looking to hand over the lodge to someone adventurous.

A video posted on Facebook revealed the winning number,
___34___ by a computer, to be ticket 44,980. But the efforts to ___35___
the new owner by phone and inform him of his life-changing win were
not immediately successful. The lucky winner was eventually tracked
___36___ and given the good news. His name is Joshua, he's from
Australia, and he lived in New South Wales State. The man's full identity
was not immediately revealed ___37___ the news of his winning had
become widely known. Joshua will take ownership of the resort, which
is debt-free, profitable and has more than 20 years left on its contract.

Doug and Sally Beitz, who built the resort in 1994, have lived in
Micronesia for more than two ___38___ but said they felt it was time to
return to Australia. They were going to sell the ___39___ in the traditional
way until one of their sons came ___40___ the idea of the lucky draw.
It offered some people an opportunity to dream of life on a tropical
paradise. "Thanks for the awesome dream," wrote one ticket-buyer on
Facebook. Another said: "Congrats Joshua, have a good life there."

(A) down   (B) up with   (C) identified   (D) property
(E) paying   (F) drawn   (G) until   (H) organized
(I) decades   (J) reach

四、閱讀測驗（占 32 分）

說明： 第 41 題至第 56 題，每題請分別根據各篇文章之文意選出最適當的一個
選項，請畫記在答案卡之「選擇題答案區」。各題答對者，得 2 分；答
錯、未作答或畫記多於一個選項者，該題以零分計算。

第 41 至 44 題為題組

In the super-dry Atacama Desert at an altitude of 5,000 meters,
with almost no humidity or vegetation, the world's largest ground-based
astronomy project is open for business, ready to explore the universe
with unprecedented might. What is so special about this place is that,
right here above our heads, there is virtually no water vapor. There is
just so little that whatever light is emitted from a heavenly body, galaxy
or star, it gets here with no interference. And this is the largest
observatory that has ever been built.

The Atacama Large Millimeter-Submillimeter Array, better known
as ALMA (Spanish for "soul"), is a joint effort among North American,
European and Asian agencies. And when scientists went looking for a
place to put this world's biggest ground array of telescopes, they looked
for a spot that was high altitude, low humidity, sunny and boasting
fairly easy access. Here, on a plain on a mountain near Chile's border
with Bolivia, they got what they were looking for.

When scientists tested for humidity with ultra-sensitive equipment,
they at first thought it had broken because they could not believe how
low the humidity was. As there is virtually no humidity to get in the
way, ALMA's 66 antennas, ranging in diameter from seven to 12
meters, can get a glimpse of things in the darkest and remotest regions
of the universe.

The scientific community wants to use ALMA in its research on
star formation and the birth of planets, not just what is happening in our
solar system, but also on how the system was created after the Big
Bang. It is a revolution in the history of the universe that can look

through clouds of dust and focus on the formation of stars themselves. Telescopes cannot see what is happening inside these clouds. With ALMA, we can. And that is like opening a new window.

41. What is the passage about?
    (A) An extremely powerful group of telescopes.
    (B) The discovery of a new solar system.
    (C) The advances of Spanish speaking countries in astronomy.
    (D) The amount of humidity in high altitude deserts.

42. What is special about the location of ALMA?
    (A) It is at an altitude of 5,000 meters.
    (B) Starlight arrives there with almost no interference.
    (C) The low humidity protects the ultra-sensitive equipment.
    (D) It is far away from large centers of population.

43. What is the purpose of ALMA?
    (A) To see farther than the clouds of dust in the universe.
    (B) To create a window for nonprofessional astronomers to explore space.
    (C) To watch the Big Bang as it happens.
    (D) To learn how stars and other objects in the universe are born.

44. What can be inferred from the passage?
    (A) It rarely rains in Atacama, Chile.
    (B) The Atacama Desert is the highest desert in the world.
    (C) There are often nationwide water shortages in Chile.
    (D) The construction of ALMA required the cooperation of the U.S., Spain, Chile and Bolivia.

第 45 至 48 題為題組

In 1984, researchers spotted dolphins doing something unusual in Western Australia. When the animals got hungry, they ripped a marine basket sponge from the sea floor and fitted it over their beaks like a person would fit a glove over a hand. The scientists suspected that as the dolphins searched for fish, the sponges protected their beaks from the rocks and broken chunks of coral that litter the sea floor, making this behavior the first example of tool use in this species.

But why do dolphins go to all of this trouble when they could simply catch a fish from the open sea? The answer may be that the bottom-dwelling fish are a lot more nutritious. Dolphins hunt partly by echolocating swim bladders, which give off a strong audio signal. That helps the dolphins find prey even when it's buried in sea sand. But most bottom-dwelling fish don't have bladders and so are harder to find with echolocation. Also, the sea floor is often rough, so if dolphins want to search for these fish, they risk injuring their beaks.

Some ingenious dolphin there figured out that by poking the sea sand with a sponge attached to its beak, it could stir up these bladderless fish without hurting itself. The prey are numerous and reliable, and their behavior is so predictable—they always dart out of the sands, which makes this hunting behavior worthwhile for the dolphins.

Not every dolphin there hunts with sponges. It's primarily done by females. The female dolphins invented the method because of the selective pressures they face while raising a calf. These clever dolphins have figured out a way to target fish that other dolphins cannot, which even the local fishermen do not catch, or even know about. It seems that dolphin mothers pass the method to their daughters and some of their sons, rare evidence of a cultural tradition in an animal other than humans.

45. What is the purpose of the passage?
    (A) To explain how to catch fish on the bottom of the sea.
    (B) To describe the use of tools by dolphins.

(C) To demonstrate the superior intelligence of female dolphins over males.

(D) To discuss the advantages of hunting bladderless fish.

46. What is true about the fish hunted with sponges?
    (A) They are often hurt by rocks and chunks of coral.
    (B) They are greatly preferred by Australian fishermen.
    (C) They bury themselves under rocks and coral when dolphins approach.
    (D) They are more nutritious than fish in the open sea.

47. Why is this behavior worthwhile for dolphins?
    (A) There is little risk and great gain.
    (B) It gives them an opportunity to teach their young.
    (C) It makes use of otherwise useless sponges.
    (D) They do not have to use echolocation.

48. What does the passage imply?
    (A) Female dolphins are closer to their mothers than male dolphins.
    (B) Bladderless fish are highly prized in the Australian fish market.
    (C) A dolphin that injures its beak will surely die.
    (D) It is not common for animals to teach their children cultural practices.

第 49 至 52 題為題組

Post-traumatic stress disorder is a psychological reaction that occurs after a highly stressful event, and is usually characterized by flashbacks, nightmares, depression and nervousness. The condition is most often associated with soldiers. While numerous studies have been conducted on the psychological effects of war on military personnel, far less research is available on aid workers.

A psychiatrist at the Centers for Disease Control and Prevention is now planning a study that will track 300 aid workers over several years to see how they cope psychologically with their work. It's the first-ever lengthy study of the little-understood problem. One study showed that 30 percent of returning relief workers reported stress symptoms, and about ten percent could have been diagnosed with PTSD.

In the past, many aid organizations have focused their recruiting efforts on finding staff perceived to be accustomed to hardship. In a recent survey, one aid agency reportedly admitted to employing workaholics or alcoholics on purpose because "some situations require people who can destroy themselves and thrive on chaos." There's a misconception that says, if you just pick the right people, they'll be OK. But there are some things inherent about the work that can create an environment that really pushes people to their absolute limits.

Researchers contend that aid organizations must do a better job of preparing their staff before sending them into crisis situations and offer better psychological support for aid workers while they're in the field. Avoiding traumatizing situations is not possible. People with these experiences should be in psychological treatment.

49. What is the "little-understood problem" referred to in the passage?
    (A) The difficulties of aid work.
    (B) The difficulty of finding people able to handle stressful aid work.
    (C) The psychological problems of returning aid workers.
    (D) The prevention and control of disease among aid workers.

50. How did aid organizations cope with this problem in the past?
    (A) They sent sufferers to psychiatrists for treatment.
    (B) They engaged in several studies of the problem.
    (C) They tried to change the work environment for people likely to be affected.
    (D) They chose people they thought would flourish under stress.

51. What does PTSD most likely stand for?
    (A) Pre Treatment Survival Details.
    (B) Post Traumatic Stress Disorder.
    (C) Professional Treatment for Alcoholic Disorders.
    (D) Poor Time Scheduling Disease.

52. Who is most likely to suffer from PTSD?
    (A) A soldier.   (B) A psychiatrist.
    (C) A researcher.   (D) A charity fundraiser.

第 53 至 56 題爲題組

  With the growing number of solo diners, hotels and resorts are making sure they are comfortable. The Plume restaurant at the Jefferson Hotel in Washington, D.C., created a program for solo diners last fall; several of its 18 seats are dedicated to diners who want a sense of privacy yet a feeling of inclusion. "The seating for this type of diner won't be in the center of the room," said the restaurant's manager. "We make sure they are not near the entrance or exit for privacy while guaranteeing that the diners have items like newspapers and magazines delivered to their table if they need it."

  At Metropolitan by Como, Miami Beach, a dinner-for-one menu made its first appearance earlier this year, with recommended seating at the corner of the hotel's terrace and the Traymore bar positioned for people-watching along a pedestrian area of Miami Beach Drive. Solo diners are also able to log into PressReader, where they can read their favorite magazine in their preferred language from their phone or tablet.

  The new "Just Cook for Me Chef!" program at Miraval Resort & Spa in Tucson, Arizona, was designed to bring together several solo guests in the kitchen so they can enjoy samples from the daily menu. This option was designed to be a smaller version of the shared-style tables that are enjoying a wave of popularity. Other hotels are taking a similar approach. At the Atwood Restaurant in the Hotel Burnham in Chicago, the general manager said an extension of the bar area was intentionally blended into the lobby to attract solo diners.

A clinical professor of hospitality and tourism at New York University said he has observed a recent increase in solo dining among those traveling on their own. "This type of experience continues to become more of a desire, and much less of a disgrace for younger travelers," he said in an email.

53. What is the passage about?
    (A) How to increase sales at restaurants.
    (B) The lack of privacy in most dining rooms.
    (C) How some restaurants are taking advantage of a trend.
    (D) Why more diners should choose to eat by themselves.

54. What can be inferred about solo diners from the article?
    (A) They may like to observe others while they are dining.
    (B) They prefer to be the center of attention.
    (C) They probably like to do work during dinner.
    (D) They would rather just eat in the kitchen.

55. What does the last paragraph imply?
    (A) More people are traveling by themselves.
    (B) It used to be seen as shameful to eat alone.
    (C) Only young travelers like to eat by themselves.
    (D) It is becoming less expensive to be a solo diner.

56. What is a "shared-style table" most likely to be?
    (A) A table where all of the diners share the bill.
    (B) A table where the diners share their food.
    (C) A table where diners sit with people they don't know.
    (D) A table for diners in the kitchen.

第貳部分：非選擇題（占 28 分）

說明： 本部分共有二題，請依各題指示作答，答案必須寫在「答案卷」上，並標明大題號（一、二）。作答務必使用筆尖較粗之黑色墨水的筆書寫，且不得使用鉛筆。

一、中譯英（占 8 分）

說明： 1. 請將以下中文句子譯成正確、通順、達意的英文，並將答案寫在「答案卷」上。
　　　 2. 請依序作答，並標明子題號。每題 4 分，共 8 分。

1. 據說，西雅圖（Seattle）因為總是在下雨，所以只要碰到好天氣，人們就會自動放假一天。

2. 聽起來確實有點道理。如果我住在西雅圖，我應該也會這麼做吧。

二、英文作文（占 20 分）

說明： 1. 依提示在「答案卷」上寫一篇英文作文。
　　　 2. 文長至少 120 個單詞（words）。

提示： 請根據下方圖片的場景，描述整個事件發生的前因後果。文章請分兩段，第一段說明之前發生了什麼事情，並根據圖片內容描述現在的狀況；第二段請合理說明接下來可能會發生什麼事，或者未來該做些什麼。文長約 120 個單詞（words）左右。

7000 字範圍大學入學學科能力測驗
英文試題 ④ 詳解

第壹部分：單選題

一、詞彙：

1. (**B**) 火山<u>爆發</u>時，連數千公里以外的人都可以聽到聲音。
   - (A) slam[5] 〔slæm〕 *v.* 砰然關閉（門、窗等）　　slam the door 甩門
   - (B) ***erupt***[5] 〔ɪˋrʌpt〕 *v.* （火山）爆發　　eruption[6] *n.* 爆發
   - (C) arouse[4] 〔əˋraʊz〕 *v.* 喚起【過去式及過去分詞為 aroused】
     【比較】arise[4] *v.* 發生　　rise[1] *v.* 上升　　raise[1] *v.* 提高；舉起
   - (D) buckle[6] 〔ˋbʌkḷ〕 *v.* 用扣環扣住　　*n.* 扣環
     buckle up 繫上安全帶
   - * volcano[4] 〔vɑlˋkeno〕 *n.* 火山　　kilometer[3] 〔kəˋlɑmətə〕 *n.* 公里

2. (**C**) 這間法國餐廳是約會的理想地點，因為<u>氣氛</u>浪漫宜人。
   - (A) phenomenon[4] 〔fəˋnɑməˌnɑn〕 *n.* 現象【複數為 phenomena】
   - (B) standard[2] 〔ˋstændəd〕 *n.* 標準
   - (C) ***atmosphere***[4] 〔ˋætməsˌfɪr〕 *n.* 氣氛；大氣（層）
   - (D) stability[6] 〔stəˋbɪlətɪ〕 *n.* 穩定　　stable[3] *adj.* 穩固的
     stabilize[6] *v.* 使穩定
   - * ideal[3] 〔aɪˋdiəl〕 *adj.* 理想的　　pleasant[2] 〔ˋplɛzn̩t〕 *adj.* 令人愉快的

3. (**A**) 經歷過重大精神創傷的人可能會出現<u>異常</u>行為。朋友和家人應該多關愛他們。
   - (A) ***bizarre***[6] 〔bɪˋzɑr〕 *adj.* 奇怪的【比較】bazaar[5] 〔bəˋzɑr〕 *n.* 市集
   - (B) blunt[6] 〔blʌnt〕 *adj.* 鈍的（↔ sharp[1] *adj.* 銳利的）
   - (C) synthetic[6] 〔sɪnˋθɛtɪk〕 *adj.* 合成的；人造的
     synthetic fiber 人造纖維
   - (D) sturdy[5] 〔ˋstɜdɪ〕 *adj.* 堅固的（= ***firm***[2]）
   - * suffer[3] 〔ˋsʌfə〕 *v.* 遭受　　serious[2] 〔ˋsɪriəs〕 *adj.* 嚴重的
     trauma[6] 〔ˋtrɔmə〕 *n.* 精神創傷　　exhibit[4] 〔ɪgˋzɪbɪt〕 *v.* 顯示
     concern 〔kənˋsɜn〕 *n.* 關心

4. (**C**) 經濟不景氣的時候，求職者比職<u>缺</u>多，因此失業率就上升了。
   - (A) utensil[6] 〔juˋtɛnsḷ〕 *n.* 用具　　kitchen utensils 廚具

(B) **torrent**⁵〔'tɔrənt〕 *n.* 急流；（雨的）傾注
The rain fell in *torrents*. 大雨如注。

(C) ***vacancy***⁵〔'vekənsɪ〕 *n.*（職務）空缺　　vacant³ *adj.* 空的

(D) occupation⁴〔,ɑkjə'peʃən〕 *n.* 職業

* economic⁴〔,ikə'nɑmɪk〕 *adj.* 經濟的
recession⁶〔rɪ'sɛʃən〕 *n.* 不景氣　　seeker³〔'sikə〕 *n.* 尋找者
outnumber⁶〔aut'nʌmbə〕 *v.* 數量上超過　　thus¹〔ðʌs〕 *adv.* 因此
unemployment⁶〔ʌnɪm'plɔɪmənt〕 *adj.* 失業的　　rate³〔ret〕 *n.* 比率

5. (**D**) 醫生建議王先生每週三次，每次至少<u>激烈</u>運動三十分鐘，以保持身體
健康。

(A) imperial⁵〔ɪm'pɪrɪəl〕 *adj.* 帝國的；皇室的
the imperial family 皇室（ = *the royal family* ）

(B) supreme⁵〔sə'prim〕 *adj.* 最高的　　the supreme court 最高法院

(C) weary⁵〔'wɪrɪ〕 *adj.* 疲倦的（ = *tired* ）

(D) ***vigorous***⁵〔'vɪgərəs〕 *adj.* 激烈的　　vigor⁵ *n.* 精力；活力

* advise³〔əd'vaɪz〕 *v.* 建議　　***at least*** 至少　　***in shape*** 健康的

6. (**C**) 相機使用手冊裡的說明非常<u>清楚</u>，讓初學者可以知道使用方法。

(A) truthful³〔'truθfəl〕 *adj.* 真實的　　truth² *n.* 事實

(B) utter⁵〔'ʌtə〕 *adj.* 完全的（ = *complete*² ）
utter darkness 漆黑　　utterly *adv.* 完全地

(C) ***explicit***⁶〔ɪk'splɪsɪt〕 *adj.* 清楚的（ = *clear*¹ ）

(D) peculiar⁴〔pɪ'kjuljə〕 *adj.* 獨特的；特有的

* instructions³〔ɪn'strʌkʃənz〕 *n. pl.* 用法說明
manual⁴〔'mænjuəl〕 *n.* 使用手冊

7. (**A**) 在跑了三十分鐘之後，這名運動員的汗水從前額流進眼睛裡，
<u>模糊</u>了他的視線。

(A) ***blur***⁴〔blɝ〕 *v.* 使模糊不清　　blurry *adj.* 模糊不清的
Tears *blurred* her eyes. 淚水使她的視線模糊不清。

(B) offend⁴〔ə'fɛnd〕 *v.* 冒犯　　offense⁴ *n.* 冒犯
offensive⁴ *adj.* 無禮的；攻擊的

(C) frame⁴〔frem〕 *v.* 給…裱框　　*n.* 框架
frame a picture 給畫裱框　　framework⁵ *n.* 框架；結構

(D) invade⁴〔ɪn'ved〕 *v.* 侵略　　invasion⁴ *n.*　　invader *n.* 入侵者

* sweat³〔swɛt〕 *n.* 汗　　athlete³〔'æθlit〕 *n.* 運動員
forehead³〔'fɔr,hɛd〕 *n.* 前額　　vision³〔'vɪʒən〕 *n.* 視線；視力

8. (**B**) 這名演說者以用簡單的故事<u>說明</u>複雜的理念聞名。
   (A) interrupt³ 〔͵ɪntə'rʌpt〕 *v.* 打斷（談話等）
   (B) ***illustrate***⁴ 〔'ɪləstret〕 *v.* 說明；圖解　　illustration⁴ *n.* 插圖
   (C) flourish⁵ 〔'flɝɪʃ〕 *v.* 茂盛；繁榮 (= *thrive*)　　flourishing *adj.*
   (D) furnish⁴ 〔'fɝnɪʃ〕 *v.* 裝置家具　　be furnished with 配備有
   　　furnished *adj.* 附家具的　　furniture³ *n.* 家具
   　*　complex³ 〔kəm'plɛks〕 *adj.* 複雜的

9. (**D**) 決定穿哪件衣服去參加宴會後，赫蓮娜接著選了一些搭配的<u>配件</u>。
   (A) decoration⁴ 〔͵dɛkə'reʃən〕 *n.* 裝飾品
   　　decorate² *v.* 裝飾
   (B) nutrient⁶ 〔'njutrɪənt〕 *n.* 營養物；滋養品【可數名詞】
   　　nutrition⁶ *n.* 營養【不可數名詞】　　nutritious⁶ *adj.* 營養的
   (C) magnet³ 〔'mægnɪt〕 *n.* 磁鐵　　magnetic⁴ *adj.* 有磁性的
   　　magnetic compass⁵ *n.* 指北針【「指南針」是 compass 】
   (D) ***accessory***⁶ 〔æk'sɛsərɪ〕 *n.* 配件
   　*　**go on** 接著做　　match²'¹ 〔mætʃ〕 *v.* 搭配

10. (**A**) 學生和家長們走上街頭抗議<u>學費</u>調漲，因為他們負擔不起更高等的
   教育。
   (A) ***tuition***⁵ 〔tju'ɪʃən〕 *n.* 學費
   (B) treaty⁵ 〔'tritɪ〕 *n.* 條約；協定　　a trade treaty 貿易協定
   (C) venture⁵ 〔'vɛntʃɚ〕 *n.* 冒險的事業　　*v.* 冒險做…
   　　【比較】adventure³ *n.* 冒險　　a joint venture 合資企業
   　　Nothing *ventured*, nothing gained. 不入虎穴，焉得虎子。
   (D) veto⁵ 〔'vito〕 *n.* 否決權
   　　The British government used its *veto* to block the proposal.
   　　英國政府行使否決權來阻止這項提案。
   　*　**take to** 到；去　　protest⁴ 〔prə'tɛst〕 *v.* 抗議 < *against* >
   　　fee² 〔fi〕 *n.* 費用　　**no longer** 不再
   　　afford³ 〔ə'ford〕 *v.* 負擔得起

11. (**B**) 生活方式不健康的人<u>容易</u>罹患心臟病。油膩的食物、抽煙和缺乏運
   動都是造成心血管疾病的重大影響因素。
   (A) tentative⁵ 〔'tɛntətɪv〕 *adj.* 暫時的　　tentatively *adv.* 暫時地
   　　a tentative agreement¹ 臨時協議；暫定
   (B) ***vulnerable***⁶ 〔'vʌlnərəbḷ〕 *adj.* 易受…影響的；易受傷害的 < *to* >

(C) wholesome⁵〔'holsəm〕adj. 有益健康的
　　wholesome food 有益健康的食品
(D) parallel⁵〔'pærə,lɛl〕adj. 平行的　　parallel lines 平行線
* fatty¹〔'fætɪ〕adj. 油膩的　　lack¹〔læk〕n. 缺乏
　contributing⁴〔kən'trɪbjutɪŋ〕adj. 貢獻的；促成的；起作用的
　contributing factor³ 影響因素
　cardio-vascular〔,kɑrdɪo'væskjələ〕adj. 心血管的

12. (**A**) 節食的人要學著抗拒高熱量食品的<u>誘惑</u>。
(A) ***temptation***⁵〔tɛmp'teʃən〕n. 誘惑　　tempt⁵ v. 誘惑
　　fall into temptation 受誘惑　　tempting adj. 迷人的
(B) threshold⁶〔'θrɛʃold〕n. 門檻；開端
　　on the threshold of 在…的開始
(C) thriller⁵〔'θrɪlə〕n. 驚悚片（小說）　　thrill⁵〔θrɪl〕v. 使興奮
(D) texture⁶〔'tɛkstʃə〕n. 質地　　textured adj. 質地…的
　　a soft¹ / rough³ texture 柔軟 / 粗糙的質地
* ***on a diet***³ 在節食　　resist³〔rɪ'zɪst〕v. 抗拒
　calorie⁴〔'kælərɪ〕n. 卡路里

13. (**C**) 為了不吵醒父母，茱蒂踮著腳尖一聲不響地走進她的房間。
(A) stroll⁵〔strol〕v.n. 散步　　stroller n. 閒逛者；嬰兒手推車
(B) stump⁵〔stʌmp〕v. 笨重地行走
　　He *stumped* angrily out of the room. 他氣沖沖地走出房間。
(C) ***tiptoe***⁵〔'tɪp,to〕v. 踮著腳尖走【tip² n. 尖端；toe² n. 腳趾】
(D) trample⁵〔'træmpḷ〕v. 踩踏；腳步沈重地行走（= *tramp*⁵）
　　People were *trampled* to death in the crowd. 人群中有人被踩死。
* ***wake up*** 喚醒　　noise¹〔nɔɪz〕n. 聲響

14. (**D**) 這兩個男孩很<u>好鬥</u>。你最好把他們分開，以免他們打起來。
(A) alert⁴〔ə'lɝt〕adj. 機警的　　n. 警戒
　　on alert （對危險的情況）警戒著；防備著
(B) ashamed⁴〔ə'ʃemd〕adj. 感到羞恥的　　shame³ n. 羞恥
　　shameful⁴ adj. 可恥的　　shameless adj. 不知羞恥的
(C) allergic⁵〔ə'lɝdʒɪk〕adj. 過敏的 < to >　　allergy⁵ n. 過敏
　　He is *allergic* to shrimp. 他對蝦子過敏。
(D) ***aggressive***⁴〔ə'grɛsɪv〕adj. 有攻擊性的；好鬥的
　　aggression⁶ n. 侵略
* apart³〔ə'pɑrt〕adv. 分開地　　lest⁵〔lɛst〕conj. 以免

15. (**B**) 沒有任何植物或農作物能在<u>不毛</u>之地蓬勃生長。
    (A) marginal[5]〔'mardʒɪnḷ〕 *adj.* 邊緣的   margin[4] *n.* 邊緣
    (B) ***barren***[5] 〔'bærən〕 *adj.* 貧瘠的；不毛的 (↔ fertile[4] *adj.* 肥沃的)
    (C) spare[4] 〔spɛr〕 *adj.* 空閒的 *v.* 省下   spare time 空閒時間
        Spare the rod and spoil the child (【諺】 不打不成器。)
    (D) dynamic[4] 〔daɪ'næmɪk〕 *adj.* 精力充沛的 (= *energetic*[3])
        dynamics *n.* 動力學
    * crop[2] 〔krap〕 *n.* 農作物

二、綜合測驗：

<u>第 16 至 20 題為題組</u>

    一架高空跳傘的飛機，從科羅拉多一個小機場起飛之後不久就著火。當局表示，在飛機緊急迫降之前，<u>機上</u> 13 名受過訓練的跳傘者安全跳傘逃生。「藍
                    16
天高空跳傘中心」的人員說，他們認為飛機在離開機場後撞擊到飛鳥。乘客川特‧里斯說，他們在飛機上聽到砰的一聲。里斯說：「駕駛員花了幾秒鐘<u>評估</u>
情況，然後他說：『大家跳出去！』」
                                        17

    * skydiving 〔'skaɪ,daɪvɪŋ〕 *n.* 高空跳傘【dive[1] *v.* 潛水；跳水；俯衝】
    catch fire 著火   shortly[3] 〔'ʃɔrtlɪ〕 *adv.* 不久；很快 (= *before long*)
    take off 起飛   parachute[4] 〔'pærə,ʃut〕 *n.* 降落傘 *v.* 跳傘
    emergency[3] 〔ɪ'mɝdʒənsɪ〕 *adj.* 緊急的
    landing 〔'lændɪŋ〕 *n.* 降落【land[1] *v.* 降落】
    authority[4] 〔ə'θɔrətɪ〕 *n.* 權威；(pl.) 當局
    official[2] 〔ə'fɪʃəl〕 *n.* 官員；人員
    out of the blue 突然地【在此 Out of the Blue Skydiving 是公司名稱】
    passenger[2] 〔'pæsṇdʒɚ〕 *n.* 乘客   pop[3] 〔pap〕 *n.* 砰的一聲
    on board 在飛機上 (= *aboard*[3])   pilot[3] 〔'paɪlət〕 *n.* 飛行員
    situation[3] 〔,sɪtʃʊ'eʃən〕 *n.* 情況

16. (**D**) (A) broad[2] 〔brɔd〕 *adj.* 寬廣的；廣泛的 (= *wide*[1])
        (B) abroad[2] 〔ə'brɔd〕 *adv.* 在國外 (= *overseas*[2])
        (C) board[2] 〔bord〕 *n.* 板子 *v.* 上 (車、飛機、船等) (= *get on*)
        (D) ***aboard***[3] 〔ə'bord〕 *adv.* 在 (車、飛機、船等) 上 (= *on board*)

17. (**A**) (A) ***assess***[6] 〔ə'sɛs〕 *v.* 評估 (= *evaluate*[4])
        (B) assist[3] 〔ə'sɪst〕 *v.* 幫助 (= *help*[1] = *aid*[2])
        (C) assert[6] 〔ə'sɝt〕 *v.* 斷言；聲稱 (= *claim*[2] = *affirm*[6])
        (D) assign[4] 〔ə'saɪn〕 *v.* 指派 (= *allocate*[6])

高空跳傘者從飛機上跳下來，都被公司員工接走。據報沒有人受傷，飛機安全
　　　　　　　　　　　　　　　　　　　　18
降落回到機場。國家運輸安全委員會要來調查。藍天高空跳傘中心一名攝錄影
　　　　　　　　　　　　　　　　　19
師說，其中幾位跳傘者必須開備用傘（副傘），因為他們跳下時太接近地面了。
　　　　　　　　　　　　　　　　　　　　　　　20

* injury³〔'ɪndʒərɪ〕n. 受傷（= wound²）　　national²〔'næʃənl〕adj. 國家的
transportation⁴〔,trænspə'teʃən〕n. 運輸工具　　board²〔bord〕n. 委員會
videographer〔,vɪdɪ'ɑgrəfə〕n. 攝錄影師【用錄影機 video recorder 錄影】
【photographer⁴〔fə'tɑgrəfə〕n. 攝影師（用相機 camera 拍照）；
video²〔'vɪdɪo〕adj. 錄影的】　　reserve³〔rɪ'zɝv〕adj. 備用的
close¹〔klos〕adj. 接近的（= near¹）　　ground¹〔graʊnd〕n. 地面

18. (**B**) (A) set up　設立（= establish⁴ = institute⁵）
　　　　　　(B) ***pick up***　撿起（= lift¹）；接載（= transport³）
　　　　　　(C) look up　查詢（= search²）　　(D) catch up　趕上

19. (**D**) (A) inhabit⁶〔ɪn'hæbɪt〕v. 居住於（= populate⁶）
　　　　　　(B) institute⁵〔'ɪnstə,tjut〕v. 制定；設立（= found³）
　　　　　　(C) integrate⁶〔'ɪntə,gret〕v. 整合（= unify⁶）
　　　　　　(D) ***investigate***³〔ɪn'vɛstə,get〕v. 調查（= inspect³ = look into）

20. (**A**) 依句意，「因為」太接近地面，必須要開副傘，選 (A) ***because***。

第 21 至 25 題為題組

　　大部分日本人一天吃三餐。米飯，數個世紀以來都是日本飲食的主角，幾
　　　　　　　　　　　　　　　　　　　　　　　　　21
乎餐餐都吃。早餐通常除了米飯外，還會再補充味噌湯（一種豆醬湯）和漬物
（醃漬的蔬菜）。在城市裡，有些人已經用麵包、奶油和蛋來取代這些菜餚了。
　　　　　　　　　　　　　　　　　　　　　　　　　　　　22

* mainstay⁴〔'men,ste〕n. 主要依靠（= main support）
diet³〔'daɪət〕n. 飲食　　supplement⁶〔'sʌplə,mɛnt〕v. 補充
bean²〔bin〕n. 豆子【soybean² 大豆；黃豆】
paste²〔pest〕n. 糊；醬；膏
pickled³〔'pɪkl̩d〕adj. 醃漬的【pickles³ n. 醃菜】

21. (**A**) 表示「持續」一段時間，介系詞用 ***for***，選 (A)。

22. (**B**) (A) turn A into B　把 A 變成 B
　　　　　　(B) ***replace A with B***　用 B 取代 A

(C) apply A to B 把 A 應用在 B 上

　　例：*apply* new technology *to* industry 將新科技應用在工業上

(D) name A after B 以 B 為 A 命名

　　例：They *named* the baby Dave *after* his uncle.

　　　　他們以叔叔之名為寶寶命名為大衛。

午餐是輕食，<u>除了</u>飯或麵，可能還<u>包含</u>鹹魚、漬物，和佃煮（海鮮或蔬菜煮熟

　　　　　　　24　　　　　　　　23

再用醬油保存）。晚餐是一天中最重要的一餐，包括魚、牛肉、豬肉或雞肉，再

搭配蔬菜和飯。肉類在日本飲食中，不如像在西方國家<u>中</u>那麼重要。

　　　　　　　　　　　　　　　　　　　　　　　　　25

* salted[1] 〔 ˋsɔltɪd 〕 *adj.* 用鹽醃漬的

preserve[4] 〔 prɪˋzɝv 〕 *v.* 保存；防腐

【preservative 〔 prɪˋzɝvətɪv 〕 *n.* 防腐劑】

soy sauce 醬油

noodles[2] 〔 ˋnudḷz 〕 *n. pl.* 麵

supper[1] 〔 ˋsʌpɚ 〕 *n.* 晚餐

beef[2] 〔 bif 〕 *n.* 牛肉

pork[2] 〔 pɔrk 〕 *n.* 豬肉

> 牛和豬的相關用語：
> cow[1] 母牛；(尤指) 乳牛；bull[3] 公牛【未去勢】；ox[2] 公牛【已去勢】；calf[5] 小牛；beef[2] 牛肉；veal 小牛肉；moo 牛叫聲。pig[1] 豬；sow[5] 母豬；boar 公豬【未去勢】；hog 公豬【已去勢】；piglet 小豬；pork[2] 豬肉；oink 豬叫聲。

23. (**C**) 依句意，午餐「包含」魚、漬物等，也就是「由～組成」，選 (C) ***be composed of***。(A) include「包括」，應用主動，(D) consist of「由～組成」，也要用主動。(B) be mixed with「與～混合」，則不合句意。

24. (**C**) (A) as for 至於　　　　　(B) at least 至少

　　　(C) ***in addition to*** 除了～之外（還有）(= *besides*[2])

　　　(D) except 除了～之外（不算）

25. (**B**) 英文中同類才能作比較，空格原應為：…in the Japanese diet as in ***the diet*** of Western nations.，為避免重複，要用代名詞代替，單數代名詞要用 ***that***，選 (B)。

<u>第 26 至 30 題為題組</u>

　　墨西哥的考古學家發現了一個運河系統，在一座<u>有著</u>馬雅統治者陵墓的金

　　　　　　　　　　　　　　　　　　　　　　　　　26

字塔底下，顯示這個水道可能代表著通往冥界象徵性的道路。這個系統被發現

位於「碑銘神廟」底下，這座神廟在帕倫克，是南部奇亞帕斯州的古代馬雅都

市，裡面有第七世紀帕卡爾大帝的陵墓。這些運河的<u>存在</u>非常重要，而且意義

　　　　　　　　　　　　　　　　　　　　　　　　　　27

重大。陵墓裡的一段碑文寫著，要被冥界所接受，死者必須浸泡在一位名爲「恰克」的神的水中。

* archeologist〔͵ɑrkɪˋɑlədʒɪst〕n. 考古學家【archeo- = ancient】
  canal⁵〔kəˋnæl〕n. 運河　　system³〔ˋsɪstəm〕n. 系統
  pyramid⁵〔ˋpɪrəmɪd〕n. 金字塔　　tomb⁴〔tum〕n. 墳墓
  Mayan〔ˋmɑjən〕adj. 馬雅的【Maya〔ˋmɑjə〕n. 馬雅族】
  ruler²〔ˋrulɚ〕n. 統治者　　tunnel²〔ˋtʌnḷ〕n. 隧道
  represent³〔͵rɛprɪˋzɛnt〕v. 代表；象徵（= symbolize⁶
  = signify⁶ = stand for）　　symbolic⁶〔sɪmˋbɑlɪk〕adj. 象徵的
  path²〔pæθ〕n. 路徑（= route² = way²）
  underworld〔ˋʌndɚ͵wɝld〕n. 陰間；冥府
  temple²〔ˋtɛmpḷ〕n. 寺廟
  inscription〔ɪnˋskrɪpʃən〕n. 銘刻；碑文
  house¹〔haʊs〕v. 容納（= contain²）　　ancient²〔ˋenʃənt〕adj. 古老的
  significant³〔sɪgˋnɪfəkənt〕adj. 有意義的（= meaningful³）
  accept²〔əkˋsɛpt〕v. 接受　　dip³〔dɪp〕v. 浸泡

inscription

```
in + script + ion
 |      |      |
in + write  +  n.
```

26.（**C**）空格原爲：...under the pyramid *which contains*...，將關代省略
　　而成爲分詞片語，故選 (C) *containing*。

27.（**B**）(A) present²〔ˋprɛznt〕n. 現在（= now¹）；禮物（= gift¹）
　　　　(B) *presence*²〔ˋprɛzns〕n. 存在（= existence³）
　　　　(C) branch²〔bræntʃ〕n. 樹枝；分支（= division²）
　　　　(D) border³〔ˋbɔrdɚ〕n. 邊界（= boundary⁵）

這個地下運河網絡有不同的高度，流往不同的方向。被發現時水還在主要運河
裡流著，這表示水的源頭是天然的泉水，但是考古學家還無法判定河道的長度，
　28
或是從哪裡開始。這些運河是排水系統或是供水系統的一部份，可能性還沒有排
除。這個運河系統是利用聲納發現的。考古學家最初認爲這可能是斷層帶，但是
　　30
架設在小型車輛上的攝影機，證實了這個用大塊石頭建造而成的系統的存在。

* underground〔͵ʌndɚˋgraʊnd〕adj. 地下的
  network³〔ˋnɛt͵wɝk〕n. 網路系統　　level¹〔ˋlɛvḷ〕n. 高度
  direction²〔dəˋrɛkʃən〕n. 方向　　source²〔sors〕n. 來源
  natural²〔ˋnætʃərəl〕adj. 天然的　　spring¹'²〔sprɪŋ〕n. 泉水
  unable〔ʌnˋebḷ〕adj. 不能的 < to V >【able¹〔ˋebḷ〕adj. 能夠的 < to V >】
  determine³〔dɪˋtɝmɪn〕v. 決定；判定（= decide¹）
  length²〔lɛŋθ〕n. 長度　　possibility²〔͵pɑsəˋbɪlətɪ〕n. 可能性

rule out 排除（= *dismiss*[4] = *exclude*[5]）
drainage〔'dreɪndʒ〕*n.* 排水系統【drain[3]〔dren〕*v.* 排水】
supply[2]〔sə'plaɪ〕*n.* 供應
sonar〔'sonɑr〕*n.* 聲納【英文全名為：**SO**und **N**avigation **A**nd **R**anging（聲音導航與測距），是利用聲波在水下的傳播特性，完成水下探測的設備】
fault[2]〔fɔlt〕*n.* 缺點；瑕疵；斷層
mount[5]〔maʊnt〕*v.* 安裝；架設（= *install*[4] = *fix*[2]）
vehicle[3]〔'viːkl̩〕*n.* 車輛
confirm[2]〔kən'fɜm〕*v.* 證實；確認（= *prove*[1]）
existence[3]〔ɪg'zɪstəns〕*n.* 存在

28.（**D**）依句意，當被發現時，水「還仍然流著」，表示過去某動作發生時，另一個動作正在進行，應用過去進行式，故空格選 (D) ***was still running***。

29.（**A**）依句意，「這些運河是⋯或是⋯的可能性」還沒有排除，所以用 ***that*** 引導名詞子句，做主詞 The possibility 的同位語，選 (A)。

30.（**B**）(A) randomly[6]〔'rændəmlɪ〕*adv.* 隨機地；隨便地（= *at random*[6]）
　　　(B) ***initially***[4]〔ɪ'nɪʃəlɪ〕*adv.* 最初地（= *originally*[3]）
　　　(C) neutrally[6]〔'njutrəlɪ〕*adv.* 中立地
　　　(D) feebly[5]〔'fiblɪ〕*adv.* 微弱地（= *weakly*[1]）

三、文意選填：

第 31 至 40 題為題組

　　一名幸運的澳洲男士在抽獎活動中，贏得遙遠的太平洋小島上的度假村，他只 **31. (E)** 付了美金 49 元，買到了中獎的彩券，就得到這個天堂樂園。這位男士身份 **32. (C)** 確認是約書亞，在一項抽獎活動裡贏得這個有著 16 個房間的度假村，這項活動是由一對澳洲夫婦所 **33. (H)** 主辦的，他們想把這個飯店讓渡給某個有冒險精神的人。

　　* remote[3]〔rɪ'mot〕*adj.* 遙遠的　　resort[5]〔rɪ'zɔrt〕*n.* 度假勝地
　　【a ski/summer/seaside resort 滑雪/避暑/海濱勝地】
　　lottery[5]〔'lɑtərɪ〕*n.* 抽獎；彩券　　claim[2]〔klem〕*v.* 宣稱；要求；領取
　　paradise[3]〔'pærə,daɪs〕*n.* 天堂
　　property[3]〔'prɑpətɪ〕*n.* 財產；地產；此指「這座飯店」
　　identify[4]〔aɪ'dɛntə,faɪ〕*v.* 辨認；確認
　　Micronesian〔,maɪkrə'niʒən〕*adj.* 麥克羅尼西亞的
　　【麥克羅尼西亞（Micronesia）位於太平洋西北部的島群，包括馬里亞納（Mariana）、馬歇爾（Marshall）群島等】

draw^1〔drɔ〕*n.* 抽籤;抽獎 (= *lucky draw*)
organize^2〔'ɔrgən,aɪz〕*v.* 組織;主辦
couple^2〔'kʌpḷ〕*n.* 一對男女;夫婦
hand over A to B 把 A 讓渡給 B　　lodge^5〔lɑdʒ〕*n.* 度假屋;旅館
adventurous〔əd'vɛntʃərəs〕*adj.* 有冒險精神的
【adventure^3〔əd'vɛntʃə〕*n.* 冒險】

　　抽獎的影片被貼在臉書上,中獎號碼是由電腦 *34.* **(F)** 抽出的,是 44,980 號。但是,他們努力想要用電話 *35.* **(J)** 聯絡新得主,通知他這個能改變一生的消息,卻無法立即成功。這位幸運的贏家最後終於被 *36.* **(A)** 找到,告訴他這個好消息。他的名字叫約書亞,來自澳洲,住在新南威爾斯州。這個人的完整身分 *37.* **(G)** 直到他得獎的消息眾所皆知時,就立刻被顯示出來。約書亞將會接收這座度假村的所有權,沒有負債,會賺錢,而且合約還有超過 20 年的期限。

* video^2〔'vɪdɪ,o〕*n.* 影片　　post^2〔post〕*v.* (在網路上) 貼文、圖
reveal^3〔rɪ'vil〕*v.* 顯示　　effort^2〔'ɛfət〕*n.* 努力
reach^1〔ritʃ〕*v.* 聯絡 (= *contact*^{2})　　inform^3〔ɪn'fɔrm〕*v.* 通知 < *of* >
eventually^4〔ɪ'vɛntʃʊəlɪ〕*adv.* 最後;終於 (= *finally*^{1})
track down 追蹤;查出;找到　　identity^3〔aɪ'dɛntətɪ〕*n.* 身分
ownership^3〔'onəˌʃɪp〕*n.* 所有權【owner^2〔'onə〕*n.* 擁有者】
debt-free〔'dɛt,fri〕*adj.* 沒有債務的
【debt^2〔dɛt〕*n.* 債務】
profitable^4〔'prɑfɪtəbḷ〕*adj.* 有利潤的;賺錢的
contract^3〔'kɑntrækt〕*n.* 合約

```
con      + tract
 |          |
together + draw
```

　　道格和莎莉‧貝茲在 1994 年建立了這座度假村,他們住在麥克羅尼西亞已經超過二 *38.* **(I)** 十年,但是他們說該回澳洲了。他們原本打算要用傳統的方法把 *39.* **(D)** 飯店賣掉,直到他們其中一個兒子 *40* **(B)** 想出了這個抽獎的主意,提供了一些人機會,夢想在熱帶天堂生活。臉書上一名購票者寫道:「謝謝你給我們這個美好的夢。」另外一人說:「恭喜你,約書亞,好好在那裡生活。」

* traditional^2〔trə'dɪʃənḷ〕*adj.* 傳統的　　***come up with*** 想出
tropical^3〔'trɑpɪkḷ〕*adj.* 熱帶的　　awesome^6〔'ɔsəm〕*adj.* 很棒的
congrats〔kən'græts〕*interj.* 恭喜 (= *congratulations*^{2})

四、閱讀測驗:

第 41 至 44 題爲題組

　　在極度乾燥的阿塔卡瑪沙漠,海拔 5,000 公尺,幾乎沒有濕氣和植物,全世界最大地面上的天文學機構啓用了,準備運用空前的威力來探測宇宙。此處如

此特別是因爲就在這裡，在我們的頭頂上方，幾乎沒有水蒸氣。水蒸氣少到來自天體、銀河系或星星的任何光線，到達此處都不會受到干擾。這裡是史上最大的觀測站。

* desert[2] ('dɛzət) n. 沙漠　　altitude[5] ('æltə,tjud) n. 海拔；高度
humidity[4] (hju'mɪdətɪ) n. 濕氣；濕度 (= moisture[3])
vegetation[5] (,vɛdʒə'teʃən) n. 植物 (= plants[1] = plant life)
ground[1] (graund) n. 地面　　**ground-based** adj. 地面上的
astronomy[5] (ə'stranəmɪ) n. 天文學　　project[2] ('pradʒɛkt) n. 計劃
explore[4] (ɪk'splor) v. 探測；調查 (= investigate[3] = look into)
universe[3] ('junə,vɝs) n. 宇宙
unprecedented (ʌn'prɛsə,dɛntɪd) adj. 無先例的；
　空前的【precedent[6] ('prɛsədənt) n. 先例】
might[3] (maɪt) n. 力量
　(= strength[3] = power[1] = force[1])
virtually[6] ('vɝtʃuəlɪ) adv. 實際上；幾乎
　(= almost[1] = nearly[2])
vapor[5] ('vepə) n. 蒸氣　　emit (ɪ'mɪt) v. 放出；發出
heavenly[5] ('hɛvənlɪ) adj. 天空的　　**heavenly body** 天體
galaxy[6] ('gæləksɪ) n. 銀河系
interference[5] (,ɪntə'fɪrəns) n. 干涉；干擾
observatory (əb'zɝvə,torɪ) n. 觀測站；
　天文台【observe[3] v. 觀察，tory 表「地方」】

pre	+ ced	+ ent
before	+ go	+ n., adj.

un + precedent	+ ed
not + 先例	+ adj.

inter + fere	+(e)nce
between + strike +	n.

「阿塔卡瑪大型毫米波天線陣」，較常被稱爲阿爾馬（西班牙文爲「靈魂」之意），是北美洲、歐洲及亞洲多處機構共同努力的結果。當科學家們在尋找一個地方，架設這組全世界最大的地面望遠鏡陣列時，他們要找高海拔、低濕度、晴朗，而且容易到達的地點。在這裡，智利靠近玻利維亞邊界一處高山上的平原，他們找到了他們尋尋覓覓的地方。

* millimeter ('mɪlə,mɪtə) n. 毫米；公釐【milli- 表「千分之一」】
array (ə're) n. 部署；陣列 (= group[1] = collection[3])
be known as 以～（身分）聞名；被稱爲～（名稱）【比較：be known
　for 以～（特色）聞名】　　soul[1] (sol) n. 靈魂
joint[2] (dʒɔɪnt) adj. 聯合的；共同的 (= combined[3])
agency[4] ('edʒənsɪ) n. 機構 (= organization[2])
telescope[4] ('tɛlə,skop) n. 望遠鏡
spot[2] (spat) n. 地點 (= place[1] = location[4])
boast[4] (bost) v. 自誇；（自豪）擁有 (= possess[4] = have[1])

tele	+ scope
far	+ look

fairly[3] (ˈfɛrlɪ) *adv.* 相當地 (= *rather*[2] = *quite*[1])

access[4] (ˈæksɛs) *n.* 途徑；取得　　plain[2] (plen) *n.* 平原

Chile (ˈtʃɪlɪ) *n.* 智利【位於南美洲西南部太平洋岸，首都**聖地牙哥**
(Santiago (ˌsæntɪˈɑgo))】　　border[3] (ˈbɔrdɚ) *n.* 邊界

Bolivia (bəˈlɪvɪə) *n.* 玻利維亞【位於南美洲中西部，首都**拉巴斯**
(La Paz (ləˈpɑz))】

　　當科學家用極度靈敏的儀器測試濕度時，他們起初以爲儀器壞了，因爲他們無法相信濕度那麼低。由於幾乎沒有水氣阻擋，阿爾馬的 66 座天線，直徑從 7 到 12 公尺不等，可以一瞥宇宙間最黑暗、最遙遠地區的物體。

*　ultra- (ˈʌltrə) 表「極度；極端」之意 (= *extremely*[3])

sensitive[3] (ˈsɛnsətɪv) *adj.* 敏感的；靈敏的

equipment[4] (ɪˈkwɪpmənt) *n.* 裝備

get in the way 阻擋；妨礙 (= *interfere*[4])

antenna[6] (ænˈtɛnə) *n.* 觸鬚；天線　　range[2] (rendʒ) *v., n.* 範圍

range from A to B 範圍從 A 到 B 都有

diameter[6] (daɪˈæmətɚ) *n.* 直徑【比較：radius[5] (ˈredɪəs) *n.* 半徑】

glimpse[4] (glɪmps) *n.* 瞥見；看一眼 (= *glance*[3])

remote[3] (rɪˈmot) *adj.* 遙遠的 (= *distant*[2] = *faraway*)

region[2] (ˈridʒən) *n.* 地區 (= *area*[1] = *zone*[3])

　　科學界希望利用阿爾馬，來研究恆星的形成和行星的誕生，不只是我們太陽系裡發生的一切，還有在大爆炸後太陽系如何產生。這在宇宙的歷史中是一項革命，可以看透星際塵埃雲，專注於恆星本身的形成。望遠鏡無法看見這些雲層裡面的情形，有了阿爾馬就可以了，那就像打開了一扇新的窗戶。

*　community[4] (kəˈmjunətɪ) *n.* 社區；社會；團體

formation[4] (fɔrˈmeʃən) *n.* 形成；構成 (= *creation*[4])

solar[4] (ˈsolɚ) *adj.* 太陽的　　***solar system*** 太陽系

bang[3] (bæŋ) *n.* 重擊；轟然巨響

the Big Bang 大爆炸理論【根據大爆炸理論，宇宙
是由一個極緊密、極熾熱的奇異點膨脹到現在的狀態】

revolution[4] (ˌrɛvəˈluʃən) *n.* 革命

> community[4]
> *n.* 社會；團體
> = society[2]
> = group[1]

41. (**A**) 本文是關於什麼？

(A) 一組非常強力的望遠鏡。　　(B) 一個新太陽系的發現。

(C) 西班牙語系國家在天文學方面的進步。

(D) 在高海拔沙漠的濕氣量。

*　advance[2] (ədˈvæns) *n.* 進步；進展 (= *progress*[2])

42. (**B**) 關於阿爾馬的位置有什麼特別的？
    (A) 它位於海拔 5,000 公尺處。
    (B) 星光到達那裡幾乎不會受到干擾。
    (C) 低濕度可以保護那些極度靈敏的儀器。
    (D) 它遠離大型人口集中之處。

    * location⁴ (loˊkeʃən) *n.* 地點；位置

43. (**D**) 阿爾馬的目的爲何？
    (A) 爲了看得比宇宙裡的灰塵雲更遠。
    (B) 爲了創造一個窗口，給非專業的天文學家探索太空。
    (C) 爲了在大爆炸發生時觀察它。
    (D) 爲了學習宇宙裡的恆星和其他天體是如何產生的。

    * farther³ (ˊfɑrðɚ) *adv.* 更遠地　　dust³ (dʌst) *n.* 灰塵
      astronomer⁵ (əˊstrɑnəmɚ) *n.* 天文學家

44. (**A**) 從這篇文章裡可以推論出什麼？
    (A) 在智利的阿塔卡瑪很少下雨。
    (B) 阿塔卡瑪沙漠是全世界最高的沙漠。
    (C) 在智利經常有全國性的缺水。
    (D) 阿爾馬的修築需要美國、西班牙、智利和玻利維亞的合作。

    * rarely² (ˊrɛrlɪ) *adv.* 罕見地；很少
      nationwide (ˊneʃənˏwaɪd) *adj.* 全國的 (= national²)
      shortage⁵ (ˊʃɔrtɪdʒ) *n.* 缺乏 (= lack¹)
      construction⁴ (kənˊstrʌkʃən) *n.* 建築；建設
      require² (rɪˊkwaɪr) *v.* 需要 (= need¹)

第 45 至 48 題爲題組

　　在1984年，研究人員注意到，西澳地區的海豚做出一件很不尋常的事。當海豚肚子餓時，他們會從海底撕下海洋籃狀海綿，套在自己的嘴上，就像人類將手套套在手上一樣。科學家認爲，當海豚在尋找魚兒時，這些海綿可以保護牠們的嘴部，不受散布在海底的岩石和破碎珊瑚的傷害，這個行爲是這種生物使用工具的首例。

    * spot² (spɑt) *v.* 看出；注意到 (= see¹ = notice¹)
      dolphin² (ˊdɑlfɪn) *n.* 海豚
      unusual² (ʌnˊjuʒʊəl) *adj.* 不尋常的 (= uncommon¹ = rare²)
      rip⁵ (rɪp) *v.* 撕裂 (= tear² = split⁴)　　marine⁵ (məˊrin) *adj.* 海洋的
      sponge⁵ (spʌndʒ) *n.* 海綿　　***sea floor*** 海底 (= seabed)

fit^2 〔 fɪt 〕 v. 裝入；套入（ = put in = fix^2 ）　　beak^4〔 bik 〕 n. 嘴部；喙
suspect^3〔 səˋspɛkt 〕 v. 懷疑（ = doubt^2 ）；認為
chunk^6〔 tʃʌŋk 〕 n. 厚塊（ = thick piece ）
coral^5〔 ˋkɔrəl 〕 n. 珊瑚
litter^3〔 ˋlɪtɚ 〕 v. 使零亂；使散亂（ = scatter^3 ）
species^4〔 ˋspiʃiz 〕 n. 物種；種類【單複數同型】

> suspect^3 v. 認為
> = suppose^3
> = believe^1
> = think^1

　　但海豚可以只在開闊的海上抓魚就好，為什麼要這麼大費周章呢？答案可能因為底棲魚類更有營養。海豚獵食時，部分是藉由回音定位魚兒魚鰾的所在，魚兒游泳時魚鰾會發出強烈的聲音信號，那可以幫助海豚尋找獵物，即使它埋在海砂裡。但是大部分底棲魚類沒有魚鰾，因此用回音定位更難找。此外，海底總是崎嶇不平，所以如果海豚要搜尋這些魚，就要冒著嘴部受傷的危險。

* trouble^1〔 ˋtrʌbl̩ 〕 n. 麻煩；費力　　bottom^1〔 ˋbatəm 〕 n. 底部
dwell^5〔 dwɛl 〕 v. 居住（ = live^1 = reside^5 = inhabit^6 ）
nutritious^6〔 njuˋtrɪʃəs 〕 adj. 有營養的（ = nourishing^6 ）
echolocate〔ˌɛkoloˋket 〕 v. 回音定位【來自 echo^3 + locate^2，蝙蝠等動物
　藉由音波測定物體位置的能力，名詞為 echolocation】
bladder〔ˋblædɚ 〕 n. (魚) 鰾
give off 放出；發出　　audio^4〔 ˋɔdɪˌo 〕 adj. 聽覺的
signal^3〔 ˋsɪgnl̩ 〕 n. 信號　　prey^5〔 pre 〕 n. 獵物
bury^3〔ˋbɛrɪ 〕 v. 埋葬；掩埋　　rough^3〔 rʌf 〕 adj. 粗糙的；崎嶇不平的
risk^3〔 rɪsk 〕 v. 冒險　　injure^3〔 ˋɪndʒɚ 〕 v. 傷害（ = hurt^1 = harm^3 ）

　　某隻有發明才能的海豚想到，嘴部套上海棉來戳海底的沙子，可以激出這些沒有魚鰾的魚，而不會傷到自己。這些獵物數目眾多、確實可靠，而且行為非常容易預測——牠們總是會從砂堆裡衝出來——這使得海豚的這項獵食行為非常值得。

* ingenious^6〔 ɪnˋdʒinjəs 〕 adj. 有發明才能的（ = inventive^2 = clever^2 ）
figure out 了解；算出（ = work out ）　　poke^5〔 pok 〕 v. 刺；戳
attach^4〔 əˋtætʃ 〕 v. 使附著【黏、貼、綁等均可】
stir^3〔 stɝ 〕 v. 攪拌；激起
numerous^4〔 ˋnjumərəs 〕 adj. 很多的（ = = abundant^5 ）
reliable^3〔 rɪˋlaɪəbl̩ 〕 adj. 可靠的（ = dependable^4 ）
predictable^4〔 prɪˋdɪktəbl̩ 〕 adj. 可預測的（ = expected^2 ）
dart^5〔 dɑrt 〕 v. 迅速射出；猛衝（ = dash^3 ）
【dart 當名詞，做「飛鏢」解】
worthwhile^5〔 ˋwɝθˌhwaɪl 〕 adj. 值得的（ = valuable^3 ）

> attach^4 v.
> = fix^2
> = fasten^3
> = stick^2
> = glue^2

　　那裡的海豚並非每一隻都會用海綿獵食，主要都是母海豚。母海豚發明這個方法，因為牠們在養育小海豚時，面臨選擇性的壓力。這些聰明的海豚想出方法，以這些魚類為目標，其他海豚就沒辦法，這些連當地漁民也抓不到，甚至都不知道。海豚媽媽似乎會將這個方法傳給牠們的女兒，有些傳給兒子，這是罕見的證據，證明除了人類之外，在動物中也有文化的傳統。

* primarily³〔ˈpraɪˌmɛrəlɪ〕 *adv.* 主要地（＝ *mainly*¹ ＝ *chiefly*¹）
female²〔ˈfimel〕 *n., adj.* 女性（的）；雌性動物（的）
selective⁶〔səˈlɛktɪv〕 *adj.* 選擇性的
pressure³〔ˈprɛʃə〕 *n.* 壓力（＝ *stress*²）
raise¹〔rez〕 *v.* 撫養；養育（＝ *bring up* ＝ *rear*⁵）
calf⁵〔kæf〕 *n.* 幼獸　　clever²〔ˈklɛvə〕 *adj.* 聰明的
target²〔ˈtɑrgɪt〕 *v.* 以～為目標（＝ *aim at* ＝ *focus on*）
rare²〔rɛr〕 *adj.* 罕見的　　evidence⁴〔ˈɛvədəns〕 *n.* 證據（＝ *proof*³）
other than 除了～之外（＝ *except*¹）

> clever² *adj.*
> ＝ intelligent⁴
> ＝ smart¹
> ＝ bright¹
> ＝ sharp¹

45.（**B**）本文的目的為何？
(A) 為了說明在海底如何捕魚。　(B) 為了描述海豚如何使用工具。
(C) 為了證明母海豚比公海豚智力更高。
(D) 為了討論獵食沒有魚鰾的魚的優點。

* demonstrate⁴〔ˈdɛmənˌstret〕 *v.* 展現；證明（＝ *prove*¹ ＝ *show*¹）
superior³〔səˈpɪrɪə〕 *adj.* 較優的（＝ *better*¹）；卓越的
（＝ *excellent*²）【相反：inferior³〔ɪnˈfɪrɪə〕 *adj.* 較差的】
intelligence⁴〔ɪnˈtɛlədʒəns〕 *n.* 智力

46.（**D**）關於那些用海綿捕獵到的魚何者正確？
(A) 牠們經常被岩石和大塊珊瑚所傷。
(B) 牠們非常受到澳洲漁民的喜愛。
(C) 當海豚接近時，牠們會把自己埋在岩石和珊瑚下面。
(D) 牠們比在開闊海面上的魚更有營養。

* approach³〔əˈprotʃ〕 *v.* 接近（＝ *come/draw near*）

47.（**A**）這個行為對海豚而言為什麼是值得的？
(A) 風險小、收穫高。　　　(B) 給予牠們教導子女的機會。
(C) 可以利用在其他方面沒有用處的海綿。
(D) 牠們不必使用回音定位。

* otherwise⁴〔ˈʌðəˌwaɪz〕 *adv.* 在其他方面（＝ *in other ways*）

48. (**D**) 本篇文章暗示什麼事情？
   (A) 母海豚比起公海豚與母親更親密。
   (B) 沒有魚鰾的魚在澳洲的魚市場裡受到高度珍視。
   (C) 嘴部受傷的海豚一定會死掉。
   (D) <u>動物將文化方面的慣例傳授給牠們的子女並不常見。</u>

   * prize^2〔praɪz〕v. 珍視（= *value*^{2} = *treasure*^{2}）
   practice^1〔'præktɪs〕n. 習慣；慣例（= *tradition*^{2} = *custom*^{2}）

第 49 至 52 題為題組

　　「創傷後壓力症候群」是一種心理反應，發生在極度充滿壓力的事件之後，特色通常包括印象重現、做惡夢、沮喪和神經緊張，這種情況最常發生在軍人身上。許多研究都是針對戰爭對軍事人員的心理影響而做，但是針對救難人員而做的研究卻是少之又少。

   * post-〔post〕為表示「在後」的字首，如 postwar^6 adj. 戰後的。
   traumatic〔trɔ'mætɪk〕adj. 創傷的【trauma^6〔'trɔmə〕n. 創傷；打擊】
   disorder^4〔dɪs'ɔrdɚ〕n. 失調；疾病；障礙
   post-traumatic stress disorder 創傷後壓力症候群【指人在遭遇或對抗重
   　　大壓力後，其心理狀態產生失調之後遺症。這些經驗包括生命遭到威脅、嚴
   　　重物理性傷害、身體或心靈上的脅迫，縮寫成 PTSD】
   psychological^4〔ˌsaɪkə'lɑdʒɪkl̩〕adj. 心理（學）的（= *mental*^{3}）
   reaction^3〔rɪ'ækʃən〕n. 反應（= *response*^{3}）
   stressful^2〔'strɛsfəl〕adj. 充滿壓力的【這個字是形容事物的，若要形容人
   　　「壓力很大」，則用 stressed^2 或 stressed-out】
   event^2〔ɪ'vɛnt〕n. 事件（= *happening*^{1} = *occurrence*^{5}）
   characterize^6〔'kærɪktəˌraɪz〕v. 成為～的特色【character^2 n. 人格；特色；
   　　人物；角色】　　***A be characterized by B*** A 的特色是 B
   flashback〔'flæʃˌbæk〕n.（不愉快、痛苦往事的）重現
   　　（= *painful memory*）　　　　nightmare^4〔'naɪtˌmɛr〕n. 惡夢
   depression^4〔dɪ'prɛʃən〕n. 沮喪；憂鬱

   nervousness^3〔'nɝvɪsnɪs〕n. 緊張（= *anxiety*^{4}）
   condition^3〔kən'dɪʃən〕n.（健康）情況；疾病
   associate^4〔ə'soʃɪˌet〕v. 聯想（= *connect*^{3}）

condition^3 n. 疾病
= disorder^4
= illness^2
= sickness^1
= complaint^3

   be associated with 和～聯想在一起；與～有關
   soldier^2〔'soldʒɚ〕n. 軍人；士兵　　conduct^5〔kən'dʌkt〕v. 進行
   effect^2〔ɪ'fɛkt〕n. 影響；效果　　military^2〔'mɪləˌtɛrɪ〕adj. 軍事的
   personnel^5〔ˌpɝsn̩'ɛl〕n. 人員【集合名詞】；人事部
   available^3〔ə'veləbl̩〕adj. 可以得到的　　aid^2〔ed〕n. 幫助；救援（= *help*^{1}）

　　「美國疾病控制與預防中心」一位精神科醫師，現在正在策劃一項研究，追蹤300位救難人員數年的時間，看看他們在心理上如何應付自己的工作。這是有史以來第一次長期研究這個鮮少爲人理解的問題。一項研究顯示，百分之30返回的救難人員報告有壓力的症狀，還有大約百分之10的人被診斷出有PTSD。

* psychiatrist〔saɪˈkaɪətrɪst〕*n.* 精神科醫師；精神病學家
   Centers for Disease Control and Prevention 美國疾病控制
   　與預防中心【簡稱爲 CDC】　　track[2]〔træk〕*v.* 追蹤
   cope[4]〔kop〕*v.* 應付；處理 < *with* >（= *handle[2]* = *deal with*）
   lengthy[6]〔ˈlɛŋθɪ〕*adj.* 長期的（= *extended[4]* = *long[1]*）
   returning[1]〔rɪˈtɜnɪŋ〕*adj.* 返回的
   relief[3]〔rɪˈlif〕*n.* 救濟；救援（= *aid[2]*）
   symptom[6]〔ˈsɪmptəm〕*n.* 症狀（= *sign[2]*）
   diagnose[6]〔ˌdaɪəgˈnoz〕*v.* 診斷

dia	+ gnose
through	+ *know*

　　過去許多救難組織招募新人時，主要都是尋找被認爲能習慣吃苦的人。最近一項調查，根據報導某個救難機構承認，他們刻意雇用工作狂或酗酒者，因爲「有些情形需要能自我毀滅，在混亂中茁壯的人。」有個錯誤的觀念是，只要你挑對人他們就沒問題。但是這項工作有一些固有的特質，會創造出一個著實可以把人逼到最極限的環境。

* organization[2]〔ˌɔrgənəˈzeʃən〕*n.* 組織（= *agency[4]*）
   focus[2]〔ˈfokəs〕*v.* 專注於 < *on* >　　recruit[6]〔rɪˈkrut〕*v.* 招募（新人）
   staff[3]〔stæf〕*n.* 職員；員工【集合名詞，指全體】
   perceive[5]〔pəˈsiv〕*v.* 察覺；理解（= *sense[1]* = *understand[1]*）
   accustomed[5]〔əˈkʌstəmd〕*adj.* 習慣的 < *to* >（= *familiar[3]* < *with* >）
   hardship[4]〔ˈhardʃɪp〕*n.* 艱難；困苦（= *difficulty[2]*）
   survey[3]〔ˈsɜve〕*n.* 調查　　agency[4]〔ˈedʒənsɪ〕*n.* 代辦處；機構
   reportedly[1]〔rɪˈportɪdlɪ〕*adv.* 根據報導　　***admit to*** 承認
   employ[3]〔ɪmˈplɔɪ〕*v.* 雇用　　workaholic〔ˌwɜkəˈhɔlɪk〕*n.* 工作狂
   alcoholic[6]〔ˌælkəˈhɔlɪk〕*n.* 酒鬼
   on purpose 故意地（= *deliberately[6]*）　　situation[3]〔ˌsɪtʃuˈeʃən〕*n.* 情況
   require[2]〔rɪˈkwaɪr〕*v.* 需要（= *need[1]*）
   destroy[3]〔dɪˈstrɔɪ〕*v.* 破壞；毀滅　　thrive[6]〔θraɪv〕*v.* 茂盛；茁壯；
   　成長（= *flourish[5]* = *prosper[4]* = *grow/do well*）
   chaos[6]〔ˈkeas〕*n.* 混亂（= *disorder[4]* = *confusion[4]*）
   misconception〔ˌmɪskənˈsɛpʃən〕*n.* 誤解；錯誤的觀念
   　【conception[6] *n.* 觀念】（= *misunderstanding[4]*）
   inherent[6]〔ɪnˈhɪrənt〕*adj.* 天生的；固有的
   　（= *born[1]* = *natural[2]*）　　absolute[4]〔ˈæbsəˌlut〕*adj.* 絕對的；完全的

　　研究人員主張，救援組織在將人員送入危急情況前，必須幫助他們做更好的準備，並且當救難人員在救難現場時，要提供更好的心理支援。想要避免會造成傷害的情況是不可能的。有這些經驗的人應該接受心理治療。

* contend⁵〔kən'tɛnd〕v. 堅決主張（= argue² = maintain²）
crisis²〔'kraɪsɪs〕n. 危機　　*in the field* 在戰場；在現場
traumatizing⁶〔'trɔmə,taɪzɪŋ〕adj. 造成傷害的
treatment⁵〔'tritmənt〕n. 治療（= cure² = remedy⁴）

49.(**C**) 文章中這個「鮮少為人理解的問題」指的是什麼？
　　(A) 救難工作的困難之處。
　　(B) 找到能夠應付壓力非常大的救難工作的人的困難。
　　(C) 返回的救難人員的心理問題。
　　(D) 救難人員的疾病預防及控制。
　　* *refer to* 指　　passage³〔'pæsɪdʒ〕n. 文章（= article²,⁴）

50.(**D**) 救難組織在過去如何應付這個問題？
　　(A) 他們將患者送到精神科醫師那裡接受治療。
　　(B) 他們進行關於這個問題的好幾項研究。
　　(C) 他們試著改變可能受影響者的工作環境。
　　(D) 他們選擇那些他們認為承受壓力也能過得很好的人。
　　* *engage in* 從事；進行　　flourish⁵〔'flɝɪʃ〕v. 活躍（= thrive⁶）

51.(**B**) "PTSD" 最有可能代表什麼？
　　(A) 生存細節之前的治療。　　(B) 創傷後壓力症候群。
　　(C) 酒精類疾病的專業治療。　　(D) 時間管理不佳的疾病。
　　* *stand for* 代表（= represent³）　　detail³〔'ditel〕n. 細節

52.(**A**) 什麼人最有可能罹患 PTSD？
　　(A) 軍人。　　　　　　　(B) 精神科醫師。
　　(C) 研究人員。　　　　　(D) 慈善募款人。
　　* charity⁴〔'tʃærətɪ〕n. 慈善（行為、機構、團體等）
　　fundraiser³〔'fʌnd,rezɚ〕n. 募款者【fund³ n. 資金；raise¹ v. 籌募】

第 53 至 56 題為題組

　　隨著單獨用餐的客人數目漸增，飯店和度假村正在確定他們很舒適。華盛頓特區傑佛遜飯店的羽毛餐廳，去年秋天為單獨用餐的客人設計了一個方案；餐廳18個座位中，有一些專門給想要保有隱私，又想要有融入感的客人。餐廳經理說：「這類客人的座位不會安排在餐室的中央。為了隱私，我們也絕不會讓

他們靠近入口或出口，同時我們保證會爲客人準備報紙和雜誌等物品，他們若需要就送到他們桌上。」

* growing[1] ('groɪŋ) *adj.* 漸增的
solo[5] ('solo) *adj.* 單獨的 (= *lone*[2] = *single*[2])
diner ('daɪnɚ) *n.* 用餐者【dine[3] (daɪn) *v.* 用餐；dinner[1] ('dɪnɚ) *n.* 晚餐】
make sure 確定　　plume (plum) *n.* 羽毛 (= *feather*[3])
Washington D.C. 華盛頓特區【美國首都，D.C. 指 District of Columbia】
create[2] (krɪ'et) *v.* 創造 (= *design*[2])　　program[3] ('progræm) *n.* 計劃
dedicated ('dɛdə,ketɪd) *adj.* 致力於 (= *devoted*)；專用的 < *to* >
　　【dedicate[6] ('dɛdə,ket) *v.* 奉獻；致力於 (= *devote*[4])】
privacy[4] ('praɪvəsɪ) *n.* 隱私；隱私權
inclusion (ɪn'kluʒən) *n.* 包括；包含【include[2] (ɪn'klud) *v.* 包括】
seating[1] ('sitɪŋ) *n.* 座位；座位安排　　center[1] ('sɛntɚ) *n.* 中央
manager[3] ('mænɪdʒɚ) *n.* 經理　　entrance[2] ('ɛntrəns) *n.* 入口
exit[3] ('ɛksɪt) *n.* 出口　　guarantee[4] (,gærən'ti) *v.* 保證 (= *assure*[4])
item[2] ('aɪtəm) *n.* 物品　　deliver[2] (dɪ'lɪvɚ) *v.* 遞送 (= *bring*[1])

　　邁阿密海灘的科莫大都會飯店，今年稍早推出單客晚餐菜單，建議的座位安排在飯店陽台的角落和 Traymore 酒吧，可以欣賞邁阿密海灘大道徒步區的來往行人。單客也可以登入 PressReader，在他們的手機或平板電腦上，選擇自己偏好的語言，閱讀他們最喜愛的雜誌。

* metropolitan[6] (,mɛtrə'pɑlətn̩) *adj.* 大都會的 (= *urban*[4] = *city*[1])
Miami (maɪ'æmi) *n.* 邁阿密【美國佛羅里達州 (Florida) 東南部濱海都市，
　　而 Miami Beach「邁阿密海灘」也是一個都市，與邁阿密隔著海灣】
menu[2] ('mɛnju) *n.* 菜單　　appearance[2] (ə'pɪrəns) *n.* 出現
recommend[5] (,rɛkə'mɛnd) *v.* 推薦　　corner[2] ('kɔrnɚ) *n.* 角落
terrace[5] ('tɛrɪs) *n.* 陽台　　bar[1] (bɑr) *n.* 酒吧
position[1] (pə'zɪʃən) *v.* 配置 (= *locate*[2])
along[1] (ə'lɔŋ) *prep.* 沿著　　pedestrian[6] (pə'dɛstrɪən) *n.* 行人
drive[1] (draɪv) *n.* 車道；街道 (= *road*[1])　　**be able to V** 能夠
log[2] (lɑg) *n.* 圓木；日誌　*v.* 記入日誌　　**log into** 登入 (= *enter*[1])
the press[2] 印刷；出版物；雜誌；新聞界
preferred[2] (prɪ'fɝd) *adj.* 偏好的 (= *favored*[2])
tablet[3] ('tæblɪt) *n.* 藥片；平板電腦

　　亞利桑納州土桑市米拉瓦度假村及水療中心的新方案，「主廚只爲我一人烹調」，設計理念是把幾位單客聚集在廚房，享用每日菜單的樣品。此一選項的設計是縮小版的共用桌風格，這種風格正蔚爲風潮。其他一些飯店也採取類似策

略。芝加哥波爾漢姆飯店的艾特伍德餐廳，總經理說酒吧區已延伸擴大，刻意與大廳融合在一起，為的就是要吸引單客。

* chef[5] 〔ʃɛf〕 n. 主廚（= cook[1]）
spa〔spɑ〕 n. 水療中心；美容養生會館
Tucson〔'tusɑn〕 n. 土桑【位於美國亞利桑納州（Arizona）南部，是該州第二大城市】 sample[2]〔'sæmpl〕 n. 樣品
daily[2]〔'delɪ〕 adj. 每日的 option[6]〔'ɑpʃən〕 n. 選擇（= choice[2]）
version[6]〔'vɝʒən〕 n. 版本（= style[3]） wave[2]〔wev〕 n. 浪潮
popularity[4]〔,pɑpjə'lærətɪ〕 n. 受歡迎 similar[2]〔'sɪmələ〕 adj. 相似的
approach[3]〔ə'protʃ〕 n. 方法（= method[2]）
general[1,2]〔'dʒɛnərəl〕 adj. 一般的；總…的
general manager 總經理 extension[5]〔ɪk'stɛnʃən〕 n. 延伸
intentionally〔ɪn'tɛnʃənlɪ〕 adv. 故意地【intention[4]〔ɪn'tɛnʃən〕 n. 意圖】
blend[4]〔blɛnd〕 v. 混合（= mix[2] = mingle[5]） lobby[3]〔'lɑbɪ〕 n. 大廳
attract[3]〔ə'trækt〕 v. 吸引（= appeal[3] to = draw[1]）

紐約大學休閒旅遊運動管理中心的一位教授說，他觀察到近來單獨旅行的人當中，獨自用餐的情況增多。他在一封電子郵件中說：「這類經驗對年輕旅人來說，越來越變成一種渴望，而越來越不是一種羞恥了。」

* clinical[6]〔'klɪnɪkl〕 adj. 臨床的 professor[4]〔prə'fɛsə〕 n. 教授
hospitality[6]〔,hɑspɪ'tælətɪ〕 n. 好客；殷勤招待
tourism[3]〔'turɪzəm〕 n. 旅遊業；觀光業
observe[3]〔əb'zɝv〕 v. 觀察；注意（= notice[1]）
recent[2]〔'risn̩t〕 adj. 最近的 increase[2]〔'ɪnkris〕 n. 增加（= rise[1]）
on one's **own** 獨自地（= by oneself = alone[1]）
desire[2]〔dɪ'zaɪr〕 n. 渴望（= yearning[6]）
disgrace[6]〔dɪs'gres〕 n. 丟臉；羞恥（= shame[3]）

53. (C) 這篇文章是有關什麼的？
 (A) 如何增加餐廳的業績。
 (B) 大部分的用餐區缺乏隱私。
 (C) <u>有些餐廳如何利用一項流行的趨勢。</u>
 (D) 為什麼更多用餐者應該選擇單獨用餐。
 * **take advantage of** 利用 trend[3]〔trɛnd〕 n. 趨勢；流行

54. (A) 有關單獨用餐者，從本文當中可以推論出什麼？
 (A) <u>他們在用餐時可能喜歡觀察其他人。</u>
 (B) 他們比較喜歡成為大家的焦點。

(C) 他們可能喜歡一邊用餐一邊工作。

(D) 他們寧願在廚房吃飯。

* infer⁶〔ɪnˈfɝ〕*v.* 推論　　***prefer to V*** 比較喜歡；寧願
would rather V 寧願

55. (**B**) 最後一段暗示什麼？

(A) 獨自去旅行的人變多了。

(B) <u>單獨用餐在過去被認為是很丟臉的。</u>

(C) 只有年輕的旅行者喜歡單獨用餐。

(D) 單獨用餐變得比較便宜。

* imply⁴〔ɪmˈplaɪ〕*v.* 暗示　　***used to V*** 過去曾經；過去常常
shameful⁴〔ˈʃemfəl〕*adj.* 丟臉的；可恥的（ = *disgraceful*⁶）

56. (**C**) 「共用桌風格」最有可能是什麼？

(A) 一張桌子所有用餐者分攤費用。

(B) 一張桌子用餐者分享食物。

(C) <u>一張桌子用餐者和不認識的人坐在一起。</u>

(D) 一張桌子給在廚房用餐的人。

第貳部分：非選擇題

一、中翻英：

1. 據說，西雅圖（Seattle）因為總是在下雨，所以只要碰到好天氣，人們就
會自動放假一天。

It is said that
They say that　　⎱ because ⎱ it always rains ⎱ in Seattle,
People say that　⎰　　　　　⎰ it is always rainy ⎰

people (there) will <u>automatically/spontaneously</u> take one day off
<u>if/when/whenever</u> the weather is <u>fine/nice</u>.

2. 聽起來確實有點道理。如果我住在西雅圖，我應該也會這麼做吧。

It ⎧ indeed ⎫ sounds ⎧ reasonable. ⎫ If I lived in Seattle,
　 ⎪ truly ⎪　　　 ⎨ sensible. ⎬
　 ⎨ definitely ⎬　　　 ⎩ rational. ⎭
　 ⎩ certainly ⎭

I <u>would/might/should</u> ⎧ do so <u>as well/too</u>. ⎫
　　　　　　　　　　　　 ⎩ also do so. ⎭

二、英文作文：

【作文範例 1】

New Neighbors

The Johnsons moved into a new house *last month*. It is a medium-sized house in the suburbs and is surrounded by tall trees. They loved the new house, but they missed their friends in their old neighborhood. They didn't know anyone in their new town.

However, a few days after they moved in, Mr. and Mrs. Johnson were standing in front of their house when a woman walked by with her dog. She introduced herself and welcomed them to the neighborhood. *Then* a couple came by with their young son, and they stopped to talk, too. *Soon* several people were chatting happily in the Johnsons' driveway.

Mr. and Mrs. Johnson love their new neighborhood *now*. They plan to invite their new friends and neighbors to their house for a barbecue. I believe they will make more and more friends *in the future*.

中文翻譯

新鄰居

強森一家人上個月搬進了新家。這是一座位於郊區，中等大小的房子，周圍環繞著高高的樹。他們很愛這個新房子，但是他們也很想念他們舊社區的朋友們。他們在這個新城市裡不認識任何人。

然而，在他們搬進來幾天之後，強森先生和強森太太站在他們家前面時，有位太太帶著她的狗走過來。她自我介紹，並且歡迎他們搬進社區。然後，又有一對夫婦帶著他們年幼的兒子走過來，他們也停下來聊天。很快地，幾個人開心地在強森家的車道上聊起來了。

強森先生和強森太太現在很愛他們的新社區了。他們計畫邀請新朋友和鄰居，來他們家烤肉。我相信，他們在未來會交到越來越多的朋友。

medium³〔'midɪəm〕*adj.* 中等的　　suburb³〔'sʌbɝb〕*n.* 郊區
in the suburbs 在郊區　　surround³〔sə'raʊnd〕*v.* 圍繞；環繞
neighborhood³〔'nebə͵hʊd〕*n.* 鄰近地區　　***come by*** 經過；走過來
driveway⁵〔'draɪv͵we〕*n.* 私人車道　　barbecue²〔'bɑrbɪ͵kju〕*n.* 烤肉

【作文範例 2】

Family Reunion

Mr. and Mrs. Smith have a large family, but they all live in different parts of the country. Bill Smith's 60th birthday was approaching, and his wife planned a special surprise for him. She invited their children as well as Bill's brother to come for a visit. No one told Mr. Smith anything about it.

This afternoon, Mr. Smith was surprised to see a strange car parked in front of his house. ***Then*** his brother and sister-in-law got out. He was overjoyed. The next to arrive were his daughter and her family, followed shortly by his son and Mr. Smith's three grandchildren.

Now the family are gathered in front of the house, catching up with one another. ***Soon*** they will go inside for a big meal and a piece of delicious birthday cake. I think Bill Smith will enjoy his party very much.

中文翻譯

家庭團聚

史密斯先生和史密斯太太有一個大家庭，但他們全都住在國內不同的地區。比爾·史密斯的六十大壽就快到了，他的太太為他計劃了一個特別的驚喜。她邀請了他們的孩子以及比爾的弟弟到家裡來。沒有人告訴史密斯先生這件事。

今天下午，史密斯先生看到一台陌生的車子停在他家前面很驚訝。然後，他的弟弟和弟媳下了車。他非常開心。接著到達的是他的女兒和女兒全家，不久他的兒子，和史密斯先生的三個孫子也來了。

現在，全家人聚在房子前面，彼此敘舊。很快地，他們要進去吃大餐，享用美味的生日蛋糕。我想比爾·史密斯會非常喜歡他的派對。

approach³〔ə'protʃ〕*v.* 接近　　***as well as*** 以及
overjoyed〔͵ovə'dʒɔɪd〕*adj.* 非常高興的
shortly³〔'ʃɔrtlɪ〕*adv.* 不久　　gather²〔'gæðə〕*v.* 聚集
catch up with 追趕上（落後的進度等）　　***one another*** 彼此；互相

7000 字範圍大學入學學科能力測驗
英文試題⑤

第壹部分：單選題（佔 72 分）

一、詞彙題（佔 15 分）

說明： 第 1 題至第 15 題，每題有 4 個選項，其中只有一個是正確或最適當的選項，請畫記在答案卡之「選擇題答案區」。各題答對者，得 1 分；答錯、未作答或畫記多於一個選項者，該題以零分計算。

1. In such hot weather, it's very hard for me to resist the _____ of cold drinks and ice cream.
   (A) adaptation　　(B) temptation　　(C) interference　(D) prevalence

2. Disputes often arise between these two countries because of the _____ economic zones.
   (A) conceited　　(B) organized　　(C) overlapping　(D) soothing

3. With its affordable price and good quality, the _____ made smart phone is attracting more and more consumers at home.
   (A) domestically　(B) individually　(C) originally　　(D) remarkably

4. Tom decided to fire his assistant because her _____ had been adding to his burden at work.
   (A) intonation　　(B) patriotism　　(C) mobility　　(D) incompetence

5. I have to help my younger brother _____ the toy before he can play with it.
   (A) tumble　　　(B) assemble　　(C) retain　　　(D) measure

6. My cousin Sam is a sports fan. You can find tons of things _____ to sports in his room.
   (A) related　　　(B) resolved　　(C) restricted　　(D) revealed

7. It is generally believed that _____ weather events, such as heat waves and super storms, are caused by the worsening global warming.
   (A) bizarre　　　(B) attentive　　(C) interior　　(D) modest

8. In the forest, the little girl _____ away from the main path and got lost.
   (A) evolved   (B) embraced   (C) strayed   (D) drained

9. Meg tends to get _____ whenever anyone mentions her bad grades at school.
   (A) selective   (B) defensive   (C) considerate   (D) artistic

10. The _____ of the city has been increasing in size recently. With new houses being built further and further away from the city center, some people have a long commute to work.
    (A) sprawl   (B) facility   (C) rehearsal   (D) longevity

11. Anna's singing career _____ when her first song became an international hit.
    (A) sprinkled   (B) distinguished
    (C) plunged   (D) blossomed

12. To _____ the peace, the United Nations has already sent peacekeeping forces to the country.
    (A) stimulate   (B) preserve   (C) batter   (D) harvest

13. My mother _____ reads the Wall Street Journal so that she can keep pace with what's going on in the business world.
    (A) sufficiently   (B) critically   (C) conventionally   (D) routinely

14. Tens of thousands of people gathered at the riverbank to see the _____ view of fireworks.
    (A) spectacular   (B) digestive   (C) chronic   (D) subjective

15. The museum is closed _____ for renovation, and is scheduled to reopen in four months.
    (A) precisely   (B) universally   (C) continually   (D) temporarily

二、綜合測驗（占 15 分）

說明： 第 16 題至第 30 題，每題一個空格，請依文意選出最適當的一個選項，請畫記在答案卡之「選擇題答案區」。各題答對者，得 1 分；答錯、未作答或畫記多於一個選項者，該題以零分計算。

第 16 至 20 題為題組

People generally hate cockroaches. They do everything in their power to get rid of them. They put out poisons, set roach traps, and clean every available surface. They even buy electronic devices that are supposed to ___16___ the roaches ___16___. And still the roaches survive.

In fact, cockroaches have been on this earth much longer than human beings. Scientists consider them to be one of the earliest forms of life still in existence. What ___17___ their ability to survive? Well, for one thing, they seem to be able to live in any place, hot or cold, damp or wet. For another thing, they don't need much food. They can ___18___ without eating for several weeks. Also, they can eat almost anything: wallpaper, glue, books, dirty laundry. It doesn't make much difference what it is—it's all part of the roach diet.

Cockroaches seem very adaptable. ___19___ what kind of poison is set out for them, they seem to adjust very quickly to it. If they are somehow eliminated from one part of the house, they simply move to a different part. The war of humans against roaches is likely to continue for a long time ___20___.

16. (A) put…away   (B) drive…away
     (C) carry…away   (D) give…away

17. (A) accounts for   (B) allows for
     (C) searches for   (D) takes for

18. (A) make   (B) go   (C) come   (D) take

19. (A) Instead of   (B) In spite of   (C) Regardless of   (D) Judging from

20. (A) to go   (B) going   (C) to come   (D) coming

第 21 至 25 題為題組

A surprising number of people successfully change their identities. In America ___21___, of the two million people who "vanish" each year, a quarter of a million are never found. The size of the continent makes the USA an extremely easy place in which to disappear. Reasons for disappearing are ___22___: insurance fraud, jumping bail, or maybe just wanting to start a new life.

Ralph Thomas, a Texan private eye, specializes in tracking down missing persons. He says that personal interests are often what ___23___ them away. He once traced a missing Californian dentist because he knew that the man loved acting. The man had covered his tracks beautifully, but Thomas knew it was just a matter of time until the dentist ___24___ his hobby. He found him three years after his disappearance in a New Mexico theater. "Someone who is trying to hide must cut all connections with his past life," explained Thomas. "He must make the ___25___ sacrifice, and most people can't do that."

21. (A) only   (B) just   (C) alone   (D) merely
22. (A) resorted   (B) divided   (C) diverse   (D) associated
23. (A) give   (B) take   (C) make   (D) do
24. (A) assumed   (B) consumed   (C) presumed   (D) resumed
25. (A) trivial   (B) ultimate   (C) external   (D) intimate

第 26 至 30 題為題組

When you bite into an apple, ___26___ the sweet taste and enjoy the delicious juicy crunch. That crisp crunch happens because tiny cells ___27___ water form the apple's flesh. But there's more to an apple than its crunch and fantastic flavor. An apple provides many health benefits.

Research shows apples contain ingredients called antioxidants ___28___ lower the risk of heart disease and cancer. Researchers from Cornell University in New York found that eating just 100 grams of apple gives you antioxidants ___29___ taking 1,500 mg of vitamin C.

Studies also show antioxidants in apples help reduce the chance of having an asthma attack. ___30___, apples contain pectin, which helps to lower cholesterol.

26. (A) favor   (B) flavor   (C) savor   (D) survivor
27. (A) full with   (B) filled with   (C) filled of   (D) is full of
28. (A) to   (B) and   (C) what   (D) that
29. (A) equal to   (B) is equal to   (C) equal   (D) equivalent in
30. (A) In other words   (B) On the contrary
     (C) In addition   (D) As a result

三、文意選填（占 10 分）

說明： 第 31 題至第 40 題，每題一個空格，請依文意在文章後所提供的 (A) 到 (J) 選項中分別選出最適當者，並將其英文字母代號畫記在答案卡之「選擇題答案區」。各題答對者，得 1 分；答錯、未作答或畫記多於一個選項者，該題以零分計算。

第 31 至 40 題爲題組

During the seventeenth century a great interest in growing ___31___ developed in Europe. It started in Holland and then ___32___ to other countries. Tulips with brilliant color patterns, in particular, were much ___33___ demand, and they commanded very high prices.

Ordinarily, tulips show just one color, but some are variously colored with streaks and other patterns. This kind of ___34___ is called "tulip break." It is not just an accident that some tulips are solid-colored ___35___ others have streaks. In the seventeenth century only a few families knew the secret of growing "broken" tulips. They knew that an unusual flower was ___36___ mere chance occurrence. The secret was carefully guarded.

Finally, the method became known ___37___ Holland. Its simplicity was surprising. All one had to do was ___38___ the juice of a streaked plant onto a solid-colored plant. The following season a ___39___ that had previously produced only solid-colored flowers would send up a shoot with a beautifully-streaked bud.

The streaked tulips were infected ___40___ two viruses which acted together to affect the coloration of the host. The juice of the plants contained the viruses. Tulip growers were actually spreading tulip viruses.

(A) while   (B) bulb   (C) tulips   (D) with   (E) no

(F) rub   (G) coloration   (H) spread   (I) throughout   (J) in

四、閱讀測驗（占 32 分）

說明：　第 41 題至第 56 題，每題請分別根據各篇文章之文意選出最適當的一個
　　　　選項，請畫記在答案卡之「選擇題答案區」。各題答對者，得 2 分；答
　　　　錯、未作答或畫記多於一個選項者，該題以零分計算。

第 41 至 44 題為題組

Edgar Allan Poe was one of the most famous mystery writers in American history. He is well-known for many poems, such as *The Raven*, and tales, such as *The Murders in the Rue Morgue*. Unfortunately, his life was full of tragedy and he lived many dark days while writing his masterpieces.

Poe grew up in Richmond, Virginia, the son of Elizabeth Poe, an English-born actress, and David Poe, Jr., an actor from Baltimore. After his mother passed away, his godfather, John Allen, ensured that Edgar was sent to Scotland and England, where he was given a classical education.

Upon his return he attended the University of Virginia, but his gambling addiction eventually got him kicked out of school. He went back to Richmond, got engaged to his sweetheart, Elmira Royster, and then went to Boston. He managed to publish some poetry before poverty forced him to join the army under the name of Edgar Perry. His godfather got him into the U.S. Military Academy, but Edgar got expelled from there on purpose.

After writing poetry in New York City, Poe proceeded to Baltimore, where he wrote stories. He moved to Richmond in 1835, becoming an editor for the *Southern Literary Messenger*. He then married his younger cousin Virginia Clemm, who was only 13 years of age. Poe was fired from his job in Richmond, apparently for drinking too much. Drinking was Poe's biggest Achilles' heel. While in New York City with Virginia, he wrote a masterpiece called *The Narrative of Arthur Gordon Pym*, which later became the inspiration for Herman Melville's *Moby Dick*. He also wrote tales of supernatural horror while he served as a coeditor for *Burton's Gentleman's Magazine*.

Poe resigned from *Burton's Gentleman's Magazine* but returned to edit its successor, in which he printed his first detective story, *The Murders in the Rue Morgue*. His most famous poem, *The Raven*, for which he gained instant fame, appeared in the *New York Mirror* in 1845. While editor of the *Broadway Journal*, Poe was courted by the poet Frances Locke, a scandal which almost cost him his marriage.

In 1846 Poe moved to New York City, where he wrote about personalities; these gossipy sketches of people eventually led to a defamation suit. Poe's life took a turn for the worse when Virginia passed away in 1847. He recovered, though, and tried to woo another poet named Sarah Whitman. Two women, named Annie Richmond and Sarah Anna Lewis, helped him financially, and he dedicated many writings to them. He eventually got engaged to Elmira Royster once again.

Tourists can see Poe's gravestone at the Westminster Presbyterian churchyard in Baltimore.

41. What is the best title for the passage?

    (A) Edgar Allan Poe: The Father of the Detective Novel

    (B) The Ups and Downs of Edgar Allan Poe's Life

    (C) Edgar Allan Poe's Tragic Marriage

    (D) The Origin of Edgar Allan Poe's Inspiration

42. Which of the following is supported by the passage?

    (A) Poe graduated from the University of Virginia.

    (B) Poe started as a novelist, and later wrote poems.

    (C) Poe was sent to Scotland and England by his godfather.

    (D) Poe was deeply influenced by Herman Melville.

43. What does the author mean by stating "Drinking was Poe's biggest Achilles' heel"?

    (A) Poe finally quit drinking after he sprained his ankle.

    (B) Both Achilles and Poe liked drinking very much.

    (C) Poe's addiction to liquor was his greatest weakness.

    (D) Poe could write poetry only while drinking.

44. According to the passage, which work of Poe's inspired Herman Melville?

    (A) *The Raven.*

    (B) *New York Mirror.*

    (C) *The Murders in the Rue Morgue.*

    (D) *The Narrative of Arthur Gordon Pym.*

第 45 至 48 題為題組

The sport of sumo wrestling was popular as early as the eighth century in Japan, and has been practiced there ever since. Unlike other forms of wrestling, sumo does not involve much contact with the ground. In fact, if a wrestler touches the ground with any part of his body (other than the soles of his feet), his opponent immediately wins the match. Another way to win—and this is more common—is to force one's opponent out of the 15-foot circle that forms the arena. Competitors wear only waistcloths during their bouts, which may last only a few seconds.

Sumo wrestlers are trained from a young age, and fed a special diet high in protein in order to make them massive and strong. In spite of their size, the wrestlers must have agility and fine posture. A good deal of ritual is involved in a sumo wrestling match, so the men must also be showmen. It is respect and concentration which the wrestler must display in these rituals, however, rather than the wild fierceness common among Western wrestlers. Those who reach the level of yokozuna, or "grand champion", are celebrated throughout Japan as national heroes, and sumo wrestling is often called the national sport of Japan. However, these days a few yokozuna are descendants of Americans, and Hawaii is known as an important center for the sport.

45. What makes sumo different from other forms of wrestling?
    (A) Sumo bouts usually last a very long time.
    (B) Sumo wrestlers can only use their feet.
    (C) The wrestlers' feet do not touch the ground.
    (D) There is very little contact with the ground.

46. Sumo bouts often end when _____.
    (A) one of the wrestlers touches the other with his feet
    (B) one of the wrestlers forces the other out of the ring
    (C) one of the wrestlers takes the other's waistcloth
    (D) both wrestlers have finished all their rituals

47. A "yokozuna" is _____.
    (A) a special ritual in sumo wrestling
    (B) a famous American wrestler
    (C) a very successful sumo wrestler
    (D) a well-known center for sumo

48. Which of the following is not required for a sumo wrestler?
    (A) showmanship   (B) agility
    (C) size and strength   (D) Japanese ancestry

第 49 至 52 題為題組

There is a whole body of research which indicates that people who are beautiful often have the advantage in life. In one test, two women stood by the side of the road, presumably in distress because of a flat tire. One of the women was gorgeous while the other was a plain Jane. Men in passing automobiles stopped more often to help the gorgeous one. And in the world of work, beautiful women are more often successful in landing a job than women of plain looks with similar qualifications. Police, judges and juries are more lenient to beautiful women and handsome men. And even mothers are more likely to play with the prettiest child.

What is going on here? Are people so programmed by the ideal of beauty spread by advertising and Hollywood that they are blinded to more substantial values? Not really. Recent Harvard Medical School research suggests that the preference for beauty in women and muscles in men is a relic from the caveman era, when outward beauty was an indication of healthy genes that would ensure the birth of the next generation. In other words, we are good Darwinists in paying attention to the beautiful woman at the party or the handsome man in the office: beauty helps to ensure the survival of the fittest.

So does this really mean that beautiful women have it easier in this world than their plain sisters? Not always, because research also reveals that, while the beautiful woman is hired first, she is not always automatically preferred for top positions in the company. It seems that while people enjoy being around a beautiful woman, her good looks are also distrusted, sending the signal that she is prone to being unreliable and unable to lead. In other words, the woman who has her target set on the executive suite would do well to wear her hair in a bun and avoid makeup. And people share a similar distrust of a man who is too handsome, considering him prone to vanity.

Furthermore, while men hope to date beautiful women, it is well known that when they marry, they seek other qualities in a mate: kindness, consideration for others, a nurturing nature. So it seems that they pay more attention to the contents of a book than its cover, after all.

49. The best translation of "plain Jane" is _____.
    (A) an ugly person
    (B) a woman named Jane
    (C) an uninteresting person
    (D) a woman of ordinary looks

50. Which of the following is NOT cited as an advantage of good-looking people?
    (A) They get more job offers.
    (B) They make more money.
    (C) They receive the help of others more often.
    (D) They are dealt with more leniently by the court system.

51. A good Darwinist is most likely to _____.
    (A) be attracted to a good-looking person
    (B) show consideration for others
    (C) become a top executive
    (D) have a nurturing nature

52. According to the article, what should an ambitious woman do if she wants to succeed?
    (A) Wear lots of makeup.
    (B) Maintain a modest appearance.
    (C) Distrust other beautiful women.
    (D) Seek other opportunities.

第 53 至 56 題為題組

　　You don't have to be a certain age to stay at a youth hostel. Being young at heart is enough. With all the senior travelers around, some hostels even seem more like retirement communities. Official Hostelling International (HI) hostels are part of an organization, which means there are certain standards, although it doesn't mean the standards are terribly high.

　　Nearly all of these are clean, some practically germ-free, with dormitory-style rooms and separate quarters for men and women, self-service kitchens, common rooms, lockers and a cost of $10-30 per night if you are avoiding any of their "luxury" rooms. Some are equipped with pools, hot tubs and barbecues, while others are about as basic as their tree-and-hut logo. There are some notable exceptions, but official HI hostels don't usually earn many points in the architecture, coziness or roaring-social-life departments. Most are located a little way out of the center of town and a few require you to come back by a certain time at night or kick you out during the day for cleaning.

　　There are almost always budget alternatives, but if this sounds like your cup of discounted tea, pick up the membership card. Without the card, you're still welcome, but you will pay slightly more. Try to book in advance if you know when you're arriving, especially in high season.

53. What is the maximum age limit for membership of Hostelling International?
　　(A) 24. 　　　　　　　　(B) 65.
　　(C) None. 　　　　　　　(D) It varies from country to country.

54. A membership card gives you
　　(A) a budget. 　　　　　　(B) a discount.
　　(C) a free cup of tea. 　　　　(D) a luxury room.

55. What is the chief attraction of youth hostels?
   (A) Great locations.   (B) High standards.
   (C) Exciting social life.   (D) Reasonable prices.

56. What can you find in most youth hostels?
   (A) Laundry rooms.
   (B) Single-sex dormitory accommodation.
   (C) Swimming pools.
   (D) Tree houses.

第貳部分:非選擇題 (占 28 分)

說明: 本部分共有二題,請依各題指示作答,答案必須寫在「答案卷」上,
並標明大題號 (一、二)。作答務必使用筆尖較粗之黑色墨水的筆書
寫,且不得使用鉛筆。

一、中譯英 (占 8 分)

說明: 1. 請將以下中文句子譯成正確、通順、達意的英文,並將答案寫在
「答案卷」上。
2. 請依序作答,並標明子題號。每題 4 分,共 8 分。

1. 俗話說得好:「人要衣裝,佛要金裝。」
2. 在商業及社交場合上,不同的服裝會有截然不同的效果。

二、英文作文 (占 20 分)

說明: 1. 依提示在「答案卷」上寫一篇英文作文。
2. 文長至少 120 個單詞 (words)。

提示: 如果要你選擇一樣對我們的生活方式有重大影響的發明,你會選擇什
麼?請以 "The Most Influential Invention" (最有影響力的發明)
為題,寫一篇 120 字左右的英文作文,說明你的理由,並舉例來支持
你的選擇,解釋這項發明的重要性,以及它如何影響或改變我們的生
活。

7000 字範圍大學入學學科能力測驗 英文試題⑤詳解

第壹部分：單選題

一、詞彙：

1. (**B**) 天氣這麼熱，我很難抵抗冷飲與冰淇淋的<u>誘惑</u>。

(A) adaptation[6] 〔͵ædəp'teʃən 〕 *n.* 適應；改編
adapt[4] *v.* 適應；改編【adopt[3] *v.* 採用；領養】

(B) ***temptation***[5] 〔 tɛmp'teʃən 〕 *n.* 誘惑
tempt[5] *v.* 誘惑　　tempting[5] *adj.* 吸引人的

> temptation[5] *n.* 誘惑
> = seduction[6]
> = inducement[5]
> = enticement
> = allurement

(C) interference[5] 〔͵ɪntə'fɪrəns 〕 *n.* 干涉 < *in* >；
妨礙 < *with* >　　interfere[4] *v.* 干涉；妨礙

(D) prevalence[5] 〔'prɛvələns 〕 *n.* 普遍；普及；流行
prevail[5] 〔 prɪ'vel 〕 *v.* 盛行；普及

* resist[3] 〔 rɪ'zɪst 〕 *v.* 抵抗；抗拒　　drink[1] 〔 drɪŋk 〕 *n.* 飲料

2. (**C**) 因為<u>重疊</u>的經濟區，這兩個國家之間的紛爭四起。

(A) conceited[6] 〔 kən'sitɪd 〕 *adj.* 自負的　　conceit[6] *n.* 自負

(B) organized[2] 〔'ɔrgən͵aɪzd 〕 *adj.* 有組織的
organize[2] *v.* 組織；籌劃　　organization[2] *n.* 組織

(C) ***overlapping***[6] 〔͵ovə'læpɪŋ 〕 *adj.* 重疊的
overlap[6] *v.* 部分重疊；交疊
A fish's scales overlap each other. (魚鱗一片片上下交疊。)
The geology and geography courses tend to overlap.
(地質課與地理課往往有部分重疊。)

(D) soothing[6] 〔'suθɪŋ 〕 *adj.* 安慰的；撫慰的；緩和的
in a soothing voice　以安撫的聲音
soothe[6] *v.* 安慰；撫慰；使平靜 (= *calm*[2] = *pacify*)
He tried to soothe the crying child.
(他試著去哄那個在哭的孩子。)

* dispute[4] 〔 dɪ'spjut 〕 *n.* 爭論　　arise[4] 〔 ə'raɪz 〕 *v.* 發生
economic[4] 〔͵ikə'namɪk 〕 *adj.* 經濟的　　zone[3] 〔 zon 〕 *n.* 區域

3. (**A**) 因為合理的價錢與良好的品質，<u>國產</u>智慧型手機吸引愈來愈多國內
的消費者。

(A) ***domestically***[3] ﹝ dəˈmɛstɪklɪ ﹞ *adv.* 在國內

domestic[3] *adj.* 國內的；家庭的　　domesticate *v.* 馴養（＝ *tame*[3]）

(B) individually[3] ﹝ ͵ɪndəˈvɪdʒəlɪ ﹞ *adv.* 個別地（＝ *separately*[2]）

individual[3] *n.* 個人　*adj.* 個別的

(C) originally[3] ﹝ əˈrɪdʒənlɪ ﹞ *adv.* 原本；起初

origin[3] ﹝ˈɔrədʒɪn﹞ *n.* 起源

original[3] ﹝ əˈrɪdʒənl̩ ﹞ *adj.* 原本的；最初的

originality[6] ﹝ ə͵rɪdʒəˈnælətɪ ﹞ *n.* 創意；獨創性

(D) remarkably[4] ﹝ rɪˈmɑrkəblɪ ﹞ *adv.* 優異地；不尋常地

remarkable[4] *adj.* 值得注意的；顯著的；非凡的

* affordable[3] ﹝ əˈfɔrdəbl̩ ﹞ *adj.* 負擔得起的　　***smart phone*** 智慧型手機

attract[3] ﹝ əˈtrækt ﹞ *v.* 吸引　　consumer[4] ﹝ kənˈsumɚ ﹞ *n.* 消費者

at home 在國內【both at home and abroad　在國內外】

4. (**D**) 湯姆決定將他的助理解雇，因為她很<u>無能</u>，一直增加他在工作上的
負擔。

(A) intonation[4] ﹝ ͵ɪntoˈneʃən ﹞ *n.* 音調；語調

In English, some questions have a rising intonation.
（英語中有些疑問句使用上升的語調。）

(B) patriotism[6] ﹝ˈpetrə͵tɪzəm﹞ *n.* 愛國心

patriotic[6] ﹝͵petrɪˈɑtɪk﹞ *adj.* 愛國的　　patriot[5] ﹝ˈpetrɪət﹞ *n.* 愛國者

(C) mobility[3] ﹝ moˈbɪlətɪ ﹞ *n.* 機動性　　mobilize[6] *v.* 動員

mobile[3] *adj.* 機動性的；容易移動的　　mobile phone　手機

(D) ***incompetence***[6] ﹝ ɪnˈkɑmpətəns ﹞ *n.* 無能力；不能勝任

competence[6] *n.* 能力；資格；勝任

competent[6] *adj.* 能幹的；有能力的

> incompetence[6] *n.* 無能力
> ＝ inability[2]
> ＝ incapacity[4]
> ＝ incapability[6]

* fire[1] ﹝ faɪr ﹞ *v.* 解雇

assistant[2] ﹝ əˈsɪstənt ﹞ *n.* 助理

add to 增加　　burden[3] ﹝ˈbɝdn̩﹞ *n.* 負擔

5. (**B**) 我必須幫我的弟弟<u>組裝</u>玩具，好讓他玩。

(A) tumble[3] ﹝ˈtʌmbl̩﹞ *v.* 跌倒

（＝ *fall*[1] ＝ *stumble*[5]）

> assemble[4] *v.* 裝配；集合
> resemble[4] *v.* 像

(B) ***assemble***[4] ﹝ əˈsɛmbl̩ ﹞ *v.* 裝配；集合

assembly[4] *n.* 裝配；議會　　assembly line　裝配線

(C) retain[4]〔rɪ'ten〕*v.* 保留　　retain heat　保溫

【比較】sustain[5] *v.* 支撐；維持

(D) measure[2,4]〔'mɛʒɚ〕*v.* 測量　*n.* 措施　　take measures　採取措施

6. (**A**) 我表哥山姆是個運動迷。在他房間裡，你可以找到很多與運動<u>有關</u>的東西。

(A) ***relate***[3]〔rɪ'let〕*v.* 使有關連

be related to　和…有關

(B) resolve[4]〔rɪ'zalv〕*v.* 決心

resolution[4] *n.* 決心　　New Year's resolution　新年新希望

(C) restrict[3]〔rɪ'strɪkt〕*v.* 限制 < *to* >

be restricted to　侷限於 (= *be confined to* = *be limited to*)

(D) reveal[3]〔rɪ'vil〕*v.* 顯示；透露

> be related to　和…有關
> = be associated with
> = be involved in

* sports[1]〔sports〕*adj.* 運動的

ton[3]〔tʌn〕*n.* 公噸；(*pl.*) 多量；多數　　***tons of***　很多的

7. (**A**) 一般認為，像是熱浪與超級風暴這樣<u>異常的</u>天氣，皆起因於日益惡化的全球暖化。

(A) ***bizarre***[6]〔bɪ'zar〕*adj.* 古怪的；奇怪的

【比較】bazaar[5]〔bə'zar〕*n.* 市集

(B) attentive[2]〔ə'tɛntɪv〕*adj.* 專注的

attention[2] *n.* 注意力

(C) interior[5]〔ɪn'tɪrɪɚ〕*adj.* 內部的　　interior design　室內設計

【比較】exterior[5] *adj.* 外部的；外面的

(D) modest[4]〔'madɪst〕*adj.* 謙虛的；適度的　　modesty[4] *n.* 謙虛

> bizarre[6] *adj.* 古怪的；奇怪的
> = eccentric[6]〔ɪk'sɛntrɪk〕
> = weird[5]〔wɪrd〕
> = odd[3]〔ad〕
> = strange[1]

* generally[1,2]〔'dʒɛnərəlɪ〕*adv.* 一般地；普遍地

event[2]〔ɪ'vɛnt〕*n.* 事件　　***weather event***　天氣事件

heat wave　熱浪；(長期的) 酷暑　　***super storm***　超級風暴

cause[1]〔kɔz〕*v.* 導致；造成　　worsening〔'wɝsṇɪŋ〕*adj.* 日益惡化的

global warming　全球暖化【greenhouse effect　溫室效應】

8. (**C**) 小女孩從森林的主幹道<u>走偏</u>，迷路了。

(A) evolve[6]〔ɪ'valv〕*v.* 進化；逐漸發展　　evolution[6] *n.* 進化

【比較】revolve *v.* 旋轉；公轉　　revolution[4] *n.* 革命

(B) embrace[5]〔ɪm'bres〕*v.* 擁抱

(C) ***stray***[5] 〔 stre 〕 *v.* 偏離；走失；迷路；誤入歧途　*adj.* 走失的
　　 stray dog 流浪狗　　 astray[5] *adv.* 迷路地

(D) drain[3] 〔 dren 〕 *v.* 排出…的水　　 drainage *n.* 排水；排水系統

* forest[1] 〔ˋfɔrɪst〕 *n.* 森林　　 main[2] 〔 men 〕 *adj.* 主要的
　 path[2] 〔 pæθ 〕 *n.* 小徑；前進的路線；道路　　 ***get lost*** 迷路

9. (**B**) 每當有人提起梅格在學校的爛成績，她的<u>防衛心</u>就會變得很重。

(A) selective[6] 〔 səˋlɛktɪv 〕 *adj.* 選擇的；精選的
　　 select[2] *v.* 選擇；挑選　　 selection[2] *n.* 選擇；精選品

(B) ***defensive***[4] 〔 dɪˋfɛnsɪv 〕 *adj.* 防禦性的；翻臉的；生氣的
　　 take defensive measures 採取防禦措施
　　 defend[4] *v.* 防禦；保衛

> defensive[4] *adj.* 防禦性的
> offensive[4] *adj.* 攻擊性的

(C) considerate[5] 〔 kənˋsɪdərɪt 〕 *adj.* 體貼的
　　【比較】considerable[3] *adj.* 相當大的

(D) artistic[4] 〔 arˋtɪstɪk 〕 *adj.* 藝術的　　 artist[2] *n.* 藝術家；畫家

* ***tend to V.*** 易於…；傾向於…　　 mention[3] 〔ˋmɛnʃən〕 *v.* 提到

10. (**A**) 最近都市<u>擴張</u>得愈來愈大。新的房子蓋得離市中心越來越遠，有些
人必須通勤很長的距離去上班。

(A) ***sprawl***[6] 〔 sprɔl 〕 *n.* (都市或鄉鎮) 無計畫的擴展；大字形的躺姿
　　或坐姿　*v.* 蔓延；(無計畫地) 擴展；伸展四肢躺或坐著
　　 urban sprawl 都市雜亂無章的擴展

(B) facility[4] 〔 fəˋsɪlətɪ 〕 *n.* 設施【常用複數】
　　 educational facilities 教育設施　　 facilitate[6] *v.* 使便利

(C) rehearsal[4] 〔 rɪˋhɝsḷ 〕 *n.* 預演；排演　　 rehearse[4] *v.* 預演
　　 in rehearsal 預演中　　 put a play into rehearsal 預演一齣戲

(D) longevity[6] 〔 lanˋdʒɛvətɪ 〕 *n.* 長壽；革命

* increase[2] 〔 ɪnˋkris 〕 *v.* 增加　　 recently[2] 〔ˋrisn̩tlɪ〕 *adv.* 最近
　 further[2] 〔ˋfɝðɚ〕 *adv.* 更進一步地　　 ***city center*** 市中心
　 commute[5] 〔 kəˋmjut 〕 *n.* 上下班交通路程　*v.* 通勤

11. (**D**) 當安娜的第一首單曲全球熱銷時，她的歌唱事業<u>變得更加成功</u>。

(A) sprinkle[3] 〔ˋsprɪŋkḷ〕 *v.* 灑；撒
　　 sprinkle water on a street 在街道上灑水

(B) distinguish[4] 〔 dɪˋstɪŋgwɪʃ 〕 *v.* 分辨
　　 distinguish A from B 分辨 A 與 B

(C) plunge⁵〔plʌndʒ〕v. 跳入；衝進

He ran to the river and plunged in.（他跑到那條河邊跳進去。）

(D) ***blossom***⁴〔'blasəm〕v. 開花；繁盛；興旺；變得更加成功

　　n.（果樹的）花　　cherry blossom　櫻花

The trees are in blossom.（樹上鮮花盛開。）

* career⁴〔kə'rɪr〕n. 事業　　international²〔ˌɪntə'næʃənḷ〕adj. 國際的

hit¹〔hɪt〕n. 暢銷歌曲；極受歡迎的人或事物

12.(**B**) 爲了維持和平，聯合國已經派遣維和部隊前往該國。

(A) stimulate⁶〔'stɪmjəˌlet〕v. 刺激　　　stimulation⁶ n. 刺激

stimulus⁶〔'stɪmjələs〕n. 刺激物

(B) ***preserve***⁴〔prɪ'zɜv〕v. 保存；維持　　preserve order　維持秩序

preserve *one's* calm　保持冷靜

(C) batter⁵〔'bætə〕v. 重擊　　n. 打擊手　　battery⁴ n. 重擊；電池

(D) harvest³〔'hɑrvɪst〕v. 收割（穀物）；收穫　　n. 收穫；收成

* peace²〔pis〕n. 和平　　***the United Nations***　聯合國

send¹〔sɛnd〕v. 派遣　　peacekeeping〔'pisˌkipɪŋ〕adj. 維護和平的

forces¹〔forsɪz〕n. pl. 軍隊；武力

peacekeeping forces　維持和平部隊

13.(**D**) 我的母親會定期閱讀《華爾街日報》，以了解商業界的情況。

(A) sufficiently³〔sə'fɪʃəntlɪ〕adv. 充分地

sufficient³ adj. 足夠的（↔ deficient⁶ adj. 不足的）

(B) critically⁴〔'krɪtɪkḷɪ〕adv. 批評地；危急地

She is critically ill.（她病得很嚴重。）

critical⁴ adj. 批評的；危急的；決定性的；重要的

(C) conventionally⁴〔kən'vɛnʃənḷɪ〕adv. 傳統地（= *traditionally*²）

(D) ***routinely***³〔ru'tinlɪ〕adv. 定期地（= *regularly*²）

routine³〔ru'tin〕adj. 定期的；例行的　　n. 例行公事

a routine inspection　定期檢查　　daily routine　日常事務

* ***Wall Street***　華爾街【美國紐約市股票交易所所在地】；美國金融市場

journal³〔'dʒɜnḷ〕n. 日報；期刊

so that　以便於　　pace⁴〔pes〕n. 步調

keep pace with　跟上；熟悉；了解（消息、形勢等）

go on　發生　　***business world***　商業界

14. (**A**) 有數萬人聚集在河岸，要看<u>壯觀的</u>煙火景色。

(A) ***spectacular***[6] 〔spɛk'tækjələ 〕*adj.* 壯觀的　　spectacle[5] *n.* 奇觀
make a spectacle of *oneself* 出醜　　spectacles[5] *n. pl.* 眼鏡

(B) digestive[4] 〔də'dʒɛstɪv , daɪ- 〕*adj.* 消化的
digestive organ 消化器官　　digest[4] *v.* 消化

(C) chronic[6] 〔'krɑnɪk 〕*adj.* 慢性的　　a chronic disease 慢性病
【比較】acute[6] 〔ə'kjut 〕*adj.* 急性的；劇烈的　　acute pain 劇痛

(D) subjective[6] 〔səb'dʒɛktɪv 〕*adj.* 主觀的　　subject[2] *n.* 主題；主詞
【比較】objective *adj.* 客觀的；不帶感情的；無偏見的
The assessment of a student's work is often subjective.
(評量學生的作業常是主觀的。)
An outsider can give a more objective assessment than a friend.
(外人比朋友更能提供客觀的評價。)

* ***tens of thousands of*** 數萬的　　gather[2] 〔'gæðə 〕*v.* 聚集
riverbank 〔'rɪvə,bæŋk 〕*n.* 河岸；河邊
view[1] 〔 vju 〕*n.* 景象　　firework[3] 〔'faɪr,wɝk 〕*n.* 煙火

15. (**D**) 博物館因整修而<u>暫時</u>關閉，預計將於四個月後重新開放。

(A) precisely[4] 〔 prɪ'saɪslɪ 〕*adv.* 精確地　　precise[4] *adj.* 精確的

(B) universally[4] 〔,junə'vɝslɪ 〕*adv.* 普遍地
universal[4] *adj.* 普遍的；全世界的
universe[3] 〔'junə,vɝs 〕*n.* 宇宙

(C) continually[4] 〔 kən'tɪnjʊəlɪ 〕*adv.* 持續地
continual[4] *adj.* 連續不斷的

(D) ***temporarily***[3] 〔'tɛmpə,rɛrəlɪ 〕*adv.* 暫時地
temporary[3] *adj.* 暫時的
【比較】contemporary[5] *adj.* 當代的；同時代的

> temporarily[3] *adv.* 暫時地
> = briefly[2]
> = momentarily
> = for the moment
> = for the time being

* renovation 〔,rɛnə'veʃən 〕*n.* 整修
schedule[3] 〔'skɛdʒul 〕*v.* 排定　　reopen 〔 ri'opən 〕*v.* 重新開放

二、綜合測驗：

第 16 至 20 題為題組

　　人們通常都很討厭蟑螂，並且會盡力把牠們除掉。他們會擺出毒藥、放置捕蟑的陷阱，並把所有的表面都清理乾淨。他們甚至會買一般認為可以把<u>蟑螂趕走</u>的電子裝置。儘管如此，蟑螂還是能夠生存。

16

```
* hate¹〔het〕v. 討厭
  cockroach²〔'kɑk,rotʃ〕n. 蟑螂（= roach²）
  do everything in one's power 盡力
  get rid of 除去；擺脫（= remove³）
  put out 擺出　　set¹〔sɛt〕v. 放置
  trap²〔træp〕n. 陷阱；捕捉裝置
  be supposed to 被認為會；應該　　still¹〔stɪl〕adv. 儘管如此
  survive²〔sə'vaɪv〕v. 存活；生存
```

```
┌ do one's best  盡力
│ = try one's best
│ = do everything in
│     one's power
└ = do all in one's power
```

16. (**B**) (A) put…away 收拾　　　　(B) **drive…away** 把…趕走
　　　　　 (C) carry…away 把…帶走　　(D) give…away 贈送

　　事實上，蟑螂存在於地球的時間，比人類還要長很多。科學家認為，蟑
螂是現今仍然存在的最早的生物之一。<u>使牠們能夠存活的原因</u>是什麼？
　　　　　　　　　　　　　　　　　　　　　　　17

```
* in fact 事實上　　human beings 人類（= humans¹ = mankind³）
  consider A to be B 認為 A 是 B　　forms of life 生物（= living things）
  existence³〔ɪg'zɪstəns〕n. 存在
  in existence 現存的；存在著的（= existent）
  ability²〔ə'bɪlətɪ〕n. 能力　　survive²〔sə'vaɪv〕v. 存活
```

17. (**A**) (A) **account for** 導致；造成；說明
　　　　　 (B) allow for 考慮到；體諒　　(C) search for 尋找
　　　　　 (D) take A for B 把 A 誤認為 B

　　嗯，首先，牠們似乎能住在任何地方，不論是冷或熱，有濕氣或潮濕。其次，
牠們不需要很多食物。牠們<u>可以好幾個禮拜不吃東西</u>。而且，牠們幾乎什麼東
　　　　　　　　　　　　　　18
西都吃：壁紙、膠水、書、髒衣服。什麼都沒關係——全都能成為蟑螂的食物。

```
* for one thing…for another (thing) 首先…其次
  damp⁴〔dæmp〕adj. 有濕氣的；潮濕的
  also¹〔'ɔlso〕adv. 而且；此外
  wallpaper〔'wɔl,pepɚ〕n. 壁紙
  glue²〔glu〕n. 膠水
  laundry³〔'lɔndrɪ〕n. 待洗的衣物　　dirty laundry 髒衣服
  make a difference 有差別；有關係　　diet³〔'daɪət〕n. 飲食；食物
```

```
damp⁴ adj. 潮濕的
= humid²〔'hjumɪd〕
= moist³〔mɔɪst〕
= wet²
```

18. (**B**) **can go without** 可以沒有（= can do without）

　　蟑螂似乎適應力非常強。<u>無論</u>擺出什麼種類的毒藥給牠們，牠們似乎都很
19
快就能適應。如果以某種方式把牠們從家中的某處除去，牠們只是遷移到另一
個地方。人類跟蟑螂的戰爭，<u>未來</u>可能還會持續一段很長的時間。
20

* adaptable〔əˈdæptəbḷ〕*adj.* 能適應的【adapt⁴ *v.* 適應】
set out 擺出（= *put out*）　　　adjust⁴〔əˈdʒʌst〕*v.* 適應 < *to* >
somehow³〔ˈsʌmˌhaʊ〕*adv.* 以某種方式（= *in some way*）；不知道為什麼
eliminate⁴〔ɪˈlɪməˌnet〕*v.* 除去
simply²〔ˈsɪmplɪ〕*adv.* 僅僅；只是；就
move¹〔muv〕*v.* 遷移　　　part¹〔pɑrt〕*n.* 地方

> eliminate⁴ *v.* 除去
> = remove³
> = get rid of

19.（**C**）(A) instead of　而不是（= *rather than*）
　　　　　(B) in spite of　儘管（= *despite*⁴）
　　　　　(C) ***regardless of***　不管；不論
　　　　　(D) judging from　由…看來　　　judge²〔dʒʌdʒ〕*v.* 判斷

20.（**C**）(A) to go　剩下的；外帶
　　　　　(B) going¹〔ˈgoɪŋ〕*adj.* 運轉中的；現行的
　　　　　(C) ***to come***　未來的【置於所修飾的名詞後，例如：for a year to come
　　　　　　　「在未來的一年裡」】
　　　　　(D) coming¹〔ˈkʌmɪŋ〕*adj.* 即將來臨的；下次的
　　　　　　　the coming election　下次的選舉

【補充資料】

　　其實蟑螂是愛乾淨的昆蟲，專門清除環境中的垃圾。蟑螂的生命力強，有
12種蟑螂可以靠漿糊活一星期；美國的蟑螂光喝水可活一個月，不吃東西可活
三個星期。蟑螂可閉氣45分鐘，減慢心跳、降低新陳代謝，以延長生命。
蟑螂抗輻射的能力是人類的6至15倍。

　　要消滅蟑螂，除了使用殺蟲劑外，還可用熱肥皂水潑牠，因為蟑螂不耐熱，
無法忍受超過攝氏50度的高溫。也可嘴發噓聲，干擾牠的反應能力，並迅速
拍打牠。或是放一盤洋蔥，也有驅除蟑螂的功效。

　　蟑螂被稱為「小強」，是因為周星馳所主演的電影「算死草」，而成為對
蟑螂的戲稱。在劇中，他指稱一位無辜的犯人謀殺了他的朋友「小強」，但這
個「小強」原來不是人，而是一隻蟑螂。在2000年的港劇「男親女愛」中，
男主角余樂天把他的寵物蟑螂命名為「小強」，並作了「我有小小強」一曲。

第 21 至 25 題為題組

很多人成功地改變了身分，人數多得令人驚訝。單單在美國，每一年就有兩百萬人「消失」，其中有二十五萬人從未被找到。 21

* surprising[1] 〔 sə'praɪzɪŋ 〕 *adj.* 令人驚訝的
number[1] 〔'nʌmbɚ 〕 *n.* 總數；人數　　identity[3] 〔 aɪ'dɛntətɪ 〕 *n.* 身分
of[1] 〔 əv 〕 *prep.* 在⋯當中 (= *among*[1])
vanish[3] 〔'vænɪʃ 〕 *v.* 消失 (= *disappear*[2])
quarter[2] 〔'kwɔrtɚ 〕 *n.* 四分之一

21. (**C**) in America *alone* 單單在美國

N. + alone 單單；僅僅

$$= \begin{cases} \text{only} \\ \text{just} \\ \text{merely} \end{cases} + \text{N.}$$

由於美國幅員廣大，要在這個地方消失非常容易。消失的理由各不相同：想詐領保險金、要棄保潛逃，或者也許只是想開始過新的生活。 22

* continent[3] 〔'kɑntənənt 〕 *n.* 洲；大陸
extremely[3] 〔 ɪk'strimlɪ 〕 *adv.* 極度地；非常
insurance[4] 〔 ɪn'ʃurəns 〕 *n.* 保險
fraud[6] 〔 frɔd 〕 *n.* 詐欺；詐騙
jump[1] 〔 dʒʌmp 〕 *v.* 從⋯遠走高飛；逃離
bail 〔 bel 〕 *n.* 保釋【on bail 交保中】
jump bail 棄保潛逃 (= *skip bail*)

> fraud[6] 〔 frɔd 〕 *n.* 詐騙
> = swindle 〔'swɪndḷ 〕
> = scam 〔 skæm 〕
> = con 〔 kɑn 〕
> = deception 〔 dɪ'sɛpʃən 〕

22. (**C**)　(A) resort[5] 〔 rɪ'zɔrt 〕 *v.* 訴諸 < *to* >
(B) divide[2] 〔 də'vaɪd 〕 *v.* 劃分 < *into* >
(C) *diverse*[6] 〔 daɪ'vɝs 〕 *adj.* 各種的；不同的
(D) associate[4] 〔 ə'soʃɪ,et 〕 *v.* 聯想

> jump 除了作「跳」解之外，
> 還可作「逃離」解，例如：
> jump ship 跳船；棄船逃亡
> jump a bill 不付帳而溜走
> jump bail 棄保潛逃

有位名叫拉爾夫・湯瑪斯的德州私家偵探，專門在尋找失蹤的人。他說，興趣常會洩漏一個人的行蹤。 23

* Ralph Thomas 〔'rælf 'tɑməs 〕 *n.* 拉爾夫・湯瑪斯
Texan 〔'tɛksən 〕 *adj.* 德州的【Texas 〔'tɛksəs 〕 *n.* 德州】
private eye 私家偵探 (= *private detective*)
specialize in 專攻；專賣；專門處理

track down 追蹤；追捕到 (= *hunt down*)；找到 (= *find*[1])
missing[3] 〔ˈmɪsɪŋ〕*adj.* 失蹤的；找不到的；下落不明的

23. (**A**) (A) **give away** 贈送；洩露；出賣
　　　　(B) take away 帶走
　　　　(C) make away 匆忙跑掉
　　　　(D) do away with 廢除 (= *abolish*)

他曾經找到一個失蹤的加州牙醫，因為他知道那個人很喜歡演戲。那名男子一直很高明地掩蓋自己的行蹤，但是湯瑪斯知道，這位牙醫會<u>再繼續</u>他的嗜好，
只是時間問題而已。
　　　　　　　　　　　　　　　　　　　　　　　　　　24

　　* once[1] 〔wʌns〕*adv.* 曾經；有一次
　　　trace[3] 〔tres〕*v.* 追蹤 (= *track down*)；找到 (= *find*[1])
　　　Californian 〔ˌkæləˈfɔrnjən〕*adj.* 加州的　　　dentist[2] 〔ˈdɛntɪst〕*n.* 牙醫
　　　acting[1] 〔ˈæktɪŋ〕*n.* 演戲　　cover[1] 〔ˈkʌvɚ〕*v.* 覆蓋；掩蓋
　　　tracks[2] 〔træks〕*n. pl.* 行蹤
　　　beautifully[1] 〔ˈbjutəfəlɪ〕*adv.* 高明地
　　　a matter of time 時間問題
　　　hobby[2] 〔ˈhɑbɪ〕*n.* 嗜好

> a matter of time　時間問題
> a matter of life and death
> 生死攸關的問題

24. (**D**) (A) assume[4] 〔əˈsum〕*v.* 假定；以為
　　　　(B) consume[4] 〔kəˈsum〕*v.* 消耗；吃 (喝)
　　　　(C) presume[6] 〔prɪˈzum〕*v.* 假定；推測
　　　　(D) **resume**[5] 〔rɪˈzum〕*v.* 恢復；再繼續

> re　+ sume
> |　　　|
> *again* + *take*

那名牙醫失蹤三年後，湯瑪斯在新墨西哥州的一家劇院中找到他。「想要躲起來的人，必須和過去的生活完全斷絕關係，」湯瑪斯解釋說。「他必須做<u>最大</u>的犧牲，而大部分的人都做不到這一點。」
　　　　　　　　　　　　　　　　　　　　　　　　　25

　　* disappearance[2] 〔ˌdɪsəˈpɪrəns〕*n.* 消失；失蹤
　　　New Mexico 〔njuˈmɛksɪˌko〕*n.* 新墨西哥州【美國西南部之一州】
　　　connections 〔kənˈnɛkʃənz〕*n. pl.* 聯絡；關係

25. (**B**) (A) trivial[6] 〔ˈtrɪvɪəl〕*adj.* 瑣碎的
　　　　(B) **ultimate**[6] 〔ˈʌltəmɪt〕*adj.* 最後的；最大的；終極的
　　　　(C) external[5] 〔ɪksˈtɝnl〕*adj.* 外部的 (↔ *internal*[3] *adj.* 內部的)
　　　　(D) intimate[4] 〔ˈɪntəmɪt〕*adj.* 親密的

第 26 至 30 題為題組

　　當你一口咬住蘋果時，要慢慢<u>品嚐</u>它甜美的滋味，並享受美味多汁鬆脆的
　　　　　　　　　　　　　　26
口感。會那麼鬆脆，是因為充滿水分的微小細胞，形成了蘋果的果肉。但是蘋
果有的，不只是鬆脆和絕佳的風味而已。蘋果對健康有很多好處。

* ***bite into*** 一口咬住　　　taste[1] 〔 test 〕 *n.* 味道
  juicy[2] 〔ˈdʒusɪ〕 *adj.* 多汁的
  crunch[5] 〔 krʌntʃ 〕 *n.* 嘎吱聲；鬆脆【crunchy[1] *adj.* 鬆脆的】
  crisp[3] 〔 krɪsp 〕 *adj.* 脆的；酥的（= *crispy*[3]）；新鮮的
  tiny[1] 〔ˈtaɪnɪ〕 *adj.* 微小的　　cell[2] 〔 sɛl 〕 *n.* 細胞　　form[2] 〔 fɔrm 〕 *v.* 形成
  flesh[3] 〔 flɛʃ 〕 *n.* 果肉　　***there's more to⋯than~*** ⋯不只~而已
  fantastic[4] 〔 fænˈtæstɪk 〕 *adj.* 很棒的　　flavor[3] 〔ˈflevɚ〕 *n.* 味道；風味
  provide[2] 〔 prəˈvaɪd 〕 *v.* 提供　　benefit[3] 〔ˈbɛnəfɪt 〕 *n.* 利益；好處

26. (**C**) (A) favor[2] 〔ˈfevɚ〕 *v.* 偏愛　 *n.* 恩惠
　　　　 (B) flavor[3] 〔ˈflevɚ〕 *n.* 風味；味道
　　　　 (C) ***savor*** 〔ˈsevɚ〕 *v.* 品嚐；體會
　　　　 (D) survivor[3] 〔 səˈvaɪvɚ 〕 *n.* 生還者

> favor[4] *n.* 恩惠
> savor[5] *v.* 品嚐
> flavor[5] *n.* 風味

27. (**B**) 空格應填關代引導形容詞子句，修飾先行詞 cells，依句意，應填入
　　　　 <u>which are filled with</u> water 或 <u>which are full of</u> water，又關代和
　　　　 be 動詞可同時省略，故用 ***filled with*** 或 ***full of***，選 (B)。
　　　　 be filled with 充滿了（= *be full of*）

　　研究顯示，蘋果含有一種叫作<u>抗氧化劑</u>的成分，能降低心臟病和癌症的風
　　　　　　　　　　　　　　　　　28
險。紐約康乃爾大學的研究人員發現，只要吃 100 公克的蘋果，就能提供<u>相當</u>
<u>於</u>服用 1,500 毫克維生素 C 的抗氧化劑。
　　　　　　　　　　　　　　　　　　　　29

* contain[2] 〔 kənˈten 〕 *v.* 包含　　ingredient[4] 〔 ɪnˈgridɪənt 〕 *n.* 原料；成分
  called⋯ 叫作⋯　　antioxidant 〔ˌæntɪˈaksədənt 〕 *n.* 抗氧化劑
  【oxygen[4] 〔ˈaksədʒən 〕 *n.* 氧　oxidant *n.* 氧化劑】
  lower[1] 〔ˈloɚ〕 *v.* 降低　　risk[3] 〔 rɪsk 〕 *n.* 風險
  cancer[2] 〔ˈkænsɚ〕 *n.* 癌症　　Cornell 〔 kɔrˈnɛl 〕 *n.* 康乃爾
  gram[3] 〔 græm 〕 *n.* 公克　　mg *n.* 毫克（= *milligram* 〔ˈmɪləˌgræm 〕）
  vitamin[3] 〔ˈvaɪtəmɪn 〕 *n.* 維生素；維他命

28. (**D**) 關代 ***that*** 引導形容詞子句，修飾先行詞 antioxidants。而 (A) <u>to</u>
　　　　 lower「為了降低」，(B) <u>and</u> lower「而且降低」，則不合句意，
　　　　 (C) what 為複合關代，等於 the thing that，在此用法不合。

29. (**A**)
$\begin{cases} \textbf{\textit{be equal to}} \ \ 等於 \\ = \text{be equivalent to} \\ = \text{equal} \end{cases}$

空格應填關代，引導形容詞子句：which are $\begin{cases} \text{equal} \\ \text{equivalent} \end{cases}$ to，

或 which equal，又關代和 be 動詞可同時省略，變成 **_equal to_** 或 **_equivalent to_**，或省略關代，動詞改成現在分詞 **_equaling_**，故選 (A)。

研究也顯示，蘋果裡的抗氧化劑，有助於減少氣喘發作的機會。此外，蘋果含有果膠，有助於降低膽固醇。
30

| heart attack 心臟病發作 |
| asthma attack 氣喘發作 |

* asthma[6] 〔'æzmə,'æsmə 〕 *n.* 氣喘　　attack[2] 〔ə'tæk 〕 *n.* 發作　 *v.,n.* 攻擊
pectin 〔'pɛktɪn 〕 *n.* 果膠　　cholesterol[6] 〔kə'lɛstə,rol 〕 *n.* 膽固醇

30. (**C**) (A) in other words　換句話說　　(B) on the contrary　相反地
(C) **_in addition_**　此外　　　　　　(D) as a result　因此

三、文意選填：

<u>第 31 至 40 題為題組</u>

十七世紀期間，在歐洲大家對種植 31.(**C**) 鬱金香非常有興趣。這股風潮開始於荷蘭，然後就 32.(**H**) 傳到其他的國家。特別是有鮮豔彩色圖案的鬱金香，33.(**J**) 需求量很大，可以賣得很高的價錢。

* century[2] 〔'sɛntʃərɪ 〕 *n.* 世紀　　interest[1] 〔'ɪntrɪst 〕 *n.* 興趣
grow[1] 〔gro 〕 *v.* 種植　　tulip[3] 〔'tjulɪp 〕 *n.* 鬱金香
develop[2] 〔dɪ'vɛləp 〕 *v.* 培養；形成　　Holland 〔'holənd 〕 *n.* 荷蘭
spread[2] 〔sprɛd 〕 *v.* 散播；蔓延；流傳
brilliant[3] 〔'brɪlɪənt 〕 *adj.* 鮮豔的　　color[1] 〔'kʌlə 〕 *adj.* 彩色的
pattern[2] 〔'pætən 〕 *n.* 圖案　　 *in particular* 尤其；特別是
be much in demand 需求量很大
command[3] 〔kə'mænd 〕 *v.* 賣得（價錢）；命令；俯瞰

通常鬱金香只會顯現出一種顏色，但有些卻有各種不同顏色，而且有斑紋和其他的圖案。這種 34.(**G**) 顏色叫作「鬱金香色彩變異」。有些鬱金香是單色的，35.(**A**) 而有些有斑紋，這並非是偶發事件。在十七世紀，只有幾戶人家知道種「有斑紋的」鬱金香的祕訣。他們知道不尋常的花 36.(**E**) 絕不只是偶然的事件。他們很小心地保守這個祕密。

* ordinarily[2] ﹝ˊɔrdn͵ɛrəlɪ﹞ *adv.* 通常（＝ *usually*[2]）
show[1] ﹝ʃo﹞ *v.* 顯露；顯現　　***variously colored*** 各種不同顏色的
streak[5] ﹝strik﹞ *n.* 條紋；斑紋
coloration[1] ﹝͵kʌləˊreʃən﹞ *n.*（動植物天然的）顏色
break[1] ﹝brek﹞ *n.* 斑紋　　***tulip break*** 鬱金香色彩變異
accident[3] ﹝ˊæksədnt﹞ *n.* 意外；偶發事件
some…others ~ 有些…有些~　　solid[3] ﹝ˊsalɪd﹞ *adj.* 純的
solid-colored *adj.* 單色的　　while[1] ﹝hwaɪl﹞ *conj.* 然而（＝ *whereas*[5]）
secret[2] ﹝ˊsikrɪt﹞ *n.* 祕密；祕訣　　broken[1] ﹝ˊbrokən﹞ *adj.* 有斑紋的
no[1] ﹝no﹞ *adv.* 絕不是；絕非　　mere[4] ﹝mɪr﹞ *adj.* 只是
unusual[2] ﹝ʌnˊjuʒuəl﹞ *adj.* 不尋常的
chance[1] ﹝tʃæns﹞ *adj.* 偶然的
occurrence[5] ﹝əˊkɝəns﹞ *n.* 事件
guard[2] ﹝gɑrd﹞ *v.* 看守；保守（祕密）

> chance 可作「偶然的」解，例如：
> chance occurrence 偶然的事件
> chance discovery 偶然的發現
> chance meeting 邂逅

　　最後，這個方法 37. **(I) 全**荷蘭都知道了。簡單得令人驚訝。只需要將有斑紋的鬱金香的汁液，38. **(F) 塗在**單色的鬱金香上。在下一個生長季，原本之前只會長出單色花朵的 39. **(B) 球根**，就會冒出有漂亮斑紋的花苞的新芽。

* throughout[2] ﹝θruˊaut﹞ *prep.* 遍及
simplicity[6] ﹝sɪmˊplɪsətɪ﹞ *n.* 簡單
all one has to do is V. 某人所必須做的就是
rub[1] ﹝rʌb﹞ *v.* 摩擦；塗抹　　juice[1] ﹝dʒus﹞ *n.* 汁液
streaked[5] ﹝strikt﹞ *adj.* 有斑紋的（＝ *broken*[1]）
onto[3] ﹝ˊantə﹞ *prep.* 到…上　　following[2] ﹝ˊfaloɪŋ﹞ *adj.* 接著的；下一個的
season[1] ﹝ˊsizn﹞ *n.* 生長季　　bulb[3] ﹝bʌlb﹞ *n.* 球根
previously[3] ﹝ˊprivɪəslɪ﹞ *adv.* 以前　　produce[2] ﹝prəˊdjus﹞ *v.* 生產；長出
send up 發出（＝ *send forth*）　　shoot[2] ﹝ʃut﹞ *n.* 新芽；嫩枝
beautifully-streaked *adj.* 有漂亮斑紋的　　bud[3] ﹝bʌd﹞ *n.* 花苞；花蕾

　　有斑紋的鬱金香感染 40. **(D) 到**兩種病毒，這兩種病毒一起起作用，影響其宿主（即鬱金香）的顏色。鬱金香的汁液裡含有這些病毒，而種鬱金香的人，事實上就是在散播鬱金香病毒。

* infect[4] ﹝ɪnˊfɛkt﹞ *v.* 感染　　***be infected with*** 感染到
virus[4] ﹝ˊvaɪrəs﹞ *n.* 病毒　　act[1] ﹝ækt﹞ *v.* 起作用
affect[3] ﹝əˊfɛkt﹞ *v.* 影響　　host[2] ﹝host﹞ *n.* 主人；宿主
grower[1] ﹝ˊgroɚ﹞ *n.* 種植者　　actually[3] ﹝ˊæktʃuəlɪ﹞ *adv.* 事實上

四、閱讀測驗：

第 41 至 44 題爲題組

　　艾德嘉‧愛倫坡是美國史上，最著名的推理小說家之一。他寫了很多有名的詩，像是《烏鴉》，以及故事，像是《莫爾格街兇殺案》。遺憾的是，他的人生充滿悲劇，而且在寫下傑作的同時，他大多是過著失意慘澹的日子。

* Edgar Allan Poe〔'ɛdgɚ 'ælən 'po〕*n.* 艾德嘉‧愛倫坡【1809-1849】
mystery[3]〔'mɪstrɪ〕*n.* 推理小說；神祕小說
be well-known for 以…有名
raven〔'revən〕*n.* 烏鴉　　tale[1]〔tel〕*n.* 故事
murder[3]〔'mɝdɚ〕*n.* 謀殺案
rue〔ru〕*n.*【法文】街；路
Morgue〔mɔrg〕*n.* 莫爾格
unfortunately[4]〔ʌn'fɔrtʃənɪtlɪ〕*adv.* 不幸地；
　　遺憾地　　***be full of*** 充滿了　　tragedy[4]〔'trædʒədɪ〕*n.* 悲劇
dark days 倒楣、失意的時期　　masterpiece[5]〔'mæstɚ,pis〕*n.* 傑作

well-known *adj.* 有名的	
= renowned[6]〔rɪ'naʊnd〕	
= eminent〔'ɛmənənt〕	
= celebrated[3]	
= noted[1]〔'notɪd〕	
= famous[2]	

　　愛倫坡在維吉尼亞州的里奇蒙長大，母親伊莉莎白‧坡是個在英國出生的女演員，父親小大衛‧坡是個來自巴爾的摩的男演員。在愛倫坡的母親去世之後，他的乾爹約翰‧艾倫保證會安排他到蘇格蘭與英格蘭接受古典教育。

* ***grow up*** 長大　　Richmond〔'rɪtʃmənd〕*n.* 里奇蒙【維吉尼亞州的首府】
Virginia〔vɚ'dʒɪnjə〕*n.* 維吉尼亞州【美國東部的一州】
Elizabeth〔ɪ'lɪzəbəθ〕*n.* 伊莉莎白　　English-born *adj.* 在英國出生的
actress[1]〔'æktrɪs〕*n.* 女演員　　Jr.（= Junior〔'dʒunjɚ〕）*n.* 小…（用於與
　　父親同名者的名字之後）　　actor[1]〔'æktɚ〕*n.* 男演員
Baltimore〔'bɔltə,mor , -,mɔr〕*n.* 巴爾的摩【美國馬里蘭州北部的港口】
pass away 去世（= die[1]）　　godfather〔'gad,faðɚ〕*n.* 教父；乾爹
ensure[5]〔ɪn'ʃʊr〕*v.* 保證　　Scotland〔'skatlənd〕*n.* 蘇格蘭
England〔'ɪŋglənd〕*n.* 英格蘭　　***give a…education*** 給予…教育
classical[3]〔'klæsɪkḷ〕*adj.* 古典的

　　他回國之後，就讀維吉尼亞大學，不過他最後卻因爲賭癮而被退學。他回到里奇蒙，和他心愛的人艾爾麥拉‧羅伊斯特訂婚，然後就去了波士頓。他在迫於貧窮而以艾德嘉‧裴瑞之名從軍之前，設法出版了一些詩集。他的乾爹讓他進了西點軍校，但他卻故意讓自己被退學。

* upon[2]〔ə'pan〕*prep.* 一…就　　return[1]〔rɪ'tɝn〕*n.* 回來
attend[2]〔ə'tɛnd〕*v.* 上（學）　　gambling[3]〔'gæmblɪŋ〕*n.* 賭博

addiction[6]〔ə'dɪkʃən〕*n.* 上癮；癖好

eventually[4]〔ɪ'vɛntʃʊəlɪ〕*adv.* 最後　　get[1]〔gɛt〕*v.* 使

kick out 開除；逐出　　engage[3]〔ɪn'gedʒ〕*v.* 使（人）訂婚

get engaged to 和…訂婚　　sweetheart〔'swit,hɑrt〕*n.* 情人；愛人

Elmira Royster〔ɛl'maɪrə 'rɔɪstɚ〕*n.* 艾爾麥拉・羅伊斯特

Boston〔'bɔstn̩〕*n.* 波士頓　　manage[3]〔'mænɪdʒ〕*v.* 設法

publish[4]〔'pʌblɪʃ〕*v.* 出版　　poetry[1]〔'poɪ·trɪ〕*n.* 詩【集合名詞】

poverty[3]〔'pɑvɚtɪ〕*n.* 貧窮　　force[1]〔fors〕*v.* 強迫；迫使

join the army 入伍；從軍　　***under the name of*** 用…的名義

military[2]〔'mɪlə,tɛrɪ〕*adj.* 軍隊的；陸軍的

academy[5]〔ə'kædəmɪ〕*n.* 學院；專科學校

Military Academy 陸軍官校　　***the U.S. Military Academy*** 美國陸軍
官校；西點軍校【位於「西點」（West Point）】

expel[6]〔ɪk'spɛl〕*v.* 驅逐　　***on purpose*** 故意地（= *deliberately*[6]）

在紐約市寫了詩之後，愛倫坡前往巴爾的摩寫短篇小說。1835 年，他搬回
里奇蒙，成為《南方文學信使》月刊的編輯。然後他就與年僅 13 歲的表妹維吉
尼亞・克里蔓結婚。愛倫坡丟了在里奇蒙的工作，似乎是因為酗酒。酗酒是愛
倫坡最大的致命傷。

* proceed[4]〔prə'sid〕*v.* 前往；繼續進行

story[1]〔'storɪ〕*n.* 短篇小說

move[1]〔muv〕*v.* 搬家

editor[3]〔'ɛdɪtɚ〕*n.* 編輯

southern[2]〔'sʌðən〕*adj.* 南方的

literary[4]〔'lɪtə,rɛrɪ〕*adj.* 文學的

messenger[4]〔'mɛsn̩dʒɚ〕*n.* 信差；使者

marry[1]〔'mærɪ〕*v.* 和…結婚

cousin[2]〔'kʌzn̩〕*n.* 表（堂）兄弟姊妹

Virginia Clemm〔və'dʒɪnjə 'klɛm〕*n.* 維吉尼亞・克里蔓

13 years of age 十三歲（= *13 years old*）　　fire[1]〔faɪr〕*v.* 開除

apparently[3]〔ə'pærəntlɪ, ə'pɛr-〕*adv.* 似乎　　drink[1]〔drɪŋk〕*v.* 喝酒

> Achilles〔ə'kɪliz〕*n.* 阿奇里斯
> heel[2]〔hil〕*n.* 腳後跟
> ***Achilles' heel*** 致命傷；唯一的
> 弱點（= *Achilles heel*）【阿奇里
> 斯是荷馬史詩《伊里亞德》中的希臘
> 英雄，他除了腳跟外，渾身刀槍不入】

與維吉尼亞在紐約時，他寫了一部傑作，叫作《亞瑟高登潘的
口白》，這本書後來啟發赫曼・梅威爾寫了《白鯨記》。當他
在《波頓紳士雜誌》擔任共同編輯的時候，也寫了超自然恐怖
故事。

* narrative[6] ﹝ˈnærətɪv﹞ *n.* 敘述；故事【narrate[6] ﹝næˈret﹞ *v.* 敘述】
Arthur Gordon Pym ﹝ˈɑrθ⋍ ˈgɔrdən ˈpɪm﹞ *n.* 亞瑟・高登・潘
inspiration[4] ﹝ˌɪnspəˈreʃən﹞ *n.* 靈感；給予激勵的人或事物
Herman Melville ﹝ˈhɝmən ˈmɛlvɪl﹞ *n.* 赫曼・梅威爾【1819-91，
　　美國小説家，代表作為《白鯨記》】

Moby Dick ﹝ˈmobɪ ˈdɪk﹞ *n.* 白鯨記
supernatural ﹝ˌsupɚˈnætʃərəl﹞ *adj.* 超自

| inspiration[4] *n.* 靈感 |
| perspiration[4] *n.* 努力 |

　然的　　horror[3] ﹝ˈhɔrɚ﹞ *n.* 恐怖

serve as 擔任　　coeditor[3] ﹝koˈɛdɪtɚ﹞ *n.* 共同編輯；合作編輯
Burton ﹝ˈbɝtn̩﹞ *n.* 波頓

　　愛倫坡辭去《波頓紳士雜誌》的職務，卻又回去編輯它的後繼刊物，並在上面刊登了他的第一部偵探小説《莫爾格街兇殺案》。他最著名的詩《烏鴉》，於 1845 年發表於《紐約鏡刊》，讓他迅速成名。愛倫坡在《百老匯雜誌》擔任編輯的時候，因為詩人法蘭西絲・洛克的追求而引發的醜聞，幾乎使他失去他的婚姻。

* resign[4] ﹝rɪˈzaɪn﹞ *v.* 辭職　　edit[3] ﹝ˈɛdɪt﹞ *v.* 編輯
successor[6] ﹝səkˈsɛsɚ﹞ *n.* 繼承人；後繼者
print[1] ﹝prɪnt﹞ *v.* 印刷；刊登

| succeed[2] *v.* 成功；繼承 |
| succeed in … 成功 |
| succeed to 繼承 |
| success[2] *n.* 成功（者） |
| successor[6] *n.* 繼承人 |

detective story 偵探小説（= *detective novel* ）
poem[2] ﹝ˈpo・ɪm﹞ *n.* 詩　　gain[2] ﹝gen﹞ *v.* 獲得
instant[2] ﹝ˈɪnstənt﹞ *adj.* 立即的
fame[4] ﹝fem﹞ *n.* 名聲　　mirror[2] ﹝ˈmɪrɚ﹞ *n.* 鏡子
Broadway ﹝ˈbrɔdˌwe﹞ *n.* 百老匯　　journal[3] ﹝ˈdʒɝnl̩﹞ *n.* 期刊；雜誌
court[2] ﹝kort﹞ *v.* 追求（= *woo*[6] ）　　poet[2] ﹝ˈpo・ɪt﹞ *n.* 詩人
Frances Locke ﹝ˈfrænsɪs ˈlɑk﹞ *n.* 法蘭西絲・洛克
scandal[5] ﹝ˈskændl̩﹞ *n.* 醜聞　　cost[1] ﹝kɔst﹞ *v.* 使失去

　　1846 年，愛倫坡搬到紐約市，撰寫名人故事；但這些八卦的人物短篇，最後引發了一樁誹謗訴訟。1847 年，維吉尼亞過世，愛倫坡的生活情況轉趨惡化。不過他還是振作起來，試圖追求另一位名叫莎拉・惠特曼的詩人。安妮・里奇蒙與莎拉・安娜・路薏絲兩位女士，在財務上幫助他，而他則把許多作品獻給她們。他最後再次和艾爾麥拉・羅伊斯特訂婚。

* personality[3] ﹝ˌpɝsn̩ˈælətɪ﹞ *n.* 名人（= *celebrity*[5] ﹝səˈlɛbrətɪ﹞）
gossipy ﹝ˈgɑsəpɪ﹞ *adj.* 八卦的【gossip[3] *n.* 八卦】
sketch[4] ﹝skɛtʃ﹞ *n.* （人物等的）素描；隨筆
lead to 導致；造成（= *bring about* = *result in* ）

defamation〔͵dɛfə'meʃən〕*n.* 誹謗（= *slander*）
suit² 〔sut〕*n.* 訴訟（= *lawsuit*）

take a turn for the worse （情勢等）惡化
recover³ 〔rɪ'kʌvɚ〕*v.* （從不愉快的經歷中）恢復
though¹ 〔ðo〕*adv.* 不過；然而（= *however* ²）
Sarah Whitman 〔'sɛrə 'hwɪtmən〕*n.* 莎拉・惠特曼
Annie Richmond 〔'ænɪ 'rɪtʃmənd〕*n.* 安妮・里奇蒙
Sarah Anna Lewis 〔'sɛrə 'ænə 'ljuɪs〕*n.* 莎拉・安娜・路薏絲
financially⁴ 〔fə'nænʃəlɪ〕*adv.* 財務上
dedicate⁶〔'dɛdə͵ket〕*v.* 把（著作）獻（給）< *to* >
writing¹ 〔'raɪtɪŋ〕*n.* 著作；作品

> fame⁴ *n.* 名聲
> defame *v.* 破壞…的名聲
> defamation *n.* 誹謗

woo⁶〔wu〕*v.* 追求

觀光客可以在巴爾的摩的威斯敏斯特長老教會的墓地裡，看到愛倫坡的墓碑。

> { grave⁴ *n.* 墳墓
> = tomb⁴〔tum〕
> { gravestone *n.* 墓碑
> = tombstone

* gravestone〔'grev͵ston〕*n.* 墓碑
Westminster〔'wɛst͵mɪnstɚ〕*n.* 威斯敏斯特區
Presbyterian〔͵prɛzbə'tɪrɪən〕*adj.* 長老教會的
churchyard〔'tʃɝtʃ͵jɑrd〕*n.* 教會庭院；附屬教會的墓地
【graveyard〔'grev͵jɑrd〕*n.* 墓園　　cemetery⁶〔'sɛmə͵tɛrɪ〕*n.* 公墓】

41. (**B**) 本文最好的標題是什麼？
(A) 艾德嘉・愛倫坡：偵探小說之父
(B) <u>艾德嘉・愛倫坡起起伏伏的一生</u>
(C) 艾德嘉・愛倫坡悲慘的婚姻
(D) 艾德嘉・愛倫坡靈感的起源

* title²〔'taɪtl̩〕*n.* 標題　　*ups and down* 盛衰沈浮
tragic⁴〔'trædʒɪk〕*adj.* 悲慘的　　origin³〔'ɔrədʒɪn〕*n.* 起源

42. (**C**) 下列何者是本文所證實的？
(A) 愛倫坡畢業於維吉尼亞大學。
(B) 愛倫坡一開始是小說家，後來寫詩。
(C) <u>愛倫坡被他的乾爹送去蘇格蘭和英格蘭。</u>
(D) 愛倫坡深受赫曼・梅威爾的影響。

* support²〔sə'port〕*v.* 支持；證實　　influence²〔'ɪnflʊəns〕*v.* 影響

43. (**C**) 作者說「喝酒是愛倫坡最大的致命傷」，是什麼意思？
(A) 愛倫坡在扭傷腳踝之後終於戒酒了。
(B) 阿奇里斯和愛倫坡都非常喜歡喝酒。

(C) 愛倫坡喝酒成癮是他最大的弱點。

(D) 愛倫坡只有在喝酒時才能寫詩。

* state¹〔stet〕*v.* 敘述；說　　quit²〔kwɪt〕*v.* 戒除
sprain³〔spren〕*v.* 扭傷　　ankle²〔'æŋkl〕*n.* 腳踝
liquor⁴〔'lɪkɚ〕*n.*（烈）酒　　weakness¹〔'wiknɪs〕*n.* 弱點；缺點

44.（**D**）根據本文，愛倫坡的哪一部作品給了赫曼‧梅威爾靈感？

(A)《烏鴉》。　　　　　　　(B)《紐約鏡報》。

(C)《莫爾格街的兇殺案》。　(D)《亞瑟高登潘的口白》。

* work¹〔wɝk〕*n.* 作品

【補充資料】

　　艾德嘉‧愛倫坡（Edgar Allan Poe, 1809-1849），美國小說家、詩人、批評家，於 1809 年 1 月 19 日出生於波士頓。17 歲考進維吉尼亞大學，不久就因放蕩不羈、酗酒和賭博，而遭退學。

　　後來愛倫坡化名進了西點軍校，並擢升少尉軍官，卻又因酗酒提前退伍。離開軍校後，愛倫坡前往巴爾的摩，並開始以寫作為生，從那時起，寫了不少文學評論文章，同時也寫詩歌與短篇小說。愛倫坡以銳利的評論，與恐怖詭異的短篇小說，吸引讀者喜愛。

　　愛倫坡對自己的小說曾有一段評價：「將滑稽提升成怪誕，將可怕發展到恐怖，將機智誇大為嘲諷，將奇怪延伸至詭譎神祕。」愛倫坡的詩屬於浪漫派，詩中多荒誕、古怪、畸形的形象。愛倫坡最成功的創作是短篇小說，他一共寫了七十篇短篇小說，大致可分為恐怖小說和推理小說兩類，其卓越傑出的作品，一世紀後仍受世人頌揚讚嘆。《洩密的心臟》（The Tell-Tale Heart）、《亞夏家的崩塌》（The Fall of the House of Usher）、《紅死病的面具》（The Masque of the Red Death）、《阿蒙蒂拉度的酒桶》（The Cask of Amontillado）等作品，將懸疑故事發揮得有如藝術般盡善盡美的地步。

　　愛倫坡也是偵探小說的先驅。他小說中的主角杜賓（Dupin），是最早倡導使用科學演繹法的代表人物；所撰寫的《莫爾格街兇殺案》（The Murders in the Rue Morgue），開創另一典型的文藝類型，也是最偉大的傑作之一，因此愛倫坡被譽為「偵探小說之父」。除了神祕與懸疑小說外，愛倫坡的幻想、幽默、諷刺及科學小說，亦深入人心。此外，愛倫坡精彩的愛情生活，增添了不少經典的抒情詩作，也為英語文學締造了珍貴的一頁。

第 45 至 48 題為題組

　　在日本，相撲這項運動早在西元第八世紀就很受歡迎了，而且從那時起就一直存在。跟其他類型的摔角不同的是，相撲跟地面的接觸並不多。

* wrestling[6] (ˈrɛsḷɪŋ) *n.* 摔角【wrestle[6] (ˈrɛsḷ) *v.* 摔角;扭打】
sumo wrestling (ˈsumo ˈrɛsḷɪŋ) *n.* 相撲 (= *sumo*)
as early as 早在   century[2] (ˈsɛntʃərɪ) *n.* 世紀
practice[1] (ˈpræktɪs) *v.* 習慣性地進行

involve[4] *v.* 包含
= include[2]
= contain[2]

ever since 從那時起
unlike[1] (ʌnˈlaɪk) *prep.* 不像
form[2] (fɔrm) *n.* 型態   *v.* 形成
involve[4] (ɪnˈvalv) *v.* 包含   contact[2] (ˈkɑntækt) *n.* 接觸

事實上,如果相撲力士身體(除了腳底以外)的任何部位接觸到地面,他的對手就立刻贏得比賽。另一種獲勝的方法——也是比較常見的方法——就是將對手用力推出直徑十五英尺的圓形競技場(即「土俵」)。在比賽時,參賽者身上只穿纏腰布,而一回合的比賽,可能只持續幾秒鐘的時間。

* wrestler[4] (ˈrɛslɚ) *n.* 摔角選手;相撲選手;大力士
other than 除了   sole[5] (sol) *n.* 腳底

sole[5] *n.* 腳底
heel[3] *n.* 腳後跟
ankle[2] *n.* 腳踝

opponent[5] (əˈponənt) *n.* 對手
match[1] (mætʃ) *n.* 比賽
force[1] (fors) *v.* 強迫;硬把…推倒
arena[5] (əˈrinə) *n.* 競技場   competitor[4] (kəmˈpɛtətɚ) *n.* 競賽者
waistcloth (ˈwestˌklɔθ) *n.* 纏腰布;大兜布【waist[2] *n.* 腰   cloth[2] *n.* 布】
bout[6] (baut) *n.* (拳擊賽等的) 一個回合;一場
last[1] (læst) *v.* 持續   second[1] (ˈsɛkənd) *n.* 秒

相撲力士從很年輕就開始接受訓練,吃的是特別的高蛋白飲食,以使他們變得巨大又強壯。儘管體型龐大,這些相撲力士必須身手靈活,並有好的體態。相撲比賽包含許多儀式,所以相撲力士也必須擅長表演。不過在這些儀式中,力士必須展現敬意與專注,而不是西方摔角選手之間常見的狂野殘暴的行為。

* *sumo wrestler* 相撲選手;相撲力士   feed[1] (fid) *v.* 餵食
be high in 富含 (= *be rich in*)   protein[4] (ˈprotiɪn) *n.* 蛋白質
in order to 為了   massive[5] (ˈmæsɪv) *adj.* 巨大的;結實的;魁梧的
in spite of 儘管;雖然   size[1] (saɪz) *n.* 尺寸;身材
agility (əˈdʒɪlətɪ) *n.* 靈活;動作的敏捷【agile (ˈædʒəl) *adj.* 敏捷的】
posture[6] (ˈpastʃɚ) *n.* 姿勢;姿態   *a good deal of* 大量的 (= *much*[1])
ritual[6] (ˈrɪtʃuəl) *n.* 儀式   showman (ˈʃomən) *n.* 擅長表演的人;藝人
respect[2] (rɪˈspɛkt) *n.* 敬意;尊敬 (= *reverence* (ˈrɛvərəns))
concentration[4] (ˌkansn̩ˈtreʃən) *n.* 專心   display[2] (dɪˈsple) *v.* 展示
rather than 而不是 (= *instead of*)

wild[2] 〔 waɪld 〕 *adj.* 狂野的
fierceness 〔'fɪrsnɪs 〕 *n.* 兇猛；殘暴（的行為）
【fierce[4] 〔 fɪrs 〕 *adj.* 兇猛的】
common[1] 〔'kɑmən 〕 *adj.* 常見的
Western[2] 〔'wɛstən 〕 *adj.* 西方國家的；歐美的

> fierce[4] *adj.* 兇猛的
> = ferocious 〔 fə'roʃəs 〕
> = savage[5] 〔'sævɪdʒ 〕

凡是達到橫綱等級者，也就是「最高的優勝者」，就會被視為全國英雄，受到日本全國人民的稱讚，而相撲也常被稱為日本的國技。不過，最近有些橫綱是美國人的後裔，而且大家都知道，夏威夷是這項運動重要的中心。

* level[1] 〔'lɛvḷ 〕 *n.* 等級
yokozuna 〔,juko'zunə 〕 *n.* 橫綱；一級力士【相撲比賽的最高級選手】
or[1] 〔 ɔr 〕 *conj.* 也就是　　grand[1] 〔 grænd 〕 *adj.* 最高位的
champion[3] 〔'tʃæmpɪən 〕 *n.* 冠軍【championship[4] *n.* 冠軍資格】
grand champion 最高的優勝者；冠軍
celebrate[3] 〔'sɛlə,bret 〕 *v.* 慶祝；讚揚；稱頌
throughout[2] 〔 θru'aut 〕 *prep.* 遍及　　hero[2] 〔'hɪro 〕 *n.* 英雄
national sport 全國性運動；國技
these days 最近（= *recently*[2]）
descendant[6] 〔 dɪ'sɛndənt 〕 *n.* 子孫；後裔
Hawaii 〔 hə'waɪjə 〕 *n.* 夏威夷
be known as 被稱為　　center[1] 〔'sɛntɚ 〕 *n.* 中心；（活動等的）集中地

> ascend[5] *v.* 上升
> descend[6] *v.* 下降
> descendant[6] *n.* 子孫

45. (**D**) 什麼使得相撲運動和其他形式的摔角有所不同？
    (A) 相撲的一回合通常持續非常長的時間。
    (B) 相撲選手只能用腳。
    (C) 相撲選手的腳不能碰到地面。
    (D) <u>和地面的接觸非常少。</u>

46. (**B**) 相撲一回合的結束通常是在 _____ 時。
    (A) 其中一位相撲選手用腳碰到另一位
    (B) <u>其中一位相撲選手把另一位推出場外</u>
    (C) 其中一位相撲選手拿了另一位的纏腰布
    (D) 兩位相撲選手都完成了他們所有的儀式

> ring[1] 〔 rɪŋ 〕 *n.* (拳擊、摔角的) 比賽場；擂台
> = arena[5] 〔 ə'rinə 〕 *n.* 競技場

* force[1] 〔 fors 〕 *v.* 硬把…推到　　ring[1] 〔 rɪŋ 〕 *n.* 比賽場；擂台

47. (**C**) 「橫綱」是 _____ 。
    (A) 一種相撲運動中的特殊儀式
    (B) 一位有名的美國摔角選手

　　(C) 非常成功的相撲力士

　　(D) 一個非常有名的相撲中心

　　* well-known〔'wɛl'non〕*adj.* 有名的（= *famous²*）

48. (**D**) 相撲力士不會被要求要具備下列何者？

　　(A) 演出的技藝　　　　　　　(B) 靈活

　　(C) 體型和力量　　　　　　　(D) 日裔

　　* require〔rɪ'kwaɪr〕*v.* 要求

　　　showmanship〔'ʃomənˌʃɪp〕*n.* 演出的技藝；吸引觀察的技巧

　　　ancestry〔'ænsɛstrɪ〕*n.* 祖先；家系；家世

　　　Japanese ancestry 日裔

【補充資料】

　　日本每年會舉辦六場相撲比賽，每次 15 天，三場在東京舉行，其餘則在大阪、福岡和名古屋。究竟相撲要怎麼分輸贏？狀況一，相撲力士腳踏出土俵外，就算落敗；狀況二，任何一個身體部位摔到土俵上，也算吞下敗仗；狀況三更妙，不小心露出重要部位，也是算輸！選手之間糾纏經常持續幾秒鐘，有時會到一分鐘或更長。

　　職業相撲被視為一種高尚的職業，與日本傳統的君主觀念有很大的關係。古代相撲只能在御前為天皇表演，「相撲節會」是宮中的重要儀式，相撲手將有幸上場視為畢生榮譽，人們亦把相撲手奉若英雄。積習下來，到了武士當權的幕府時代以至今日，在人們心中，仍然十分尊重他們。

　　相撲運動有三個精髓，其一就是高度的精神境界，這其中包括忍耐力、意志力、和修養。從進入部屋的第一天起，相撲力士就開始在訓練的點滴中體會這樣一種境界。每天早上五點起床，低等級學徒要老實地伺候師兄們的起居活動，從煮飯、洗衣、擦地，到訓練時的擦背、遞水，不得有任何怨言。訓練時，也不許叫苦叫累。相撲的學徒生涯被視為一種封閉的修行，平日嚴禁喝酒，不許隨便外出，每天早上五點起床訓練，晚上八、九點熄燈休息，日復一日，年復一年，沒有任何改變。

　　參賽力士在賽前必須完成一整套儀式，儀式的時間甚至要比選手對峙的時間還長。第一步灑鹽，可以驅邪，也防止力士受傷；第二步塵，表示自己沒有佩帶武器上場；第三步四股，用力踏地，驅散地底的邪靈，也可算是賽前的暖身；第四步蹲踞，腳掌尖著地，表達對對手的尊敬；第五步仕切，就像是四股直接彎下腰的樣子，力士作戰前的最後狀態。相撲競技的場地被稱為「土俵」，上撒泥土，被認為是聖潔的地方，如果在賽場上口出穢語，則是對相撲和觀眾的大不敬。

相撲運動有著嚴格的選拔標準，它要求職業相撲力士的體型必須高大魁梧，年齡要在 18 至 35 歲之間，二十歲之後，要求身高 175 公分以上，體重 120 公斤以上。相撲力士要有驚人的食量，約是正常人的十倍。他們經常吃一種專門的相撲料理——力士火鍋，是將各種高營養食物放在一個鍋裡燉煮，大家圍鍋而食，並且進餐後馬上睡覺，一流的相撲力士的體型是巨大而呈梨狀的。

相撲最不同於其他競技項目的特殊之處，在於它森嚴的等級制度。目前日本大約有 800 名職業相撲選手，級別從最低的「番付」（弟子）到最高的「橫綱」（最高級別，同時只有兩個人擁有這個稱號）。在每次相撲比賽結束後，根據力士們在比賽中的表現來調整他們的級別排序，其中在幕內最高的五個級別分別爲橫綱、大關、關脇、小結、前頭。

第 49 至 52 題爲題組

有完整的研究顯示，漂亮的人在生活中常會佔優勢。在一項測試中，有兩個女人站在路邊，大概是因爲車子爆胎而感到苦惱。其中一個很漂亮，而另一個長得很平凡。

* ***a whole body of*** 完整的【a body of 很多的】
  research[4] (ˈrisɝtʃ) *n.* 研究　　indicate[2] (ˈɪndəˌket) *v.* 指出；顯示
  advantage[3] (ədˈvæntɪdʒ) *n.* 優點；優勢【disadvantage[3] *n.* 缺點】
  presumably (prɪˈzuməblɪ) *adv.* 大概 (= *probably*[3])
  【presume[6] *v.* 假定；推測】　　distress[5] (dɪˈstrɛs) *n.* 苦惱；痛苦
  flat[2] (flæt) *adj.* (輪胎等) 洩了氣的；沒氣的　　tire[1] (taɪr) *n.* 輪胎
  gorgeous[5] (ˈgɔrdʒəs) *adj.* 非常漂亮的
  while[1] (hwaɪl) *conj.*【表對比】然而 (= *whereas*[5])
  plain[2] (plen) *adj.* 平凡的；不美的

> stress[2] *n.* 壓力
> distress[5] *n.* 苦惱；痛苦

- ***plain Jane*** 相貌平凡的女生　　· plain Joe 相貌平凡的男生
- even Steven 平分秋色　　· lazy Susan 餐桌上的旋轉盤
- doubting Thomas 懷疑一切的人【因爲 Thomas 不信耶穌復活】
- Uncle Sam 美國政府　　· Jack of all trades 萬事通
- peeping Tom 偷窺狂【11 世紀英格蘭中部的 Coventry 城主欲加稅，其夫人 Lady Godiva 反對，故答應城主條件，願意裸體騎馬走過全城，只有裁縫師 Tom 偷看，後被神處罰，變成瞎子】

開車經過的男士，較常停下來幫助那位漂亮的女人。而在職場上，漂亮的女人，會比長相普通，但具有類似資格的女人，較容易成功地獲得工作。警察、法官，以及陪審團，都會對美女和帥哥比較寬容。甚至連母親，都比較可能跟最漂亮的孩子玩。

* **passing**[1] 〔'pæsɪŋ〕 *adj.* 路過的

automobile[3] 〔'ɔtəmə,bil〕 *n.* 汽車

world[1] 〔wɜld〕 *n.* …界　　***the world of work*** 職場

land[1] 〔lænd〕 *v.* 獲得　　**looks**[1] 〔luks〕 *n. pl.* 容貌

similar[2] 〔'sɪmələ〕 *adj.* 類似的

qualifications[6] 〔,kwɑləfə'keʃənz〕 *n. pl.* 資格；條件

police[1] 〔pə'lis〕 *n.* 警察；警方　　**judge**[2] 〔dʒʌdʒ〕 *n.* 法官

jury[5] 〔'dʒurɪ〕 *n.* 陪審團　　**lenient** 〔'linɪənt〕 *adj.* 寬大的；仁慈的

likely[1] 〔'laɪklɪ〕 *adj.* 可能的　　**pretty**[1] 〔'prɪtɪ〕 *adj.* 漂亮的

> **land**[1] *v.* 獲得
> = **obtain**[4]
> = **gain**[2]

　　這到底是怎麼回事？難道大家都被廣告與好萊塢所傳播的美的典型所洗腦，而對較重要的價值視而不見嗎？其實並不盡然。

* ***go on*** 發生

program[3] 〔'progræm〕 *v.* 制約（ = ***condition***[3] ）；洗腦（ = ***brainwash*** ）

ideal[3] 〔aɪ'diəl〕 *n.* 理想；典型（ = ***perfect model*** ）

spread[2] 〔sprɛd〕 *v.* 傳播；散布　　**advertising**[3] 〔'ædvə,taɪzɪŋ〕 *n.* 廣告

Hollywood 〔'hɑlɪ,wud〕 *n.* 好萊塢【美國加州洛杉磯市的一區，為電影事業的中心】；美國電影界　　**blind**[1] 〔blaɪnd〕 *adj.* 失明的；盲的；瞎的 *v.* 使失明；蒙蔽　　***be blinded to*** 對…視而不見

substantial[5] 〔səb'stænʃəl〕 *adj.* 實質的；重要的

values[2] 〔'væljuz〕 *n. pl.* 價值；價值觀

not really 其實並不盡然

> **substance**[3] *n.* 物質
> **substantial**[5] *adj.* 實質的

最近哈佛醫學院的研究顯示，對美女與肌肉男的偏愛，是穴居時代所留下來的遺物，當時外在的美麗，就表示有健康的基因，可以確保能生出下一代。

* **recent**[2] 〔'risn̩t〕 *adj.* 最近的　　**Harvard** 〔'hɑrvəd〕 *n.* 哈佛大學

medical school 醫學院【**law school** 法學院】

suggest[3] 〔sə'dʒɛst〕 *v.* 顯示（ = ***indicate***[2] ）

preference[5] 〔'prɛfərəns〕 *n.* 偏愛　　**muscle**[3] 〔'mʌsl̩〕 *n.* 肌肉

relic[6] 〔'rɛlɪk〕 *n.* (歷史的) 遺物；遺跡

caveman 〔'kev,mæn〕 *n.* (石器時代的) 穴居人【**cave**[2] *n.* 洞穴】

era[4] 〔'ɪrə〕 *n.* 時代　　**outward**[5] 〔'autwəd〕 *adj.* 外表上的

outward beauty 外在美

indication[4] 〔,ɪndə'keʃən〕 *n.* 指標；表示

healthy[2] 〔'hɛlθɪ〕 *adj.* 健康的

> **inner beauty** 內在美
> **outward beauty** 外在美

gene[4] 〔dʒin〕 *n.* 基因　　**ensure**[5] 〔ɪn'ʃur〕 *v.* 確保

birth[1] 〔bɜθ〕 *n.* 出生　　**generation**[4] 〔,dʒɛnə'reʃən〕 *n.* 世代

換句話說，我們都很相信達爾文的學說，所以才會注意派對上的美女，或辦公室裡的帥哥：美有助於確保適者生存。

> * *in other words* 換句話說
> Darwinist〔ˊdɑrwɪnɪst〕*n.* 信奉達爾文學說的人（= *Darwinian*）
> *pay attention to* 注意　　survival[3]〔səˊvaɪvḷ〕*n.* 生存
> fittest[2]〔ˊfɪtɪst〕*adj.* 最適合的　　*the survival of the fittest* 適者生存

　　所以這真的就表示，美女在這個世界上，比她們平凡的姊妹們，更容易取得優勢嗎？未必如此，因為研究也顯示，雖然美女會優先被錄取，卻不一定會被公司提拔，擔任主管的職位。

> * *have it* 取得優勢；取得勝利　　easier[1]〔ˊiziɚ〕*adv.* 較輕易地；較輕鬆地
> sisters[1]〔ˊsɪstɚz〕*n. pl.* 姊妹；女性親友　　*not always* 未必；不一定
> reveal[3]〔rɪˊvil〕*v.* 顯示
> while[1]〔hwaɪl〕*conj.* 雖然（= *though*[1]）
> hire[2]〔haɪr〕*v.* 雇用
> automatically[3]〔͵ɔtəˊmætɪkḷɪ〕*adv.* 自動地；必然地
> prefer[2]〔prɪˊfɚ〕*v.* 比較喜歡；提升；提拔
> （= *promote*[3]）　　top[1]〔tɑp〕*adj.* 最上面的；最重要的
> position[1]〔pəˊzɪʃən〕*n.* 職位　　*top position* 主管職位

> reveal[3] *v.* 顯示
> = suggest[3]
> = indicate[2]
> = show[1]

雖然大家似乎都喜歡待在美女的身邊，但對其美貌卻是不信任的，因為美貌會傳達出比較不可靠，而且無法領導別人的訊息。換句話說，將目標設定在主管辦公室的女性，把頭髮梳成髻，並避免化粧，會比較好。而且大家同樣會對太英俊的男生不信任，認為他們會比較自大。

> * seem[1]〔sim〕*v.* 似乎　　around[1]〔əˊraʊnd〕*prep.* 在…周圍
> distrust[6]〔dɪsˊtrʌst〕*v. n.* 不信任
> send[1]〔sɛnd〕*v.* 透露；傳達出
> signal[3]〔ˊsɪgnḷ〕*n.* 訊息；信號　　lead[1]〔lid〕*v.* 領導
> unreliable〔͵ʌnrɪˊlaɪəbḷ〕*adj.* 不可靠的；不可信賴的
> 【reliable[3] *adj.* 可靠的；可信賴的（= *dependable*[4]）】

> rely[1] *v.* 依靠
> = depend[2]

> **be prone to** 可接名詞、動名詞，或接原形動詞，都作「易於；傾向於」解：
> {
> be prone to + V-ing / N.
> = be liable to + V-ing / N.
> 【此時 to 是介系詞】
> {
> be prone to V.
> = be liable to V.
> = be apt to V.
> {
> = tend to V.
> = be inclined to V.

> unable[1]〔ʌnˊebḷ〕*adj.* 不能夠的　　target[2]〔ˊtɑrgɪt〕*n.* 目標
> *be set on* 被設定在　　executive[5]〔ɪgˊzɛkjʊtɪv〕*n.* 主管

suite[6] ﹝swit﹞ *n.* 套房【注意發音】

executive suite 主管辦公室

do well …比較好

wear one's *hair* … 把頭髮梳成…；
　把頭髮綁成…；把頭髮留成…

wear one's hair in a bun 把頭髮梳成髻
wear one's hair in braids　綁辮子
wear one's hair in a ponytail 綁馬尾
wear one's hair long　留長髮

bun[2] ﹝bʌn﹞ *n.* 髮髻；小圓麵包　　avoid[2] ﹝ə'vɔɪd﹞ *v.* 避免

makeup[4] ﹝'mek,ʌp﹞ *n.* 化粧（品）　share[2] ﹝ʃɛr﹞ *v.* 共有；抱持同樣的
　（看法）　　consider[2] ﹝kən'sɪdɚ﹞ *v.* 認爲

vanity[5] ﹝'vænətɪ﹞ *n.* 虛榮（心）；自大；自負（= *conceit*[6] ﹝kən'sit﹞）

　　此外，雖然男人希望和漂亮的女人約會，但大家都知道，當他們要結婚時，
會尋找具有其他特質的配偶：親切、會體諒別人、會照顧小孩。所以，終究他
們似乎還是比較注意內涵，而比較不注意外表。

* furthermore[4] ﹝'fɝðɚ,mor﹞ *adv.* 此外（= *moreover*[4]）

date[1] ﹝det﹞ *v.* 和…約會　　　*well known* 衆所皆知的；有名的

marry[1] ﹝'mærɪ﹞ *v.* 結婚　　seek[3] ﹝sik﹞ *v.* 尋找；尋求

quality[4] ﹝'kwɑlətɪ﹞ *n.* 特質；特性

mate[2] ﹝met﹞ *n.* 配偶（= *spouse*[6] ﹝spauz﹞）

kindness[1] ﹝'kaɪndnɪs﹞ *n.* 親切；仁慈

consideration[3] ﹝kən,sɪdə'reʃən﹞ *n.* 考慮；體貼；
　體諒　nurturing[6] ﹝'nɝtʃərɪŋ﹞ *n.* 養育（小孩）

nature[1] ﹝'netʃɚ﹞ *n.* 本質；天性；特質；特性

quality[4]　*n.* 特性
= property[3]
= feature[3]
= nature[1]
= trait[6]
= characteristic[4]

contents[4] ﹝'kɑntɛnts﹞ *n. pl.* 內容【在此比喻「內涵」】

cover[1] ﹝'kʌvɚ﹞ *n.* 封面【在此比喻「外表」，來自諺語：You cannot judge
　a book by its cover.（人不可貌相；不要以貌取人。）】

after all 畢竟；終究；最終還是

49. (**D**) "plain Jane" 最好的翻譯是 ＿＿＿＿＿＿＿＿＿。

　(A) 很醜的人　　　　　　　(B) 一個名叫珍的女生

　(C) 一個無趣的人　　　　　(D) 一個相貌普通的女生

* translation[4] ﹝træns'leʃən﹞ *n.* 翻譯；解釋　　ugly[2] ﹝'ʌglɪ﹞ *adj.* 醜的

　uninteresting[1] ﹝ʌn'ɪntrɪstɪŋ﹞ *adj.* 無趣的；無聊的

　ordinary[2] ﹝'ɔrdn̩,ɛrɪ﹞ *adj.* 普通的；平凡的

50. (**B**) 下列何者不是本文所提到，漂亮的人的優勢？

　(A) 他們有比較多的工作機會。　　(B) 他們賺的錢比較多。

　(C) 他們較常獲得別人的幫助。　　(D) 法院體系對他們較寬容。

* cite⁵ 〔saɪt〕 v. 引用；提出；舉出   offer² 〔ˈɔfɚ〕 n. 提供
  job offer 工作機會   **deal with** 應付；處理；對待
  court² 〔kort〕 n. 法院   system³ 〔ˈsɪstəm〕 n. 系統；體系

51.（ **A** ）達爾文學說的忠實信徒很可能 ＿＿＿＿＿＿ 。

(A) 會被好看的人吸引　　　　(B) 會表現出對別人的體貼

(C) 會成為高級主管　　　　　(D) 會照顧小孩

* top¹ 〔tap〕 adj. 最高的；最重要的

52.（ **B** ）根據本文，有抱負的女性如果想成功，應該怎麼做？

(A) 化濃粧。　　　　　　　　(B) 維持樸素的外表。

(C) 不信任其他漂亮的女生。　(D) 尋求其他的機會。

* ambitious⁴ 〔æmˈbɪʃəs〕 adj. 有抱負的
  wear makeup 有化粧
  maintain² 〔menˈten〕 v. 維持
  modest⁴ 〔ˈmadɪst〕 adj. 適度的；質樸的
  appearance² 〔əˈpɪrəns〕 n. 外表

wear makeup	有化妝
wear perfume	有擦香水
wear a smile	面帶微笑
wear a beard	有留鬍子

第 53 至 56 題為題組

你不必是某個年紀，也能住青年旅館。只要有顆年輕的心就夠了。年長的旅客到處都是，所以有些青年旅館甚至比較像是退休社區。

* certain¹ 〔ˈsɝtn̩〕 adj. 某一   stay¹ 〔ste〕 v. 暫住
  youth² 〔juθ〕 n. 年輕；年輕人；青年時期
  hostel⁴ 〔ˈhastl̩〕 n. 青年旅館【注意發音】
  youth hostel 青年旅館 (= hostel⁴)
  senior⁴ 〔ˈsinjɚ〕 adj. 年長的
  【junior⁴ adj. 年幼的】   around¹ 〔əˈraʊnd〕 adv. 在四周；到處
  retirement⁴ 〔rɪˈtaɪrmənt〕 n. 退休   community⁴ 〔kəˈmjunətɪ〕 n. 社區

hostel⁴ 〔ˈhastl̩〕 n.	青年旅館
hostile⁵ 〔ˈhastl̩〕 adj.	有敵意的
hostage⁵ 〔ˈhastɪdʒ〕 n.	人質

官方授權的「國際青年之家」（HI）的青年旅館，是組織的一部分，意思就是有一定的水準，雖然這並不表示這些水準是非常高的。

* official² 〔əˈfɪʃəl〕 adj. 官方的；官方授權的 (= authorized⁶)；正式的
  Hostelling International 國際青年之家 (= HI)
  organization² 〔ˌɔrgənəˈzeʃən〕 n. 組織；機構
  standard² 〔ˈstændɚd〕 n. 標準；水準
  terribly² 〔ˈtɛrəblɪ〕 adv. 非常地 (= very¹)

　　這些青年旅館幾乎全部都很乾淨，有些差不多是無菌的，有供男女住宿的宿舍型的和獨立的房間、自助式的廚房、交誼廳、置物櫃，而且如果你避開他們「豪華的」房間的話，每晚的費用是 10 至 30 美元。有些青年旅館配備有游泳池、熱水浴池，和簡單的烤肉架，而有些則幾乎和「國際青年之家」的樹和小木屋的商標一樣簡陋。

* practically[3] 〔'præktɪklɪ〕 adv. 幾乎

germ[4] 〔dʒɝm〕 n. 病菌

free[1] 〔fri〕 adj. 沒有⋯的

germ-free adj. 無菌的

domitory[5] 〔'dɔrmə,torɪ〕 n. 宿舍

style[3] 〔staɪl〕 n. 樣式；風格　　separate[2] 〔'sɛpərɪt〕 adj. 分開的；獨立的

quarters[2] 〔'kwɔrtəz〕 n. pl. 住處　　self-service adj. 自助的

common room 交誼廳；公共休息室　　locker[4] 〔'lakə〕 n. 置物櫃

per[2] 〔pə〕 prep. 每　　luxury[4] 〔'lʌkʃərɪ〕 adj. 豪華的；奢華的

equip[4] 〔ɪ'kwɪp〕 v. 使配備　　be equipped with 配備有

pool[1] 〔pul〕 n. 游泳池　　tub[3] 〔tʌb〕 n. 浴缸　　hot tub 熱水浴池

barbecue[2] 〔'barbɪ,kju〕 n. 簡單的烤肉架

while[1] 〔hwaɪl〕 conj. 然而　　basic[1] 〔'besɪk〕 adj. 基本的；簡陋的

hut[3] 〔hʌt〕 n. 小木屋　　logo[5] 〔'logo〕 n. 商標

nearly[2] adv. 幾乎
= practically[3]
= virtually[6] = almost[1]

　　有一些明顯的例外，不過官方授權的「國際青年之家」的青年旅館，在建築、溫暖舒適度，或活躍的社交生活方面，通常分數都不高。大多數的青年旅館是位於離市中心有點遠的地方，有些晚上還有宵禁，或是白天時為了要打掃，而把你趕出去。

* notable[5] 〔'notəbl〕 adj. 引人注目的；顯著的【note[1] v. 注意】

exception[4] 〔ɪk'sɛpʃən〕 n. 例外　　earn[2] 〔ɝn〕 v. 獲得

point[1] 〔pɔɪnt〕 n. 分數　　architecture[5] 〔'arkə,tɛktʃə〕 n. 建築

coziness 〔'kozɪnɪs〕 n. 溫暖而舒適【cozy[5] adj. 溫暖而舒適的】

roaring 〔'rorɪŋ〕 adj. 喧嘩的；喝酒狂歡的【roar[3] v. 吼叫】

roaring social life 活躍的社交生活（= active social life）；
　　有很多參與社交活動的機會

department[2] 〔dɪ'partmənt〕 n. 部門；部分（= area[1]）

be located 位於（= be situated）　　way[1] 〔we〕 adv. 遠遠地；大大地

way out of the center of town 離市中心很遠

require[2] 〔rɪ'kwaɪr〕 v. 要求　　by[1] 〔baɪ〕 prep. 在⋯之前

kick[1] 〔kɪk〕 v. 踢　　kick sb. out 把某人踢出去；把某人趕出去

during the day 在白天

幾乎總是會有其他便宜的旅館可選,不過如果這聽起來像是你會喜歡的便宜住宿,那就辦張會員卡吧。沒有會員卡,我們還是很歡迎,不過你要支付的費用會稍微多一點。如果你知道會何時抵達,儘量事先訂房,尤其是在旺季時。

* budget³ ('bʌdʒɪt) adj. 便宜的　n. 預算
  alternative⁶ (ɔl'tɜnətɪv) n. 另一個選擇
  one's cup of tea 中意的東西;喜愛的東西
  discounted³ (dɪs'kauntɪd) adj. 打折的
  your cup of discounted tea 在此是指「適合你的便宜旅館」或「你會喜歡
    的便宜住宿」(= *inexpensive accommodation that suits you / appeals
    to you*)。　*pick up* 獲得 (= *get*¹);買 (= *buy*¹)
  membership³ ('mɛmbɚ,ʃɪp) n. 會員身分;會員資格
  membership card 會員卡　　slightly⁴ ('slaɪtlɪ) adv. 稍微
  book¹ (buk) v. 預訂 (= *reserve*³)
  in advance 事先 (= *beforehand*⁵)
  especially² (ə'spɛʃəlɪ) adv. 尤其;特別是
  high season 旺季 (= *peak season*)【low season 淡季 (= *off season*)】

> budget³ adj. 便宜的
> = inexpensive²
> = cheap²

53. (**C**) 「國際青年之家」的會員資格,最大的年齡限制是幾歲?
    (A) 24。　　　　　　　(B) 65。
    (C) 沒有年齡限制。　　(D) 每個國家都不同。
    * maximum⁴ ('mæksəməm) adj. 最大的;最高的
      limit² ('lɪmɪt) n. 限制　　vary³ ('vɛrɪ) v. 不同 (= *differ*⁴)
      vary from country to country 每個國家都不同

54. (**B**) 會員卡能給你
    (A) 預算。　　　　　　(B) 折扣。
    (C) 一杯免費的茶。　　(D) 一間奢華的房間。
    * luxury ('lʌkʃurɪ) adj. 豪華的;奢華的

55. (**D**) 青年旅館最吸引人的是什麼?
    (A) 很好的地點。　　　(B) 很高的水準。
    (C) 活躍的社交生活。　(D) 合理的價格。
    * chief¹ (tʃif) adj. 主要的
      attraction⁴ (ə'trækʃən) n. 吸引人的事物
      exciting² (ɪk'saɪtɪŋ) adj. 令人興奮的;活躍的
      reasonable³ ('riznəbl) adj. 合理的

56. (**B**) 你可以在大多數的青年旅館找到什麼？
　　　(A) 洗衣房。　　　　　　(B) 單一性別的住宿設備。
　　　(C) 游泳池。　　　　　　(D) 樹屋。

　　* laundry³〔'lɔndrɪ〕 *n.* 待洗的衣物
　　　laundry room 洗衣房　　single-sex *adj.* 單一性別的
　　　accommodation⁶〔ə,kɑmə'deʃən〕 *n.* 住宿設備
　　　tree house 樹屋

第貳部分：非選擇題

一、中譯英：

> Clothes make the man.
> = The tailor makes the man.
> 【諺】人要衣裝，佛要金裝。

1. 俗話說得好：「人要衣裝，佛要金裝。」

Well goes the $\begin{Bmatrix} \text{saying,} \\ \text{proverb,} \end{Bmatrix}$ $\begin{Bmatrix} \text{"Clothes make the man."} \\ \text{"The tailor makes the man."} \end{Bmatrix}$

= The proverb says well, "Clothes make the man."

2. 在商業及社交場合上，不同的服裝會有截然不同的效果。

$\begin{Bmatrix} \text{In both business and social situations,} \\ \text{On both business and social occasions,} \end{Bmatrix}$ different $\begin{Bmatrix} \text{clothes} \\ \text{outfits} \end{Bmatrix}$ will

$\begin{Bmatrix} \text{have} \\ \text{bring about} \end{Bmatrix}$ $\begin{Bmatrix} \text{completely} \\ \text{totally} \end{Bmatrix}$ different $\begin{Bmatrix} \text{effects.} \\ \text{results.} \end{Bmatrix}$

二、英文作文：

【作文範例】

The Most Influential Invention

　　There have been many important inventions in my lifetime. *However*, I believe the one that affects our daily lives the most is the smartphone.

　　A smartphone is actually a small computer, so it has many useful functions. It lets us communicate instantly with anyone and from any place. We can also use one to find information on the go by connecting to the Internet. It lets us store vast amounts of information, and we can even listen to music, record videos, take pictures, and play games with it.

Because of the smartphone, we no longer have to worry about missing calls or getting lost. We can also be constantly entertained and avoid boredom. *However*, the smartphone is also a distraction from what is going on around us. It can be addictive, too. It is rare to see a group of people in which no one is using a phone. That is why I think it has such a great impact on us.

中文翻譯

最有影響力的發明

在我有生之年，已經有了許多重要的發明。不過，我認為對我們日常生活影響最大的，是智慧型手機。

智慧型手機其實是一部小型電腦，所以它有很多有用的功能。它讓我們能從任何地方，和任何人立即通訊。我們也可以在四處行走時，利用智慧型手機連線上網，找到資訊。它讓我們儲存大量的資訊，我們甚至能用它來聽音樂、錄影片、拍照，以及玩遊戲。

因為有了智慧型手機，我們不再需要擔心漏接電話或迷路。我們也能經常得到一些娛樂，避免無聊。不過，智慧型手機也會使我們分心，沒注意到周圍發生的事。它也可能會使人上癮。很少看到一群人之中，沒有人在使用手機。那就是為什麼我會認為，它對我們有如此大的影響力。

smartphone〔ˈsmɑrtˌfon〕*n.* 智慧型手機（ = *smart phone* ）
on the go 走來走去；在忙碌
constantly[3]〔ˈkɑnstəntlɪ〕*adv.* 不斷地；經常地
entertain[5]〔ˌɛntəˈten〕*v.* 娛樂　　boredom[5]〔ˈbordəm〕*n.* 無聊
distraction[6]〔dɪˈstrækʃən〕*n.* 使人分心的事物
addictive[6]〔əˈdɪktɪv〕*adj.* 使人上癮的

7000 字範圍大學入學學科能力測驗 英文試題 ⑥

第壹部分：單選題（佔 72 分）

一、詞彙題（佔 15 分）

說明：第 1 題至第 15 題，每題有 4 個選項，其中只有一個是正確或最適當的選項，請畫記在答案卡之「選擇題答案區」。各題答對者，得 1 分；答錯、未作答或畫記多於一個選項者，該題以零分計算。

1. An ATM allows bank customers to conduct their banking _____ almost anywhere in the world.
   (A) securities　　(B) withdrawals　　(C) transactions　　(D) medications

2. The idea of a personal _____ number was thought up by John Shepherd Barron and refined by his wife Caroline.
   (A) profile　　　(B) dressing　　　(C) motivation　　(D) identification

3. Sharon ended her marriage in order to stop living from paycheck to paycheck and help _____ a comfortable future.
   (A) submit　　　(B) ensure　　　(C) confront　　　(D) combat

4. The hotel charges NT$2,600 a day, _____ of meals. So don't forget to bring some cash besides your credit card.
   (A) decisive　　(B) respective　　(C) exclusive　　　(D) positive

5. The _____ of the very rich are beyond your wildest imagination.
   (A) privileges　　(B) monuments　　(C) assassinations　(D) celebrities

6. When you enter a building, be sure to hold the door open for someone coming through the same door. It is a common _____ in many cultures.
   (A) process　　　(B) courtesy　　　(C) acceptance　　(D) operation

7. It's widely believed that cutting taxes may _____ economic recovery.
   (A) facilitate　　(B) encounter　　(C) forsake　　　(D) stereotype

8. Sue set fire to Steve's house _____ because he had cheated on her time and again.
   (A) ironically   (B) miraculously   (C) deliberately   (D) permanently

9. One effect of _____ taxes is that a lot more rich people choose to buy high-priced goods in a foreign country.
   (A) aviation   (B) perception   (C) deprivation   (D) luxury

10. A key _____ of our society as a whole is a desire for justice.
    (A) majesty   (B) feature   (C) detergent   (D) division

11. Jack Tripper lived and grew up in a red-light _____, but this doesn't seem to have any bad influence on him.
    (A) district   (B) foundation   (C) suburb   (D) dormitory

12. After a week's hard work my parents like to _____ to their house in the countryside to relax.
    (A) target   (B) accommodate   (C) retreat   (D) prescribe

13. An insurance _____ makes a lot more money than a schoolteacher. A lot more people prefer to be a teacher, though.
    (A) competitor   (B) agent   (C) negotiator   (D) monitor

14. It's _____ that you've got admission to such a prestigious university.
    (A) eternal   (B) hollow   (C) upgraded   (D) fabulous

15. Here is a copy of your schedule. All the _____ for your five-day trip to Tokyo have been made.
    (A) observations   (B) reservations
    (C) preservations   (D) conservations

二、綜合測驗（占 15 分）

說明： 第 16 題至第 30 題，每題一個空格，請依文意選出最適當的一個選項，
　　　請畫記在答案卡之「選擇題答案區」。各題答對者，得 1 分；答錯、未
　　　作答或畫記多於一個選項者，該題以零分計算。

第 16 至 20 題為題組

There are "three Taipei travel ___16___: passport, cash, and an extra stomach," according to the CNN travel site. Small eats are the big thing in Taiwan, where the philosophy is eat often and eat well. Sure, there's the internationally accepted three-meals-a-day format of dining, but why be so limited when you can make like the Taiwanese and ___17___ some gourmet snacking at any time of the day, all day, every day? The capital Taipei has around 20 streets ___18___ to snacking. Every time you think you've found the best street-side bao, the most incredible stinky tofu stand or beef noodle soup, there's always ___19___ Taiwanese food shop that surpasses it. Taiwanese food is a combination of the cuisines of Min Nan Chinese communities, as well as Japanese cuisine. The results of these culinary marriages are as ___20___ as they are delicious. When we asked some friends about the best Taiwanese food on their island, the argument that resulted almost broke up lifelong friendships. "We almost had a war—we just have too many good eats," was the typical reply. Food: it's serious; it's respected; it's all excellent in Taiwan.

16. (A) commercials　(B) initials　　(C) memorials　(D) essentials
17. (A) do　　　　　(B) come　　　(C) want　　　(D) go
18. (A) declared　　(B) dedicated　(C) delighted　(D) descended
19. (A) others　　　(B) the other　(C) another　　(D) other
20. (A) gradual　　　(B) diverse　　(C) lawful　　(D) philosophically

第 21 至 25 題為題組

Police in central New Jersey say they arrested a man on burglary charges after he returned to the ___21___'s house to apologize. Rahway police arrested 35-year-old Craig Fletcher on Wednesday shortly after the homeowner told them a man had just rung his doorbell, apologized for the ___22___ and run off on foot. The homeowner said he ___23___ the June 29 burglary. He chased the burglar, who had stuffed three laptops and an Xbox game console into a backpack. The __24__ threw the bag down and got away. Fletcher was also accused __25__ a second burglary in the same neighborhood. He was taken to the Union County jail in place of $60,000 bail.

21. (A) defendant   (B) victim   (C) victor   (D) delinquent
22. (A) breakthrough   (B) breakup   (C) breakdown   (D) break-in
23. (A) interrupted   (B) corrupted   (C) erupted   (D) abrupt
24. (A) interpreter   (B) investor   (C) intruder   (D) indicator
25. (A) by   (B) for   (C) of   (D) with

第 26 至 30 題為題組

A unique Patek Philippe stainless steel watch fetched a record US$7.3 million when it went under the hammer in Geneva, __26__ the proceeds going to charity. The watch, which had been listed with an asking price of only 700,000-900,000 Swiss francs, had sold for 7.3 million Swiss francs (US$7.3 million) after 9 minutes of intense __27__ by two anonymous telephone bidders. That is the highest price ever paid for a wristwatch at auction. Once the hammer fell, the sale was __28__ by a standing ovation in the room at the luxury La Reserve Hotel in Geneva. The Patek Philippe piece, with its manual winding, minute repeater and perpetual calendar with moon-phase display, was one of 44 unique timepieces created for the "Only Watch" auction by luxury watchmakers and jewelers. In __29__, the auction collected US$11.2 million. All the proceeds of the charity auction will go towards __30__ into rare diseases.

26. (A) in   (B) on   (C) for   (D) with
27. (A) bidding   (B) charging   (C) purchasing   (D) sketching
28. (A) satisfied   (B) secured   (C) greeted   (D) mentioned
29. (A) total   (B) sum   (C) brief   (D) general
30. (A) publication   (B) outbreak   (C) research   (D) instinct

三、文意選填（占 10 分）

說明： 第 31 題至第 40 題，每題一個空格，請依文意在文章後所提供的 (A) 到
　　　 (J)選項中分別選出最適當者，並將其英文字母代號畫記在答案卡之「選
　　　 擇題答案區」。各題答對者，得 1 分；答錯、未作答或畫記多於一個選
　　　 項者，該題以零分計算。

第 31 至 40 題為題組

　　Poseidon is one of the twelve Olympian gods in Greek mythology.
He was the son of Cronus and Rhea. After the ___31___ of their Father
Cronus, he drew lots with his brothers, Zeus and Hades, for shares of
the world. Poseidon became ruler of the sea, Zeus ruled the sky, and
Hades got the underworld. The other divinities ___32___ to him include
the god of earthquakes and the god of horses. The symbols ___33___
with Poseidon include dolphins and tridents, three-forked fish spears.

　　Poseidon was relied upon by sailors for a safe voyage on the sea.
Many men drowned horses in sacrifice to honor him. He lived on the
ocean floor in a palace made of coral and jewels, and drove a chariot
___34___ horses. However, Poseidon was a very moody divinity, and his
temperament could sometimes ___35___ violence. When in a good mood,
he created new lands in the water and a calm sea. In ___36___, when he
was in a bad mood, Poseidon would strike the ground with a trident and
cause uncontrollable earthquakes, shipwrecks, and drownings.

　　One infamous story of Poseidon involves the ___37___ between
him and the goddess of war, Athena, for the city of Athens. To win the
people of the city over, he threw a spear at the ground and produced
the Spring at the Acropolis. However, Athena ___38___ as the result
of giving the people of Athens the olive tree. In his anger over the
decision, Poseidon flooded the Attic Plain. Eventually, Athena and
Poseidon worked together by ___39___ their powers. Even though
Poseidon was the god of horses, Athena built the first chariot. Athena
also built the first ___40___ to sail on the sea over which Poseidon ruled.

(A) associated   (B) overthrow   (C) competition   (D) pulled by

(E) combining   (F) result in   (G) won   (H) contrast

(I) attributed   (J) ship

四、閱讀測驗（占 32 分）

說明： 第 41 題至第 56 題，每題請分別根據各篇文章之文意選出最適當的一個
選項，請畫記在答案卡之「選擇題答案區」。各題答對者，得 2 分；答
錯、未作答或畫記多於一個選項者，該題以零分計算。

第 41 至 44 題爲題組

    "The Great Smog" happened in London starting on December 5th,
1952, and lasted until December 9th, 1952. This catastrophe caused the
death of thousands and became an important influence of the modern
environmental movement. Deaths in most cases during the Great Smog
were due to respiratory tract infections from hypoxia (low level of
oxygenation of blood) caused by the smog. The lung infections were
mainly bronchopneumonia or acute bronchitis. Early in December
1952, as a cold fog descended upon the city, Londoners began to burn
more coal than usual. The resulting air pollution was trapped by the
inversion layer of cold air. Concentrations of pollutants, coal smoke in
particular, built up drastically. The problem was made worse by the use
of low-quality coal for home heating in London. Higher-quality coal
with fewer pollutants was exported because of England's fragile postwar
economic situation. The "fog", or smog, was so thick that driving
became difficult or impossible. It entered indoors easily, and concerts
and screenings of films were cancelled as the audience could not see
the stage or screen.

    Since London was known for its fog, there was no great panic at the
time. In the following weeks, the medical services compiled statistics
and found that the fog had killed 4,000 people—most of whom were
very young or elderly, or had pre-existing respiratory problems. There
was relief that Queen Mary, then aged 85 and suffering with respiratory

problems, was not at Buckingham Palace at the time of the incident. Another 8,000 died in the weeks and months that followed. These shocking revelations led to a rethinking of air pollution; the disaster had demonstrated its lethal potential to people around the world. New regulations were put in place restricting the use of dirty fuels in industry and banning black smoke. These included the Clean Air Acts of 1956 and of 1968, and the City of London (Various Powers) Act of 1954.

41. What is the passage about?
    (A) Modern pollution.
    (B) A catastrophe caused by fog and pollution.
    (C) A cold weather spell in England.
    (D) Queen Mary's health.

42. Why didn't the people of London panic when the fog initially set in?
    (A) The economic situation was unstable.
    (B) It was a common phenomenon in London.
    (C) They were more worried about the Queen.
    (D) There was an abundance of coal.

43. Which of the following was NOT a result of the event?
    (A) Driving became difficult or impossible.
    (B) Concerts and films were cancelled.
    (C) 40,000 people were killed.
    (D) New air pollution regulations were created.

44. Which of the following statements is NOT true?
    (A) The catastrophe was the result of both natural and man-made conditions.
    (B) Most of the casualties were very young or elderly.
    (C) The fog was made worse by coal-burning.
    (D) The Queen was at Buckingham Palace during the event.

<u>第 45 至 48 題為題組</u>

Most people know that Las Vegas is the "Gambling Capital of the World" and Hollywood is considered the "Motion Picture Capital of the World." But did you know that the "Breakfast Cereal Capital of the World" is Battle Creek, Michigan? Or that Fort Payne, Alabama, is the "Sock Capital of the World"?

Many cities and towns (particularly in North America) claim to be a "Capital of the World" of a certain subject or other item. These nicknames are usually based on the city's cultural heritage or history. There are huge rivalries between these communities over who is the barbeque, peanut, peach, spinach, turkey, or garlic "Capital of the World". However, oftentimes, a community becomes a self-declared "Capital of" simply in order to attract tourists. Others base their claims solely on the fact that certain items are produced there. For instance, according to The Hosiery Association, the sock industry's leading trade association, one out of every eight Americans who put on a pair of socks this morning will be wearing a pair made in Fort Payne. Does this mean Fort Payne has bragging rights to socks? That the center of the "Sock Universe" is in Alabama?

Frequently, two cities will claim the same "World Capital" title, based upon differing ideas of what makes somewhere a "Capital." Old Forge, Pennsylvania, a small town with a population of 8,798, claims to be the "Pizza Capital of the World" based on its pizzeria-to-population ratio. Old Forge is home to approximately 21 pizzerias, meaning there is one pizzeria for every 400 residents. In contrast, New York City has a pizzeria-to-population ratio of 3,000 to 1. However, Sao Paulo, Brazil, also calls itself the "Pizza Capital of the World" based on the city's consumption of 1.4 millions pizzas per day, and over 500 million per year. With a population of 10 million inhabitants, that means at least 1 out of every 10 people will order a pizza today. At that rate, it would take residents of Old Forge five years to consume the amount of pizza that Sao Paulo does in one day. Therefore, the title of "Pizza Capital of the World" may be considered subjective.

45. "Capital of the World" nicknames are usually based on which of the following?
    (A) Industrial production.
    (B) Cultural heritage or history.
    (C) Tourism.
    (D) Rivalries with other communities.

46. Where is the "Sock Capital of the World"?
    (A) Fort Payne, Alabama
    (B) Sao Paulo, Brazil
    (C) Las Vegas, Nevada
    (D) Battle Creek, Michigan

47. What is the Old Forge, Pennsylvania, claim to the title of "Pizza Capital of the World" based upon?
    (A) They eat more pizza than anywhere else.
    (B) It has a high ratio of pizzerias to people.
    (C) The town was named after pizza.
    (D) Pizza was invented there.

48. Which statement would the author most likely agree with?
    (A) New York City is the true "Pizza Capital."
    (B) Any town can call itself a "Capital of."
    (C) Fort Payne is the center of the "Sock Universe."
    (D) Battle Creek is a good place to eat cereal.

第 49 至 52 題為題組

Out at sea, gentle waves provide power for thousands of homes. In cities, dance floor moves generate electricity for nightclubs. In the countryside, hikers use leg power to recharge their phones. It is an appealing goal of clean, reliable power free from geopolitical risks— and scientists in the United States say it lies within reach, thanks to a smart way to harvest energy called "triboelectricity."

Researchers say they have built a simple prototype device that converts stop-start movement into power. Waves, walking and dancing —even rainfall, computer keys or urban traffic—could one day be harnessed to drive sensors, mobile devices or even electricity plants, they contend. A professor of materials science and engineering described the invention as a "breakthrough." "Our technology can be used for large-scale energy harvesting, so that the energy we have wasted for centuries will be useful," he told AFP by email.

"Triboelectricity" is a modern term with ancient roots—from the Greek word for "rub." Its electricity is created from friction between two substances causing a charge of electrons to be transferred from one to the other. It commonly happens, for instance, when plastic-soled shoes are in contact with a nylon carpet, causing the snap of static discharge when one's hand touches a metal doorknob. Because triboelectricity is so unpredictable, it has been generally shunned as a power source. The preferred method has been magnetic induction— a turbine driven by nuclear- or fossil-powered steam or water.

But, in a new study published in the journal *Nature Communications*, the team said they had overcome key obstacles to converting a randomly-generated electric charge into current. Their prototype comprises a disc about 10 centimeters across, designed to show the potential from a small, portable generator moved by surrounding energy. Inside are two circular sheets of material, one an electron "donor" and the other an electron "receiver," brought together through rotary movement. If the sheets are separated, one then holds an electric charge isolated by the gap between them.

49. What is the passage about?
   (A) A new source of fossil fuel.
   (B) Research studies in the United States.
   (C) A new technology.   (D) An environmental problem.

50. What is true about "triboelectricity"?
　　(A) It is an ancient technology.
　　(B) It is the preferred form of energy today.
　　(C) It is still being developed.
　　(D) It was invented by scientists in the United States.

51. According to the passage, to which word or phrase is the term "tribo-" most closely related?
　　(A) A tribe or family group.　　(B) Nonstop.
　　(C) Harvesting.　　(D) Friction.

52. Why has magnetic induction been the preferred means of generating power so far?
　　(A) It is more predictable.　　(B) It is safer.
　　(C) It depends on oil.　　(D) It is newer.

第 53 至 56 題為題組

　　Success means many wonderful, positive things. Success means personal prosperity: a big and beautiful home, luxurious vacations, and financial security. Success means winning admiration and leadership, and being respected by people in your business and social life. Success means freedom: freedom from worries, fears, frustrations and failure. Success means self-respect, continually finding more real happiness and satisfaction from life, and being able to do more for those who depend on you.

　　Success—achievement—is the goal of life for every human being. How can we achieve success? We can win success by believing we can succeed. Belief, the "I can" attitude, generates the power, skill, and energy needed to move toward success. When we believe we can do it, the "how to do it" develops.

　　Every day, all over the nation, young people start working in new jobs. Each of them "wishes" that someday he could enjoy the success that goes with reaching the top. But the majority of these young people simply do not have the belief that it takes to reach the top. Believing it is impossible to climb high, they do not discover the steps that lead to great heights. Their behavior remains that of the "average" person. As a result, they do not reach the top.

But a small number of these young people really believe they will succeed. They approach their work with an "I'm going to the top" attitude. And with substantial belief they reach the top. Believing they will succeed—and that it is not impossible—these folks study and observe the behavior of senior executives. They learn how successful people approach problems and make decisions. They observe the attitudes of successful people. The "how to do it" always comes to the person who believes he can do it, and such a person will eventually achieve success.

53. What is the best title for this passage?
    (A) The Definition of Success   (B) The Key to Being Successful
    (C) The Benefits of Being Successful
    (D) The Steps to Reach the Top in Life

54. Which is not mentioned in this passage as part of being successful?
    (A) Having sufficient money.   (B) Winning others' respect.
    (C) Feeling satisfied and happy.
    (D) Knowing someone important.

55. According to the passage, where do we get the strength and ability we need to obtain success?
    (A) Confidence in ourselves.   (B) Strong wishes to succeed.
    (C) The attitudes of successful people.
    (D) Self-respect and people's admiration.

56. According to the passage, some people do not reach the top in life because they do not
    (A) have the power to climb high.

(B) have the know-how to do it.

(C) have the right attitude and belief.

(D) know how to approach problems.

第貳部分：非選擇題（占28分）

說明： 本部分共有二題，請依各題指示作答，答案必須寫在「答案卷」上，並標明大題號（一、二）。作答務必使用筆尖較粗之黑色墨水的筆書寫，且不得使用鉛筆。

一、中譯英（占8分）

說明： 1. 請將以下中文句子譯成正確、通順、達意的英文，並將答案寫在「答案卷」上。

2. 請依序作答，並標明子題號。每題4分，共8分。

1. 在繁忙的作息裡，偶爾玩點小遊戲有助於抒發一些壓力。

2. 不過，如果變得沉溺其中就適得其反了。

二、英文作文（占20分）

說明： 1. 依提示在「答案卷」上寫一篇英文作文。

2. 文長至少120個單詞（words）。

提示： 請根據下方圖片的場景，描述整個事件發生的前因後果。文章請分兩段，第一段說明之前發生了什麼事情，並根據圖片內容描述現在的狀況；第二段請合理說明接下來可能會發生什麼事，或者未來該做些什麼。文長約120個單詞（words）左右。

7000 字範圍大學入學學科能力測驗
英文試題⑥詳解

第壹部分：單選題

一、詞彙：

1. (**C**) 自動提款機讓銀行的顧客幾乎在世界各地都能進行他們的銀行<u>交易</u>。
    (A) security³ ﹝ sɪˋkjʊrətɪ ﹞ n. 安全　　secure⁵ ﹝ sɪˋkjʊr ﹞ adj. 安全的
    (B) withdrawal ﹝ wɪðˋdrɔəl ﹞ n. 提款；撤退
        withdraw⁴ v. 提（款）；撤退
    (C) ***transaction***⁶ ﹝ trænsˋækʃən ﹞ n. 交易　　transact v. 進行（交易）
    (D) medication⁶ ﹝ ˌmɛdɪˋkeʃən ﹞ n. 藥物治療
    * ***ATM***⁴ n. 自動提款機（ = automated-teller machine ）
      allow¹ ﹝ əˋlaʊ ﹞ v. 允許；使能夠　　conduct⁵ ﹝ kənˋdʌkt ﹞ v. 進行
      banking ﹝ ˋbæŋkɪŋ ﹞ n. 銀行業務【bank¹ ﹝ bæŋk ﹞ n. 銀行】

2. (**D**) 個人<u>識別碼</u>的點子是約翰・薛波德・貝隆想出來的，並由他的妻子
    卡洛琳加以改良。
    (A) profile⁵ ﹝ ˋprofaɪl ﹞ n. 人物簡介；側面（像）
    (B) dressing⁵ ﹝ ˋdrɛsɪŋ ﹞ n. 調味醬；穿衣；打扮
        salad dressing n. 沙拉醬　　dressing table 梳妝臺
    (C) motivation⁴ ﹝ ˌmotəˋveʃən ﹞ n. 動機；激勵　　motivate⁴ v. 激勵
    (D) ***identification***⁴ ﹝ aɪˌdɛntəfəˋkeʃən ﹞ n. 辨認；確認；識別；證件
        identify⁴ v. 確認；辨識
        personal identification number 個人
        識別碼；個人密碼【簡稱 PIN】

    > identity n. 身分
    > identical adj. 相同的

    * personal² ﹝ ˋpɜsn̩l ﹞ adj. 個人的　　***think up*** 想出
      John Shepherd Barron ﹝ ˋdʒɑnˋʃɛpədˋbærən ﹞ n. 約翰・薛波德・貝隆
        【蘇格蘭人，發明自動提款機，人稱「自動提款機之父」】
      refine⁶ ﹝ rɪˋfaɪn ﹞ v. 精鍊；使文雅；改良；改進
      Caroline ﹝ ˋkærəˌlaɪn ﹞ n. 卡洛琳【女子名】

3. (**B**) 雪倫結束了她的婚姻，不想再靠一點點的薪水過活，這樣有助於<u>確保</u>
    她有舒適的未來。
    (A) submit⁵ ﹝ səbˋmɪt ﹞ v. 服從；提出 < *to* >
    (B) ***ensure*** ﹝ ɪnˋʃʊr ﹞ v. 確保　　【比較】assure⁴ v. 向…保證

(C) confront[5] 〔kən'frʌnt〕 *v.* 面對；使面對
　　I am *confronted* with enormous difficulties. 我面臨很大的困難。
(D) combat[5] 〔'kɑmbæt〕 *v. n.* 戰鬥
* paycheck 〔'pe,tʃɛk〕 *n.* 薪水支票
  live from paycheck to paycheck 靠一點點薪水過活

4. (**C**) 這間飯店每天收費台幣兩千六百元，<u>不包括</u>三餐。所以除了信用卡之外，不要忘記帶一些現金。

(A) decisive[6] 〔dɪ'saɪsɪv〕 *adj.* 決定性的
　　decide[1] *v.* 決定　　decision[2] *n.* 決定
(B) respective[6] 〔rɪ'spɛktɪv〕 *adj.* 個別的 (= *individual*[3])
　　respect[2] *v.* 尊敬　*n.* 尊敬；方面
(C) *exclusive*[6] 〔ɪk'sklusɪv〕 *adj.* 排他性的
　　exclusive of …除外；不包括
(D) positive[2] 〔'pɑzətɪv〕 *adj.* 肯定的；積極的；樂觀的
　　(↔ negative[2] *adj.* 否定的；消極的)
* charge[2] 〔tʃɑrdʒ〕 *v.* 收費　　meal[2] 〔mil〕 *n.* 餐飯
  cash[2] 〔kæʃ〕 *n.* 現金　　besides[2] 〔bɪ'saɪdz〕 *prep.* 除了…之外 (還有)

5. (**A**) 超級有錢人所享有的<u>特權</u>，是你作夢也想像不到的。

(A) *privilege*[4] 〔'prɪvlɪdʒ〕 *n.* 特權；特別待遇
　　privileged *adj.* 有特權的
(B) monument[4] 〔'mɑnjəmənt〕 *n.* 紀念碑 (= *memorial*[4])
(C) assassination[6] 〔ə,sæsn'eʃən〕 *n.* 暗殺
　　assassinate[6] *v.* 暗殺　　assassin *n.* 暗殺者；刺客
(D) celebrity[5] 〔sə'lɛbrətɪ〕 *n.* 名人
　　celebrated 〔'sɛlə,bretɪd〕 *adj.* 有名的
* *beyond one's imagination* 超乎想像
  wild imagination 狂想；不著邊際的想像
  beyond one's wildest imagination 完全無法想像

6. (**B**) 當你進入一棟建築物時，一定要使門開著，讓跟你走同一個門的人通過。這在許多文化中都是常見的<u>禮節</u>。

(A) process[3] 〔'prɑsɛs〕 *n.* 過程
(B) *courtesy*[4] 〔'kɜtəsɪ〕 *n.* 禮貌；禮節 (= *etiquette* 〔'ɛtɪ,kɛt〕)
　　courteous[4] 〔'kɜtɪəs〕 *adj.* 有禮貌的

(C) acceptance[4] 〔 ək'sɛptəns 〕 *n.* 接受　　accept[2] *v.* 接受

(D) operation[4] 〔 ˌɑpə'reʃən 〕 *n.* 操作；手術 (= *surgery*[4])

operate[2] *v.* 運作；動手術

* *be sure to* 一定要

hold the door open for sb. 爲某人（用手頂）把門開著

common[1] 〔'kɑmən 〕 *adj.* 常見的　　culture[2] 〔'kʌltʃə 〕 *n.* 文化

7. (**A**) 大家普遍都認爲，減稅可能<u>有助於</u>經濟的復甦。

(A) *facilitate*[6] 〔 fə'sɪləˌtet 〕 *v.* 使便利；促進；幫助

> facilitate *v.*
> = make easier

facilities[4] *n. pl.* 設施

(B) encounter[4] 〔 ɪn'kaʊntə 〕 *v.* 遭遇

The explorers *encountered* many hardships.

那些探險家遭遇到許多困難。

(C) forsake[6] 〔 fə'sek 〕 *v.* 抛棄 (= *abandon*[4])

(D) stereotype[5] 〔'stɛrɪəˌtaɪp 〕 *n.* 刻板印象；典型　　*v.* 把…定型

* widely[1] 〔'waɪdlɪ 〕 *adv.* 廣泛地；普遍地　　cut[1] 〔 kʌt 〕 *v.* 減少

tax[3] 〔 tæks 〕 *n.* 稅　　economic[4] 〔 ˌikə'nɑmɪk 〕 *adj.* 經濟的

recovery[4] 〔 rɪ'kʌvərɪ 〕 *n.* 恢復

8. (**C**) 蘇<u>故意</u>放火燒了史蒂夫的房子，因爲他一再地出軌。

(A) ironically[6] 〔 aɪ'rɑnɪklɪ 〕 *adv.* 諷刺地　　ironic[6] *adj.* 諷刺的

irony[6] 〔'aɪrənɪ 〕 *n.* 諷刺

(B) miraculously[6] 〔 mə'rækjələslɪ 〕 *adv.* 奇蹟般地

miraculous[6] *adj.* 奇蹟般的；不可思議的

miracle[3] 〔'mɪrəkḷ 〕 *n.* 奇蹟

(C) *deliberately*[6] 〔 dɪ'lɪbərɪtlɪ 〕 *adv.* 故意地 (= *on purpose*)

(D) permanently[4] 〔'pɝmənəntlɪ 〕 *adv.* 永久地 (= *forever*[3])

permanent[4] *adj.* 永久的

* *set fire to* 放火燒　　*cheat on sb.* 背著某人在外面拈花惹草

time and again 屢次；多次 (= *time and time again* = *time after time*)

9. (**D**) <u>奢侈稅</u>的其中一個影響就是，很多比較有錢的人，會選擇在國外購

買高價的商品。

(A) aviation[6] 〔 ˌevɪ'eʃən 〕 *n.* 飛行；航空

avian 〔'evɪən 〕 *adj.* 鳥類的　　avian flu 禽流感

(B) perception[6] 〔 pə'sɛpʃən 〕 *n.* 知覺；感受

perceive[5] 〔 pə'siv 〕 *v.* 察覺；發覺

(C) deprivation〔͵dɛprə'veʃən〕*n.* 剝奪　　deprive[6]〔dɪ'praɪv〕*v.* 剝奪
　　deprive *sb.* of *sth.* 剝奪某人的某物

(D) *luxury*[4]〔'lʌkʃərɪ〕*n.* 奢侈　　*luxury tax* 奢侈稅

* effect[2]〔ɪ'fɛkt〕*n.* 影響　　high-priced〔͵haɪ'praɪst〕*adj.* 高價的
goods[4]〔gʊdz〕*n. pl.* 商品

10. (**B**) 我們整個社會的一個重要<u>特色</u>，就是渴望公平正義。

(A) majesty[5]〔'mædʒɪstɪ〕*n.* 威嚴 (= *dignity*[4])
majestic[5]〔mə'dʒɛstɪk〕*adj.* 有威嚴的；雄偉的 (= *grand*[1])

(B) *feature*[3]〔'fitʃɚ〕*n.* 特質；特性 (= *trait*[6] = *characteristic*[4])

(C) detergent[5]〔dɪ'tɚdʒənt〕*n.* 清潔劑

(D) division[2]〔də'vɪʒən〕*n.* 劃分；分配
divide[2]〔də'vaɪd〕*v.* 劃分；分割

* key[1]〔ki〕*adj.* 重要的　　*as a whole* 就整體而言；整個看來
justice[3]〔'dʒʌstɪs〕*n.* 正義；公平

11. (**A**) 傑克・特里柏在紅燈<u>區</u>出生、長大，但這一點似乎對他並沒有任何
不良的影響。

(A) *district*[4]〔'dɪstrɪkt〕*n.* 地區　　*red-light district* 紅燈區；風化區

(B) foundation[4]〔faʊn'deʃən〕*n.* 基礎；基金會　　found *v.* 創立

(C) suburb[3]〔'sʌbɚb〕*n.* 郊外；市郊
in the suburbs 在郊區 (= *on the outskirts*[5])

(D) dormitory[4,5]〔'dɔrmə͵torɪ〕*n.* 宿舍 (= *dorm*)

* Jack Tripper *n.* 傑克・特里柏【美國影集「三人行」(Three's Company)
的男主角】　　influence[2]〔'ɪnfluəns〕*n.* 影響

12. (**C**) 辛苦工作一個禮拜後，我爸媽會<u>躲</u>到他們位於鄉下的房子放鬆一下。

(A) target[2]〔'tɑrgɪt〕*n.* 目標
a target of / for criticism 受批評的目標

(B) accommodate[6]〔ə'kɑmə͵det〕*v.* 容納
accommodation[6] *n.* 容納；(*pl.*) 住宿設備

(C) *retreat*[4]〔rɪ'trit〕*v.* 撤退；離開；逃避；躲避　*n.* 僻靜處；休息寓所

(D) prescribe[6]〔prɪ'skraɪb〕*v.* 開藥方
prescription[6]〔prɪ'skrɪpʃən〕*n.* 藥方

* countryside[2]〔'kʌntrɪ͵saɪd〕*n.* 鄉間；鄉村地區
relax[3]〔rɪ'læks〕*v.* 放鬆

13.(**B**) 保險<u>代理人</u>比學校老師賺的錢要多很多。但還是有比較多的人較喜歡
當老師。

(A) competitor[4] 〔kəmˋpɛtətɚ〕 *n.* 競爭者　　compete[3] *v.* 競爭
competition[4] 〔ˏkɑmpəˋtɪʃən〕 *n.* 競爭

(B) ***agent***[4] 〔ˋedʒənt〕 *n.* 代理人；經紀人

(C) negotiator 〔nɪˋgoʃɪˏetɚ〕 *n.* 協商者；談判者
negotiate[4] *v.* 協商；談判　　negotiation[6] *n.* 協商；談判

(D) monitor[4] 〔ˋmɑnətɚ〕 *n.* 監視器；顯示器　　*v.* 監視

* insurance[4] 〔ɪnˋʃʊrəns〕 *n.* 保險
though[1] 〔ðo〕 *adv.* 不過；但是【置於句中或句尾】

14.(**D**) 你獲得這所名校的入學許可真是<u>太棒了</u>。

(A) eternal[5] 〔ɪˋtɝn̩〕 *adj.* 永恆的 (= *permanent*[4])

(B) hollow[3] 〔ˋhɑlo〕 *adj.* 中空的 (= *empty*[3])

(C) upgrade[6] 〔ˏʌpˋgred〕 *v.* 使升級；改善

(D) ***fabulous***[6] 〔ˋfæbjələs〕 *adj.* 極好的；很棒的 (= *fantastic*[4])

* absolutely[4] 〔ˋæbsəˏlutlɪ〕 *adv.* 絕對地；完全地
prestigious[6] 〔prɛsˋtɪdʒəs〕 *adj.* 有名聲的；有聲望的

15.(**B**) 這是您的行程表。您為期五天的東京之旅，都已經<u>預訂</u>完成。

(A) observation[4] 〔ˏɑbzɚˋveʃən〕 *n.* 觀察；遵守
observe[6] 〔əbˋzɝv〕 *v.* 觀察；遵守

(B) ***reservation***[4] 〔ˏrɛzɚˋveʃən〕 *n.* 預訂
reserve[3] 〔rɪˋzɝv〕 *v.* 預訂；保留

(C) preservation[4] 〔ˏprɛzɚˋveʃən〕 *n.* 保存；維持
preserve[4] 〔prɪˋzɝv〕 *v.* 保存

(D) conservation[6] 〔ˏkɑnsəˋveʃən〕 *n.* 節省；保護
conserve[5] 〔kənˋsɝv〕 *v.* 節省；保護

二、綜合測驗：

<u>第 16 至 20 題為題組</u>

　　CNN 的旅遊網站指出：「台灣旅遊有三樣<u>必需品</u>：護照、現金，還有，要
　　　　　　　　　　　　　　　　　　　　　　　　　　16
多一個胃。」小吃在台灣是大事，此地的觀念是常常吃，而且吃得好。的確，
國際間普遍接受一天吃三餐的模式，但是，當你可以像台灣人一樣，可以隨時、
一整天、天天<u>吃</u>美味的小吃時，何必那麼受到限制呢？
　　　　　　　　　　　　　　　　　　　17

* passport[3] 〔'pæs,port 〕 *n.* 護照　　***small eats*** 小吃 (= *snacks*[2])

philosophy[4] 〔 fə'lɑsəfɪ 〕 *n.* 哲學；人生觀 (= *attitude*[3] = *viewpoint*[1])

accepted[2] 〔 æk'sɛptɪd 〕 *adj.* 為一般所接受的 (= *established*[4])

format[5] 〔'fɔrmæt 〕 *n.* 形式；模式 (= *arrangement*[2] = *style*[3])

make like 模仿；假裝是 (= *imitate*[4] = *pretend*[3] *to be*)

gourmet 〔'gʊrme 〕 *n.* 美食家　　*adj.* 美食的；美味的

snack[2] 〔 snæk 〕 *v.* 吃點心、小吃 (= *eat between meals*)

16. (**D**) (A) commercial[3] 〔 kə'mɝʃəl 〕 *adj.* 商業的 (= *business*[2] = *trade*[2])

　　　 n. 廣告【廣播、電視中的廣告】

　　(B) initial[4] 〔 ɪ'nɪʃəl 〕 *adj.* 最初的；起首的 (= *original*[3] = *first*[1])

　　　 n. 起首字母【如：J.F. Kennedy，

　　J.F.代表 John Fitzgerald】

　　(C) memorial[5] 〔 mə'morɪəl 〕 *adj.* 紀念的

　　　 n. 紀念碑 (= *monument*[4])

　　(D) ***essential***[4] 〔 ə'sɛnʃəl 〕 *adj.* 必要的；

　　　不可或缺的　 *n.* 必需品

　　　 (= *necessity*[3] = *requirement*[2] = *must*[1])

> essential[4] *adj.*
> = vital[4]
> = crucial[6]
> = indispensable[5]
> = important[1]
> = necessary[2]

17. (**A**) 動名詞前有 some，動詞要用 ***do***，***do some V-ing*** 表示「做一點…」

　　　 之意，故選 (A)。而 (D) go 後面要直接接動名詞，用法不合。

　　　 (B) come 和 (C) want 則無此用法。

首都台北大約有 20 條街<u>都</u>是小吃街。每次你認為你發現了最好吃的路邊包子、

　　　　　　　　　　　　　18

最讚的臭豆腐攤或牛肉麵時，總是會有<u>另一家</u>超越它。台灣的小吃綜合了中國

　　　　　　　　　　　　　　19

閩南地區的食物，以及日本料理。這些口味的結合，結果是既<u>多元</u>又好吃。當

　　　　　　　　　　　　　　　　20

我們問一些朋友台灣全島什麼食物最棒時，接下來的爭執幾乎會毀了畢生的友

誼。典型的回答是「我們都快開戰了——我們好吃的小吃太多了。」小吃是很

嚴肅的；是很受到尊敬的；在台灣，全部的小吃都很棒。

* capital[3,4] 〔'kæpətḷ 〕 *n.* 首都

incredible 〔 ɪn'krɛdəbḷ 〕 *adj.* 不可置信的；

　極好的【credible[6] 〔'krɛdəbḷ 〕 *adj.* 可信的】

stinky 〔'stɪŋkɪ 〕 *adj.* 臭的【stink[5] 〔 stɪŋk 〕 *v.* 發臭】

stinky tofu 臭豆腐　　stand[1] 〔 stænd 〕 *n.* 架子；攤子

beef noodle soup 牛肉麵

> incredible
> = amazing[3]
> = fantastic[4]
> = excellent[2]
> = terrific[2]
> = superb[6]

surpass[6] 〔 sə'pæs 〕 v. 超越（ = exceed[5] = beat[1]）
combination[4] 〔ˌkɑmbə'neʃən〕 n. 結合
cuisine[5] 〔 kwɪ'zin 〕 n. 烹飪；料理（ = cooking[1] = food[1]）
community[4] 〔 kə'mjunətɪ 〕 n. 社區；社會
culinary[2] 〔'kjuləˌnɛrɪ〕 adj. 烹飪的
marriage[2] 〔'mærɪdʒ〕 n. 婚姻；結合（ = blend[4]）
argument[2] 〔'ɑrgjəmənt〕 n. 爭論（ = quarrel[3] = dispute[4]）
result[2] 〔 rɪ'zʌlt 〕 v. 因而發生（ = follow[1]）
break up 拆散；使破裂（ = separate[2] = tear apart）
typical[3] 〔'tɪpɪkl̩〕 adj. 典型的（ = normal[3] = standard[2]）

18. (**B**) (A) declare[4] 〔 dɪ'klɛr 〕 v. 宣布；宣告（ = announce[3]）
   (B) ***dedicate***[6] 〔'dɛdəˌket〕 v. 投入；奉獻（ = devote[4] = commit[4]）
   (C) delight[4] 〔 dɪ'laɪt 〕 v. 使高興（ = please[1]）
   (D) descend[6] 〔 dɪ'sɛnd 〕 v. 下降（ = go down）

19. (**C**) 依句意，一家很好吃，總有「另一家」更好吃，選 (C) ***another***。

20. (**B**) (A) gradual[3] 〔'grædʒuəl〕 adj. 逐漸的
   (B) ***diverse***[6] 〔 daɪ'vɜs 〕 adj. 各種的；多種的（ = various[3]）
   (C) lawful[4] 〔'lɔfəl〕 adj. 法律的；合法的（ = legal[2] = legitimate[6]）
   (D) philosophical[4] 〔ˌfɪlə'sɑfɪkl̩〕 adj. 哲學的；達觀的

第 21 至 25 題爲題組

  紐澤西州中部警方說，他們以竊盜罪名逮捕了一名男子，在他回到被害人
                             21
的家去道歉之後。週三，屋主告訴警方一名男子來按他的門鈴，爲他的闖入道
                             22
歉，然後步行跑走，之後羅威郡警方逮捕了35歲的克雷格・佛萊契。屋主說，
他打斷了6月29日這件竊盜事件，竊賊把三台筆電和一台Xbox遊戲主機塞入背
 23
包，他去追他，這名入侵者把包包丟掉就跑了。佛萊契也被控告，在同一個社
                         24
區犯下第二起竊盜案。他被帶到聯合郡立監獄，以取代六萬元的保釋金。

  * arrest[2] 〔 ə'rɛst 〕 v. 逮捕（ = capture[3] = catch[1]）
   burglary 〔'bɜglərɪ〕 n. 竊盜（罪）【burglar[3] 〔'bɜglɚ〕 n. 竊賊】
   charge[2] 〔 tʃɑrdʒ 〕 n., v. 控告
   apologize[4] 〔 ə'pɑləˌdʒaɪz 〕 v. 道歉【apology[4] 〔 ə'pɑlədʒɪ 〕 n. 道歉】

shortly³〔ˈʃɔrtlɪ〕*adv.* 不久（= *soon*¹）
ring¹〔rɪŋ〕*v.* 鳴（鐘）；按（鈴）【三態變化：ring-rang-rung】
doorbell〔ˈdor͵bɛl〕*n.* 門鈴　　***on foot*** 步行
chase¹〔tʃes〕*v.* 追趕　　stuff³〔stʌf〕*v.* 填塞
laptop〔ˈlæp͵tɑp〕*n.* 膝上型電腦；筆電【lap²〔læp〕*n.* 膝上】
console⁵〔kənˈsol〕*v.* 安慰　　*n.* 遊戲機；主機
backpack⁴〔ˈbæk͵pæk〕*n.* 背包　　accuse⁴〔əˈkjuz〕*v.* 控告
neighborhood³〔ˈnebɚ͵hud〕*n.* 鄰近地區　　union³〔ˈjunjən〕*n.* 聯合
county²〔ˈkauntɪ〕*n.* 郡　　jail³〔dʒel〕*n.* 監獄（= *prison*²）
in place of 代替　　bail〔bel〕*n.* 保釋（金）

21.（**B**）(A) defendant〔dɪˈfɛndənt〕*n.* 被告【defend⁴〔dɪˈfɛnd〕*v.* 保衛；辯護】
　　　　(B) ***victim***³〔ˈvɪktɪm〕*n.* 受害者
　　　　(C) victor⁶〔ˈvɪktɚ〕*n.* 勝利者（= *winner*² = *conqueror*⁴）
　　　　(D) delinquent⁶〔dɪˈlɪŋkwənt〕*n.* 犯罪者（= *criminal*³）

22.（**D**）(A) breakthrough⁶〔ˈbrek͵θru〕*n.* 突破（= *advance*⁵ = *leap forward*）
　　　　(B) breakup⁶〔ˈbrek͵ʌp〕*n.* 分手（= *separation*³）
　　　　(C) breakdown⁶〔ˈbrek͵daun〕*n.* 故障；崩潰（= *failure*² = *collapse*⁴）
　　　　(D) ***break-in***〔ˈbrek͵ɪn〕*n.* 闖入；侵入（= *burglary*）

23.（**A**）(A) ***interrupt***³〔͵ɪntəˈrʌpt〕*v.* 打岔；打斷（= *disturb*⁴ = *disrupt*）
　　　　(B) corrupt³〔kəˈrʌpt〕*v.* 墮落；貪腐（= *degrade*¹）
　　　　(C) erupt⁶〔ɪˈrʌpt〕*v.* 爆發（= *explode*² = *break out*）
　　　　(D) abrupt³〔əbˈrʌpt〕*adj.* 突然的（= *sudden*⁵）

24.（**C**）(A) interpreter³〔ɪnˈtɝprɪtɚ〕*n.* 翻譯者（= *translator*¹）
　　　　(B) investor³〔ɪnˈvɛstɚ〕*n.* 投資者
　　　　(C) ***intruder***⁶〔ɪnˈtrudɚ〕*n.* 入侵者（= *invader*⁴ = *trespasser*⁶）
　　　　(D) indicator³〔ˈɪndə͵ketɚ〕*n.* 指示物（= *pointer*）；標誌

25.（**C**）***accuse***⁴ *sb. of* sth. 控告某人某項罪名（= *charge*² *sb. with* sth.）

第 26 至 30 題為題組

　　一只獨特的百達翡麗不鏽鋼錶，在日內瓦拍賣時，破紀錄賣得了美金 730 萬，而全部收益將捐給慈善機構。這只錶原先列出的開價只要 70 到 90 萬瑞士法郎，結果在兩位匿名競標者激烈競標九分鐘之後，以 730 萬瑞士法郎（美金 730 萬）賣出。那是拍賣會上有史以來為一只腕錶所付出的最高價格。

* unique[4] 〔 ju'nik 〕 *adj.* 獨特的 (= *special*[1])
stainless 〔'stenlɪs 〕 *adj.* 無汙點的；不生鏽的【stain[5] 〔 sten 〕 *n.* 汙點】
steel[2] 〔 stil 〕 *n.* 鋼　***stainless steel*** 不鏽鋼
fetch[4] 〔 fɛtʃ 〕 *v.* 拿來；賣得 (= *sell for* = *bring in* = *get*)
record[2] 〔'rɛkəd 〕 *n.* 紀錄　*adj.* 破紀錄的【record[2] 〔 rɪ'kɔrd 〕 *v.* 記錄】
hammer[2] 〔'hæmə 〕 *n.* 槌子　***go/come under the hammer*** 被拍賣
Geneva[3] 〔 dʒə'nivə 〕 *n.* 日內瓦【位於瑞士西南部】
proceeds[4] 〔'prosidz 〕 *n.* 收益 (= *earnings*[3])
charity[4] 〔'tʃærətɪ 〕 *n.* 慈善；慈善機構
list[1] 〔 lɪst 〕 *v.* 列入；列出

an	+ onym	+ ous
without	+ name	+ adj.

asking price 開價；索價　***Swiss franc*** 瑞士法郎【瑞士貨幣單位】
intense[4] 〔 ɪn'tɛns 〕 *adj.* 激烈的 (= *severe*[4])
anonymous[6] 〔 ə'nɑnəməs 〕 *adj.* 匿名的 (= *unidentified* = *unnamed*)
bidder 〔'bɪdə 〕 *n.* 出價者；競標者【bid[5] 〔 bɪd 〕 *v.* 出價；競標】
wristwatch 〔'rɪst,watʃ 〕 *n.* 腕錶【wrist[3] 〔 rɪst 〕 *n.* 手腕】
auction[6] 〔'ɔkʃən 〕 *n.* 拍賣

26. (**D**)　「*with* + 受詞 + 受詞補語」，表「附帶狀態」。

27. (**A**)　(A) ***bidding***[5] 〔'bɪdɪŋ 〕 *n.* 出價 (= *offer*[2])
(B) charge[2] 〔 tʃɑrdʒ 〕 *v.* 收費；索費；控告；充電
(C) purchase[5] 〔'pɝtʃəs 〕 *v., n.* 購買 (= *buy*[1])
(D) sketch[4] 〔 skɛtʃ 〕 *v., n.* 素描；概要 (= *draft*[4])

在豪華的日內瓦保護區溫泉酒店，當拍賣的槌子一落下，全場立即起立鼓掌，
<u>迎接交易完成</u>。這只百達翡麗的手錶，有手動上發條、反覆分鐘報時鐘、萬年
　28
曆和月相顯示，這是此次由高級鐘錶商和珠寶商所推出的 "Only Watch" 拍賣
會中，44 只獨特手錶中的一只。這次拍賣會所得<u>總共美金 1,120 萬元</u>，這場慈
　　　　　　　　　　　　　　　　　　　　　　　29
善拍賣所有收益都將捐助罕見疾病的<u>研究</u>。
　　　　　　　　　　　　30

* ovation 〔 o've ʃən 〕 *n.* 熱烈鼓掌 (= *loud and long applause*[5])
standing ovation 起立鼓掌
luxury[4] 〔'lʌkʃərɪ 〕 *n.* 奢侈 (品)　*adj.* 豪華的；高級的 (= *luxurious*[4])
manual[4] 〔'mænjuəl 〕 *adj.* 手動的　　winding[2] 〔'waɪndɪŋ 〕 *n.* 上發條
repeater[2] 〔 rɪ'pitə 〕 *n.* 反覆報時鐘
perpetual 〔 pə'pɛtʃuəl 〕 *adj.* 永久的 (= *permanent*[4])
calendar[2] 〔'kæləndə 〕 *n.* 曆法　　phase[6] 〔 fez 〕 *n.* 階段 (= *stage*[2])
moon phase 月相　　display[2] 〔 dɪ'sple 〕 *n.* 展示；顯示

timepiece[2] 〔'taɪm͵pis〕 *n.* 計時器；鐘錶
jeweler 〔'dʒuələ〕 *n.* 珠寶商【jewel[3] 〔'dʒuəl〕 *n.* 珠寶】
rare[2] 〔 rɛr 〕 *adj.* 罕見的

28. (**C**) (A) satisfy[2] 〔'sætɪs͵faɪ〕 *v.* 使滿意；滿足
　　　　(B) secure[5] 〔 sɪ'kjur 〕 *adj.* 安全的　*v.* 獲得（= *acquire*[4]）；確保
　　　　(C) ***greet***[2] 〔 grit 〕 *v.* 問候；迎接（= *receive*[1] = *meet*[1]）
　　　　(D) mention[3] 〔'mɛnʃən〕 *v.* 提到（= *state*[1]）

29. (**A**) (A) ***in total*** 總共；總計（= *altogether*[2]）
　　　　(B) in sum 總之　　　(C) in brief 簡言之
　　　　(D) in general 一般來說（= *generally speaking*）

30. (**C**) (A) publication[4] 〔͵pʌblɪ'keʃən〕 *n.* 出版（品）
　　　　(B) outbreak[6] 〔'aut͵brek〕 *n.* 爆發（= *sudden occurrence*[5]）
　　　　(C) ***research***[4] 〔'risɝtʃ,rɪ'sɝtʃ〕 *n.* 研究（= *study*[1]）
　　　　(D) instinct[4] 〔'ɪnstɪŋkt〕 *n.* 本能（= *intuition*[5] = *nature*[1]）

三、文意選填：

第 31 至 40 題為題組

　　波塞頓是希臘神話中，奧林帕斯山 12 位主神之一，他是克羅納斯和莉亞之子。在 [31](B) 推翻父親克羅納斯之後，他和兄弟宙斯、黑帝斯抽籤分配全世界。波塞頓成為海洋的統治者，宙斯統治天空，黑帝斯則得到冥界。其他 [32](I) 歸屬於他的神性還包括地震之神，及馬匹之神。與波塞頓 [33](A) 有關的象徵包括海豚和三叉戟，有三個分叉的魚叉。

　　* Poseidon 〔 po'saɪdn̩ 〕 *n.* 波塞頓【希臘神話中的海神，武器是三叉戟】
　　Olympian 〔 o'lɪmpɪən 〕 *adj.* 奧林帕斯山的
　　god[1] 〔 gɑd 〕 *n.* 神（= *divinity*）　　Greek 〔 grik 〕 *adj.* 希臘的
　　mythology[6] 〔 mɪ'θɑlədʒɪ 〕 *n.* 神話【集合名詞】
　　Cronus 〔'kronəs〕 *n.* 克羅納斯【泰坦族巨人（Titans）之一，宙斯之父】
　　Rhea 〔'riə〕 *adj.* 莉亞【大地之母，為克羅納斯之妻，宙斯之母】
　　overthrow[4] 〔͵ovə'θro〕 *v., n.* 推翻　　***draw lots*** 抽籤
　　Zeus 〔 zus 〕 *n.* 宙斯【希臘神話中，奧林帕斯山（Olympus）的主神】
　　Hades 〔'hediz〕 *n.* 黑帝斯【希臘神話中的冥王】
　　share[2] 〔 ʃɛr 〕 *n., v.* 分享　　underworld 〔'ʌndə͵wɝld〕 *n.* 陰間；冥界
　　divinity 〔 də'vɪnətɪ 〕 *n.* 神力；神性；神【divine[4] 〔 də'vaɪn 〕 *adj.* 神的】
　　attribute 〔 ə'trɪbjut 〕 *v.* 歸因於；歸屬於 < *to* >

symbol[2]〔ˈsɪmbl̩〕 *n.* 象徵；記號
associate[4] 〔əˈsoʃɪ‚et〕 *v.* 聯想；有關 < *with* >
dolphin[2] 〔ˈdɑlfɪn〕 *n.* 海豚　　trident 〔ˈtraɪdn̩t〕 *n.* 三叉戟
forked[1] 〔fɔrkt〕 *adj.* 分叉的　　spear[4] 〔spɪr〕 *n.* 槍；矛；魚叉

　　水手們仰賴波塞頓，祈求在海上旅途平安。很多人會把馬匹丟到海裡淹死作為犧牲，來祭拜他。他住在海底一座由珊瑚、珠寶蓋成的宮殿裡，駕著由馬匹 [34]**(D)** 拉著的兩輪戰車。然而，波塞頓是一位心情不穩的神，他暴躁的性情有時會 [35]**(F)** 導致暴力。心情好的時候，他會在水裡創造新的陸地，平靜的海面。[36]**(H)** 對比之下，心情不好的時候，他會用三叉戟撼動地面，造成無法控制的地震、船難和淹死事件。

* *rely on* 依賴；仰賴 (= *depend on*)　　sailor[2] 〔ˈselɚ〕 *n.* 水手
voyage[4] 〔ˈvɔɪɪdʒ〕 *n.* 旅程 (= *journey*)　　drown[3] 〔draʊn〕 *v.* 淹死
sacrifice[4] 〔ˈsækrə‚faɪs〕 *n.*, *v.* 犧牲　　honor[3] 〔ˈɑnɚ〕 *v.* 向…表示敬意
ocean floor 海底　　palace[3] 〔ˈpælɪs〕 *n.* 宮殿
coral[5] 〔ˈkɔrəl〕 *n.* 珊瑚　　jewel[3] 〔ˈdʒuəl〕 *n.* 珠寶
chariot[6] 〔ˈtʃærɪət〕 *n.* (古希臘、羅馬的) 兩輪戰車
moody 〔ˈmudɪ〕 *adj.* 心情不穩的 (= *unstable*)
【mood[3] 〔mud〕 *n.* 心情】
temperament[6] 〔ˈtɛmp(ə)rəmənt〕 *n.* 氣質；性情；暴躁的性情 (= *temper*[3])
result in 導致 (= *cause*[1])　　violence[3] 〔ˈvaɪələns〕 *n.* 暴力
in a good mood 心情好 (↔ *in a bad mood*)
create[2] 〔krɪˈet〕 *v.* 創造　　calm[2] 〔kɑm〕 *adj.* 平靜的
contrast[4] 〔ˈkɑntræst〕 *n.* 對比　　***in/by contrast*** 對比之下
strike[2] 〔straɪk〕 *v.* 敲擊 (= *hit*)　　ground[1] 〔graʊnd〕 *n.* 地面
uncontrollable[2] 〔‚ʌnkənˈtroləbl̩〕 *adj.* 無法控制的
shipwreck 〔ˈʃɪp‚rɛk〕 *n.* 船難 (= *sinking or destruciton of a ship*)；遇
難船 (= *sunken ship*)【wreck[3] 〔rɛk〕 *n.* 遇難的船；殘骸　*v.* 使遭遇船難】

　　有關波塞頓的一個故事，提到了他和女戰神雅典娜之間，爭奪雅典這個都市的 [37]**(C)** 競賽。為了贏得城市裡人們的支持，他丟了一隻長矛在雅典衛城的地面上，造出了衛城的聖泉。然而，雅典娜因為給予雅典人橄欖樹而 [38]**(G)** 獲勝。波塞頓因為這個決定非常生氣，淹沒了雅地加平原。最後，雅典娜和波塞頓還是 [39]**(E)** 結合他們的力量互相合作。即使波塞頓是馬匹之神，雅典娜建造了第一輛兩輪戰車。雅典娜也造出了第一艘 [40]**(J)** 船，航行在波塞頓統治的海面上。

* infamous 〔ˈɪnfəməs〕 *adj.* 惡名昭彰的 (= *notorious*[6])
【famous[2] 〔ˈfeməs〕 *adj.* 有名的】
involve[4] 〔ɪnˈvɑlv〕 *v.* 需要；有關 (= *concern*[3])

competition[4] 〔͵kɑmpə'tɪʃən〕 *n.* 競賽 (= *contest*[4])

goddess[1] 〔'gɑdɪs〕 *n.* 女神

Athena 〔ə'θinə〕 *n.* 雅典娜【雅典的守護神，主司戰爭、智慧、技藝等】

Athens 〔'æθənz〕 *n.* 雅典【希臘首都，古希臘文明之中心】

win sb. over 贏得某人的支持   spring[1,2] 〔sprɪŋ〕 *n.* 泉水

Acropolis 〔ə'krɑpəlɪs〕 *n.* (雅典的) 衛城【雅典娜女神的神殿，帕德嫩
　　神殿 (Parthenon 〔'pɑrθə͵nɑn〕) 所在地】

as the result of 因為   olive[5] 〔'ɑlɪv〕 *n.* 橄欖

decision[2] 〔dɪ'sɪʒən〕 *n.* 決定

flood[2] 〔flʌd〕 *n.* 水災 *v.* 淹沒

Attic Plain 雅地加平原【位於希臘東南部，plain[2] 〔plen〕 *n.* 平原】

eventually[4] 〔ɪ'vɛntʃʊəlɪ〕 *adv.* 最後；終於 (= *finally*[1])

combine[3] 〔kəm'baɪn〕 *v.* 結合 (= *join*[1] = *unite*[3])

power[1] 〔'paʊɚ〕 *n.* 力量   *even though* 即使

```
acro  +  polis
 |        |
high  +  city
```

四、閱讀測驗：

第 41 至 44 題為題組

　　「倫敦煙霧事件」開始於 1952 年 12 月 5 日，持續到 1952 年 12 月 9 日。這場大災難導致數千人死亡，並成為現代環保運動的重大影響之一。在煙霧事件中大部分的死亡，都是因為煙霧造成組織缺氧 (血液中含氧量過低)，引起呼吸道感染。肺部的感染主要是支氣管肺炎，或急性支氣管炎。

* smog[4] 〔smɑg〕 *n.* 煙霧【來自 smoke[1] + fog[1]，指含煙的霧，通常是因為
　　污染而造成的】   catastrophe[6] 〔kə'tæstrəfɪ〕 *n.* 大災難

movement[1] 〔'muvmənt〕 *n.* 運動   *be due to* 是因為

respiratory 〔'rɛspərə͵torɪ〕 *adj.* 呼吸的
　【例：respiratory system 呼吸系統，respire
　　〔rɪ'spaɪr〕 *v.* 呼吸】   tract 〔trækt〕 *n.* 管；道

respiratory tract 呼吸道

infection[4] 〔ɪn'fɛkʃən〕 *n.* 感染【infect[4] *v.* 感染】

hypoxia 〔haɪ'pɑksɪə〕 *n.* 組織缺氧

level[1] 〔'lɛvḷ〕 *n.* 程度；含量

oxygenation 〔͵ɑksədʒə'neʃən〕 *n.* 氧化處理【oxygen[4] *n.* 氧】

bronchopneumonia 〔͵brɑnkonju'monɪə〕 *n.* 支氣管肺炎
　【broncho- 表「支氣管」的字根，pneumonia[6] 即「肺炎」】

acute[6] 〔ə'kjut〕 *adj.* 急性的【acu = sharp】
　【相反：chronic[6] 〔'krɑnɪk〕 *adj.* 慢性的；長期的，chron = time】

bronchitis 〔brɑn'kaɪtɪs〕 *n.* 支氣管炎

```
re  +  spire
 |      |
again + breathe
```

```
hyp(o)  +  oxia
  |         |
very low + oxygen
```

1952 年 12 月初，一場寒冷的大霧襲擊倫敦，倫敦人開始燒起比往常更多的煤。結果引發的空氣污染，受困於冷空氣的逆溫層而無法散去。污染物質的濃度，尤其是煤煙，大大地增加。而問題會變得更嚴重是因為在倫敦，家裡面禦寒使用的是品質低劣的煤。品質較好、污染物較少的煤都出口了，因為英國戰後的經濟情況很弱。這場大霧，也就是煙霧，實在太濃，連開車都變得很困難，甚至不可能。煙霧很容易就滲入室內，音樂會和電影放映都被取消了，因為觀眾看不見舞台或螢幕。

* **descend**[6] (dɪˋsɛnd) v. 下降；來襲　　**Londoner** (ˋlʌndənə) n. 倫敦人
  resulting[2] (rɪˋzʌltɪŋ) adj. 引發的　　**trap**[2] (træp) v. 困住；堵住
  inversion (ɪnˋvɝʒən) n. 倒置；逆轉　　**layer**[5] (ˋleə) n. 一層
  concentration[4] (ˏkɑnsn̩ˋtreʃən) n. 濃度
  pollutant[6] (pəˋlutənt) n. 污染物質　　***build up*** 增加
  drastically (ˋdræstɪklɪ) adv. 徹底地；大大地【**drastic**[6] adj. 激烈的】
  fragile[6] (ˋfrædʒəl) adj. 脆弱的
  postwar (ˋpostˋwɔr) adj. 戰後的【post- = after】
  screen[2] (skrin) v. 放映 (= *show*[1] = *broadcast*[2])　　n. 螢幕
  audience[3] (ˋɔdɪəns) n. 觀眾　　**stage**[2] (stedʒ) n. 舞台

　　因為倫敦以霧聞名，在當時並沒有造成大恐慌。後來幾週，醫療院所收集統計數字，發現大霧已造成四千人死亡——大部分是很小的小孩或老人，或是之前已有呼吸道問題的人。令人寬慰的是，當時高齡已 85 歲，而且有呼吸道問題的瑪麗王后【現在英國女王伊麗莎白二世的祖母】，在事件發生當時，並不在白金漢宮。在接下來的幾週甚至幾個月內，還有八千人喪生。

* **panic**[3] (ˋpænɪk) n. 恐慌 (= *fear*[1] = *terror*[4])
  following[2] (ˋfɑloɪŋ) adj. 後來的 (= *next*[1] = *subsequent*[6])
  medical service 醫療設施；醫療院所
  compile[6] (kəmˋpaɪl) v. 收集；編輯 (= *gather*[2] = *collect*[2])
  statistics[5] (stəˋtɪstɪks) n., pl. 統計數字
  existing[2] (ɪgˋzɪstɪŋ) adj. 存在的　　**relief**[3] (rɪˋlif) n. 安慰；安心
  Buckingham Palace (ˋbʌkɪŋəmˋpælɪs) n. 白金漢宮【英國王室宅邸，位於倫敦】　　**incident**[4] (ˋɪnsədənt) n. 事件

這些令人震驚的消息揭露，使得大家對於空氣污染重新思考；這場災害向全世界的人，展現出它致命的可能性。於是新的規定被制定，來限制工業上使用會造成污染的燃料，並禁止排放黑煙，包括 1956 年和 1968 年的「潔淨空氣法」，還有 1954 年的「倫敦市多種動力法」。

* shocking[2] (ˈʃɑkɪŋ) *adj.* 令人震驚的
revelation[6] (ˌrɛvəˈleʃən) *n.* 透露；被透露之事
lead to 導致　　rethinking (riˈθɪŋkɪŋ) *n.* 再思考
demonstrate[4] (ˈdɛmənˌstret) *v.* 展現 (= *show*[1])
lethal (ˈliθəl) *adj.* 致命的
potential[5] (pəˈtɛnʃəl) *n.* 可能性；潛力
regulation[4] (ˌrɛgjəˈleʃən) *n.* 規定 (= *rule*[1])
in place 在適當的位置 (= *ready*[1])　　restrict[3] (rɪˈstrɪkt) *v.* 限制
ban[5] (bæn) *v.* 禁止 (= *forbid*[4] = *prohibit*[6])
act[1] (ækt) *n.* 法令【被提出有待表決的法案稱爲 bill[2]，通過即成爲 act】
various[3] (ˈvɛrɪəs) *adj.* 各種的　　power[1] (ˈpauɚ) *n.* 動力

de	+	monstr	+ ate
|		|	|
fully	+	*show*	+ *v.*

41. (**B**) 本文是關於什麼？
　　(A) 現代的污染。　　　　　(B) 因大霧和污染造成的大災難。
　　(C) 在英國的一段寒流。　　(D) 瑪麗王后的死亡。
　　* spell[1] (spɛl) *n.* 一段時間

42. (**B**) 起初大霧開始的時候，倫敦人爲什麼不驚慌呢？
　　(A) 當時的經濟情況不穩定。　(B) 霧在倫敦是很常見的現象。
　　(C) 他們更加擔心王后。　　　(D) 當時的煤礦很豐富。
　　* initially[4] (ɪˈnɪʃəlɪ) *adv.* 起初　　***set in*** 開始
　　unstable[3] (ʌnˈstebl̩) *adj.* 不穩定的
　　phenomenon[4] (fəˈnɑməˌnɑn) *n.* 現象
　　abundance[6] (əˈbʌndəns) *n.* 豐富 (= *plenty*[3])
　　an abundance of 豐富的；很多的 (= *plenty of*)

43. (**C**) 下列何者不是這個事件的結果？
　　(A) 開車變得很困難，或根本不可能。
　　(B) 音樂會和電影被取消了。　(C) 四萬人死亡。
　　(D) 新的空氣污染法規被制訂。

44. (**D**) 下列何者敘述不正確？
　　(A) 這場大災難是自然和人爲狀況的結果。
　　(B) 大部分的死傷者都是小孩或老人。
　　(C) 大霧因爲燃燒煤而更加惡化。
　　(D) 事件發生時，王后正在白金漢宮裡。
　　* casualty[6] (ˈkæʒʊəltɪ) *n.* 死傷者

第 45 至 48 題爲題組

　　大部分人都知道，拉斯維加斯是「世界賭博之都」，好萊塢被認爲是「世界電影之都」。但是你知道，「世界早餐穀類之都」是密西根州的巴特爾克理克嗎【生產各式穀類食品的家樂氏公司總部設於此地】？或是，阿拉巴馬州的佩恩堡是「世界襪都」嗎【全美國超過半數的襪子都是此地生產的】？

> * gambling〔'gæmblɪŋ〕*n.* 賭博　　***motion picture*** 電影
> cereal[2]〔'sɪrɪəl〕*n.* 穀類食品【如玉米片、燕麥片等】
> battle[5]〔'bætl̩〕*n., v.* 戰役；戰鬥
> creek[5]〔krik〕*adj.* 小溪（ = *stream*[2] = *brook*[3]）
> fort[4]〔fort, fɔrt〕*n.* 堡壘；碉堡　　sock[2]〔sak〕*n.* 短襪

　　許多城鎮（特別是在北美洲）都宣稱自己是某種主題或其他項目的「世界之都」。這些暱稱通常都是以該城市的文化遺產或歷史爲根據。這些城鎮誰是烤肉、花生、水蜜桃、菠菜、火雞或大蒜的「世界之都」，競爭對手很多。然而，一個城鎮自己宣布是某某之都，經常只是爲了吸引遊客。還有些地方的宣稱依據，則僅僅在於某些商品是那裡製造的。例如，根據製襪業首要商會「襪類協會」的說法，今天早晨穿上襪子的美國人，每 8 人就有 1 人穿的是佩恩堡製造的。那意思是說，佩恩堡就可誇耀擁有襪子的權利嗎？「襪子宇宙」的中心在阿拉巴馬州嗎？

> * claim[2]〔klem〕*v., n.* 宣稱；要求　　certain[1]〔'sɝtn̩〕*adj.* 某個；某些
> subject[2]〔'sʌbdʒɪkt〕*n.* 主題　　nickname[3]〔'nɪk,nem〕*n.* 暱稱
> ***be based on*** 以～爲根據　　heritage[6]〔'hɛrətɪdʒ〕*n.* 遺產
> rivalry[6]〔'raɪvl̩rɪ〕*n.* 競爭（ = *competition*[4]）
> barbeque〔'barbɪ,kju〕*n.* 烤肉（ = *barbecue*[2]）
> peanut[2]〔'pi,nʌt〕*n.* 花生　　peach[2]〔pitʃ〕*n.* 桃子
> spinach[2]〔'spɪnɪtʃ, -dʒ〕*n.* 菠菜　　turkey[2]〔'tɝkɪ〕*n.* 火雞
> garlic[3]〔'garlɪk〕*n.* 大蒜　　community[4]〔kə'mjunətɪ〕*n.* 社區；城鎮
> declare[4]〔dɪ'klɛr〕*v.* 宣布（ = *announce*[3]）
> solely[5]〔'sollɪ〕*adv.* 僅僅（ = *merely*[4] = *only*[1]）
> ***for instance*** 例如（ = *for example*）
> hosiery〔'hoʒərɪ〕*n.* 襪子類（ = *socks and stockings*）
> association[4]〔ə,soʃɪ'eʃən〕*n.* 協會；聯盟（ = *organization*[2] = *union*[3]）
> brag〔bræg〕*v.* 自誇；誇耀（ = *boast*[4] = *show off*）
> universe[3]〔'junə,vɝs〕*n.* 宇宙

　　經常，兩個城市宣稱自己是「世界之都」，是根據不同的想法認爲自己是。賓西法尼亞州的老佛吉，是一個人口只有 8,798 人的小鎮，根據披薩店與人口

比，宣稱自己是「世界披薩之都」。老佛吉大約有 21 家披薩店，意思是每 400 個居民就有一家披薩店。對比之下，紐約市的披薩店與人口比是 3,000 比 1。然而，巴西的聖保羅也說自己是「世界披薩之都」，根據是該都市每天吃掉 140 萬個，每年超過 5 億個披薩。聖保羅人口一千萬居民，意謂著每 10 人中至少有 1 人今天會點披薩吃。以那個比例，老佛吉的居民要五年，才能吃掉聖保羅一天吃掉的披薩量。因此，「世界披薩之都」的頭銜可能被認為是很主觀的。

> * frequently³ ('frikwəntlɪ) *adv.* 經常地　　title² ('taɪtl) *n.* 頭銜
> forge (fɔrdʒ) *n.* 鐵工廠　　pizzeria (ˌpitsə'riə) *n.* 披薩店
> ratio⁵ ('reʃo) *n.* 比例；比率
> approximately⁶ (ə'prɑksəmɪtlɪ) *adv.* 大約
> (= *roughly*⁴ = *about*¹)
> resident⁵ ('rɛzədənt) *n.* 居民
>
> | ap + proxim + ate + ly |
> |---|
> | \| | \| | \| | \| |
> | *to* + *nearest* + *adj.* + *adv.* |
>
> *in contrast* 對比之下　　*Sao Paulo* *n.* 聖保羅【巴西第一大都市】
> inhabitant⁶ (ɪn'hæbətənt) *n.* 居民【inhabit⁶ *v.* 居住於，為及物動詞】
> order¹ ('ɔrdə) *v.* 點餐　　rate³ (ret) *n.* 比率；比例

45. (**B**) 「世界之都」的暱稱通常是根據下列哪一點？
　　(A) 工業生產。　　　　　　　　(B) 文化遺產或歷史。
　　(C) 觀光業。　　　　　　　　　(D) 與其他社區的競爭。

46. (**A**) 哪裡是「世界襪都」？
　　(A) 阿拉巴馬州的佩恩堡　　　　(B) 巴西的聖保羅
　　(C) 內華達州的拉斯維加斯　　　(D) 密西根州的巴特爾克理克

47. (**B**) 賓西法尼亞州的老佛吉宣稱自己是「世界披薩之都」，是根據什麼？
　　(A) 他們吃掉的披薩比其他任何地方都多。
　　(B) 他們有最高的披薩店與人口比。
　　(C) 他們那個城鎮是以披薩命名的。　(D) 披薩是在他們那裡發明的。

48. (**B**) 作者最有可能同意哪一個說法？
　　(A) 紐約市是真的「披薩之都」。
　　(B) 任何城鎮都可以稱自己為「…之都」。
　　(C) 佩恩堡是「襪子宇宙」的中心。
　　(D) 巴特爾克理克是吃穀類食品的好地方。

第 49 至 52 題為題組

　　在外海，溫柔的海浪供應電力給數千個家庭。在都市裡，舞池裡的動作為夜總會發電。在鄉間，健行者利用腳力為自己的電話重新充電。這是個很誘人

的目標，乾淨、可靠的能源，免於地緣政治學的風險——美國的科學家說，這個目標就要到達了，幸虧有了一種聰明的方法來收集能源，稱為「摩擦電」。

* power[1]〔'paʊɚ〕 *n.* 電力　　***dance floor*** 舞池
move[1]〔muv〕 *n.* 動作；舞步
generate[6]〔'dʒɛnəˌret〕 *v.* 產生 (= *produce*[2])
electricity[3]〔ɪˌlɛk'trɪsətɪ〕 *n.* 電
nightclub〔'naɪtˌklʌb〕 *n.* 夜總會；夜店　　hiker[3]〔'haɪkɚ〕 *n.* 健行者
recharge〔ri'tʃɑrdʒ〕 *v.* 重新充電　　appealing[3]〔ə'pilɪŋ〕 *adj.* 誘人的
reliable[3]〔rɪ'laɪəbl̩〕 *adj.* 可靠的 (= *dependable*[4])
free from 免於 (= *not affected by*)
geopolitical[5]〔ˌdʒiopə'lɪtɪkl̩〕 *adj.* 地緣政治學的
reach[1]〔ritʃ〕 *n.* 所及的範圍　　*v.* 到達
within reach 所及範圍之內；可得到 (= *reachable*[1])
thanks to 幸虧；由於 (= *owing to* = *due to*)
harvest[3]〔'hɑrvɪst〕 *v.* 收穫；收集；獲得 (= *gather*[2] = *collect*[2])
triboelectricity〔ˌtraɪbɔɪˌlɛk'trɪsətɪ〕 *n.* 摩擦電【tribo- = rub】

appealing[6]
{ = attractive[3]
　= tempting[5]
　= fascinating[3]

研究人員說，他們已經打造了一個簡單的原型裝置，可以將時停時動的動作轉變成電力。他們宣稱，波浪、走路和跳舞——連下雨、電腦鍵盤，或都市的交通——有一天都能被利用來驅動感應器、行動裝置，或甚至是發電廠。一位材料科學及工程學教授，形容這項發明是一大「突破」，他以電子郵件告訴法新社說：「我們的科技可以用來作為大規模的能源利用，如此一來，我們過去已經浪費了數世紀的能源，未來都有用處了。」

* prototype〔'protəˌtaɪp〕 *n.* 原型　　device[4]〔dɪ'vaɪs〕 *n.* 裝置
convert[5]〔kən'vɝt〕 *v.* 轉變 < *to, into* > (= *change*[2])
movement[1]〔'muvmənt〕 *n.* 動作　　urban[4]〔'ɝbən〕 *adj.* 都市的
harness[5]〔'hɑrnɪs〕 *v.* 利用 (= *employ*[3] = *use*[1])
drive[1]〔draɪv〕 *v.* 驅動；使轉動　　sensor〔'sɛnsɚ〕 *n.* 感應器
mobile[3]〔'mobl̩〕 *adj.* 行動的 (= *movable*[2] = *portable*[4])
device〔dɪ'vaɪs〕 *n.* 裝置　　plant[1]〔plænt〕 *n.* 工廠
contend[5]〔kən'tɛnd〕 *v.* 主張；宣稱 (= *argue*[2] = *maintain*[2])
materials science and engineering 材料科學及工程學
breakthrough[6]〔'brekˌθru〕 *n.* 突破 (= *leap forward*)
large-scale〔'lɑrdʒ'skel〕 *adj.* 大規模的 (↔ *small-scale*)
AFP 法新社【是全球第一家新聞通訊社 (news agency)，同時也是法國
最大、全世界第三大的新聞通訊社，總部設於巴黎】

　　"Triboelectricity" 是一個現代名詞，但有著古老的來源——來自希臘文，意思是「摩擦」。它的電力來自兩種物質間的摩擦，導致電子產生電荷，從一個物體轉移到另一個物體。這個情況經常發生，例如當塑膠鞋接觸到尼龍地毯時，會產生靜電發出啪躂聲，和手碰觸到金屬門把時一樣。但因為摩擦電實在是無法預測，通常不會被當作一種電力來源。比較受到喜愛的方法是電磁感應——由核能或石化燃料為動力的蒸汽或水所帶動的渦輪機。

* **term**[2] ﹝ tɝm ﹞ *n.* 名詞 (= *name*[1] = *expression*[3])
  ancient[2] ﹝'enʃənt﹞ *adj.* 古老的　　**root**[1] ﹝ rut ﹞ *n.* 根；根源 (= *origin*[3])
  rub[1] ﹝ rʌb ﹞ *v.* 摩擦　　**friction**[6] ﹝'frɪkʃən﹞ *n.* 摩擦 (= *rubbing*[1])
  substance[3] ﹝'sʌbstəns﹞ *n.* 物質　　**charge**[2] ﹝ tʃɑrdʒ ﹞ *n.* 電荷
  electron[6] ﹝ ɪ'lɛktrɑn﹞ *n.* 電子　　**transfer**[4] ﹝ træns'fɝ ﹞ *v.* 轉移
  instance[2] ﹝'ɪnstəns﹞ *n.* 例子　　***for instance*** 例如 (= *for example*)
  plastic[3] ﹝'plæstɪk ﹞ *adj.* 塑膠的　　**sole**[5] ﹝ sol ﹞ *n.* 腳底；鞋底
  contact[2] ﹝'kɑntækt﹞ *n.* 接觸 (= *touch*[1])　　***be in contact with*** 接觸
  nylon[4] ﹝'naɪlɑn﹞ *n.* 尼龍　　**carpet**[2] ﹝'kɑrpɪt﹞ *n.* 地毯
  snap[3] ﹝ snæp ﹞ *n.* 啪躂聲　　**static** ﹝'stætɪk﹞ *adj.* 靜電的
  discharge[6] ﹝ dɪs'tʃɑrdʒ﹞ *n.* 放電　　**metal**[2] ﹝'mɛtl̩ ﹞ *n.* 金屬
  doorknob ﹝'dor,nɑb﹞ *n.* 門把
  unpredictable ﹝,ʌnprɪ'dɪktəbl̩﹞ *adj.* 無法預測的
  generally[1,2] ﹝'dʒɛnərəlɪ﹞ *adv.* 普遍地；通常 (= *usually*[2] = *normally*[3])
  shun[6] ﹝ ʃʌn ﹞ *v.* 避免 (= *avoid*[2] = *ignore*[2])　　**source**[2] ﹝ sors ﹞ *n.* 來源
  preferred[2] ﹝ prɪ'fɝd﹞ *adj.* 較受喜愛的 (= *favored*[2])
  magnetic[4] ﹝ mæg'nɛtɪk﹞ *adj.* 有磁性的　　**induction** ﹝ ɪn'dʌkʃən﹞ *n.* 感應
  turbine ﹝'tɝbaɪn﹞ *n.* 渦輪機　　**nuclear**[4] ﹝'njuklɪr﹞ *adj.* 核子的
  powered[1] ﹝'paʊəd﹞ *adj.* 以~為動力的　　**steam**[2] ﹝ stim ﹞ *n.* 蒸汽

　　但是，刊登在「自然通訊」期刊的一篇新研究中，研究小組說，他們已經克服了關鍵障礙，能將隨意產生的電荷轉化成電流。他們的原型裝置包含一個碟狀物，直徑大約10公分，被設計用來顯示一台小型手提發電機的電位，這台發電機由周圍收集而來的能源所驅動。裡面是兩片圓形的薄板，一片送出電子，另一片接收電子，這兩片是由旋轉運動連結在一起的。如果兩片薄片被分開，其中一片就會留住從薄片縫隙分離出來的電荷。

* **overcome**[4] ﹝,ovə'kʌm﹞ *v.* 克服 (= *conquer*[4])
  obstacle[4] ﹝'ɑbstəkl̩﹞ *n.* 障礙 (= *difficulty*[2])
  randomly[6] ﹝'rændəmlɪ﹞ *adv.* 隨意地 (= *by chance*)
  electric[3] ﹝ ɪ'lɛktrɪk﹞ *adj.* 帶電的　　**current**[3] ﹝'kɝənt﹞ *n.* 電流
  comprise[6] ﹝ kəm'praɪz﹞ *v.* 由~組成；包含 (= *contain*[2] = *include*[2])

disc^3〔dɪsk〕*n.* 碟狀物（= *disk*^{3}）　　centimeter^3〔ˈsɛntəˌmitɚ〕*n.* 公分
across^1〔əˈkrɔs〕*adv.* 在直徑上　　design^2〔dɪˈzaɪn〕*v.* 設計
potential^5〔pəˈtɛnʃəl〕*n.* 潛力；電位
portable^4〔ˈportəbl̩〕*adj.* 手提的　　generator^6〔ˈdʒɛnəˌretɚ〕*n.* 發電機
surrounding^3〔səˈraʊndɪŋ〕*adj.* 周圍的；圍繞的
circular^4〔ˈsɝkjələ〕*adj.* 圓形的　　sheet^1〔ʃit〕*n.* 薄板
donor^6〔ˈdonɚ〕*n.* 捐贈者（= *giver*^{1}）　　receiver^3〔rɪˈsivɚ〕*n.* 接受者
rotary〔ˈrotərɪ〕*adj.* 旋轉的【rotate^6〔ˈrotet〕*v.* 旋轉】
separate^2〔ˈsɛpəˌret〕*v.* 分開
isolate^4〔ˈaɪsl̩ˌet〕*v.* 分離；隔離（= *separate*^{2}）
gap^3〔gæp〕*n.* 缺口；縫隙；差距（= *break*^{1}）

rot	+ ary
wheel, turn	+ *adj.*

49. (**C**) 本文是有關什麼的？
(A) 一種新的石化燃料來源。　(B) 美國的研究。
(C) <u>一種新的科技。</u>　(D) 一個環境的問題。
* fuel^4〔ˈfjuəl〕*n.* 燃料　　***fossil fuel*** 石化燃料

50. (**C**) 有關「摩擦電」何者正確？
(A) 這是一種古老的科技。　(B) 這是一種現在較受喜愛的能源。
(C) <u>這仍然還在研發中。</u>　(D) 這是由美國科學家發明出來的。

51. (**D**) 根據本文，"tribo-" 這個字首和什麼字或片語關係最密切？
(A) 一個部落或家族。　(B) 不停地。
(C) 收穫。　(D) <u>摩擦力。</u>
* closely^1〔ˈkloslɪ〕*adv.* 密切地　　tribe^3〔traɪb〕*n.* 部落；部族
nonstop〔nɑnˈstɑp〕*adj., adv.* 不停的（地）；直達的（地）

52. (**A**) 為什麼電磁感應到目前為止是較受喜愛的發電方式？
(A) <u>它比較容易預測。</u>　(B) 它比較安全。
(C) 它依賴油料。　(D) 它比較新。

第 53 至 56 題為題組

成功意味著許多很棒而且正面的事物。成功代表個人的成功：一個又大又漂亮的家，豪華的假期，以及財務穩定。成功代表能贏得讚賞和領導地位，並在職場上及社交生活中受人尊敬。成功代表自由：免於憂慮、恐懼、挫折及失敗的自由。成功表示有自尊心，能不斷地從生活中找尋真正的快樂和滿足，並且能為依賴你的人做更多的事。

* positive[2] 〔ˋpɑzətɪv 〕 *adj.* 正面的 (↔ *negative*[2] 負面的)
  personal[2] 〔ˋpɝsn̩l 〕 *adj.* 個人的 (= *private*[2] = *individual*[3])
  prosperity[4] 〔 prɑˋspɛrətɪ 〕 *n.* 繁榮；成功 (= *success*[2])
  【prosper[4] 〔ˋprɑspɚ 〕 *v.* 繁榮；成功；
  　　prosperous[4] 〔ˋprɑspərəs 〕 *adj.* 繁榮的；成功的】
  luxurious[4] 〔 lʌgˋʒurɪəs 〕 *adj.* 奢侈的；豪華的
  【luxury[4] 〔ˋlʌkʃərɪ 〕 *n.* 奢侈；奢侈品】
  financial[4] 〔 faɪˋnænʃəl , fə- 〕 *adj.* 財務的
  security[3] 〔 sɪˋkjurətɪ 〕 *n.* 安全；穩定 (= *safety*[2])
  admiration[4] 〔ˌædməˋreʃən 〕 *n.* 欽佩；讚賞 (= *regard*[2] = *esteem*[5])
  leadership[2] 〔ˋlidɚˌʃɪp 〕 *n.* 領導地位；領導能力
  social[2] 〔ˋsoʃəl 〕 *adj.* 社會的；社交的
  frustration[4] 〔 frʌsˋtreʃən 〕 *n.* 挫折　　failure[2] 〔ˋfeljɚ 〕 *n.* 失敗
  continually[4] 〔 kənˋtɪnjuəlɪ 〕 *adv.* 不斷地；持續地 (= *constantly*[3])
  satisfaction[4] 〔ˌsætɪsˋfækʃən 〕 *n.* 滿足　　***depend*[2] *on*** 依賴

　　成功，即成就，是每個人的生活目標。我們要如何才能成功呢？我們可以
藉由相信自己做得到而成功。這種信念，也就是「我可以」的態度，能產生邁
向成功所需具備的力量、技巧和精力。當我們相信自己做得到的時後，「該如何
做到」的方法就會隨之而來。

* achievement[3] 〔 əˋtʃivmənt 〕 *n.* 成就 (= *accomplishment*[4])
  goal[2] 〔 gol 〕 *n.* 目標 (= *target*[2] = *aim*[2] = *objective*[4])
  human being 人 (= *human*[1] = *person*[1])；人類
  belief[2] 〔 bɪˋlif 〕 *n.* 信念 (= *confidence*[4] = *faith*[3])
  attitude[3] 〔ˋætəˌtjud 〕 *n.* 態度
  generate[6] 〔ˋdʒɛnəˌret 〕 *v.* 產生
  　(= *produce*[2] = *cause*[1])
  power[1] 〔ˋpauɚ 〕 *n.* 力量　　skill[1] 〔 skɪl 〕 *n.* 技巧
  energy[2] 〔ˋɛnɚdʒɪ 〕 *n.* 精力 (= *vigor*[5] = *vitality*[6])
  develop[2] 〔 dɪˋvɛləp 〕 *v.* 發展 (= *grow*[1])

> 表「人類」的單字：
> human being【可數】
> human[1]【可數】
> humankind【不可數】
> man[1]【不可數】
> humanity[4]【不可數】

　　每天在全國各地，都有年輕人開始做新的工作。每個人都「希望」將來有
一天，享受達到社會地位最上層的成功。但大部分的年輕人，實在沒有達到社
會階層頂端所需具備的信念。因為他們認為要爬到高處是不可能的，所以他們
就沒有發現通往高處的方法。他們的所作所為仍然是「一般」人的作法。因此，
他們就達不到社會階層的頂端。

* someday³ ('sʌm,de) *adv.* 將來有一天　　reach¹ (ritʃ) *v.* 到達
majority³ (mə'dʒɔrətı) *n.* 大多數 (↔ minority³ *n.* 少數)
simply¹ ('sımplı) *adv.* 僅僅；實在是　　step¹ (stɛp) *n.* 步驟；方法
lead to 通往　　heights² (haıts) *n.* 高處
remain³ (rı'men) *v.* 保持；依然是
average³ ('æv(ə)rıdʒ) *adj.* 一般的；普通的 (= ordinary² = common¹)
as a result ² 因此 (= as a consequence⁴)

　　但是在這些年輕人當中，有少數人真的相信他們會成功。他們以「我要達到社會階層頂端」的態度面對工作。他們以這種堅定的信念達到頂端。相信自己會成功──這並非不可能──這些人會研究並觀察資深主管的行為。他們學到成功的人處理問題和做決定的方法。他們觀察成功者的態度。相信自己能辦到的人，就知道「如何做到」，這種人最後都會成功。

　　* ***a small number of*** 少數的【接可數複數名詞】
　　　(↔ a large/great number of 很多的)
approach³ (ə'protʃ) *v.* 接近；著手處理 (= deal with)
substantial⁵ (səb'stænʃəl) *adj.* 真實的；牢固的 (= strong¹ = firm²)
folks³ (foks) *n.* 人們 (= people)
observe³ (əb'zɝv) *v.* 觀察
senior⁴ ('sinjə) *adj.* 資深的 (= superior³)
executive⁵ (ıg'zɛkjutıv) *n.* 主管

```
ex  + (s)ecut + ive
 |       |        |
out +  follow  + n., adj.
```

【executive 當形容詞，表「執行的；行政的」之意，如：the *executive* branch 行政部門；the *Executive* Yuan （中華民國的）行政院】
eventually⁴ (ı'vɛntʃuəlı) *adv.* 最後；終於 (= finally¹ = in the end)
achieve³ (ə'tʃiv) *v.* 達到 (= attain⁶ = accomplish⁴ = reach¹)

53. (**B**) 本文最適合的標題為何？
　　(A) 成功的定義　　　　　　(B) <u>成功的關鍵</u>
　　(C) 成功的好處　　　　　　(D) 到達人生巔峰的步驟
　　* defintion³ (,dɛfə'nıʃən) *n.* 定義　　key¹ (ki) *n.* 秘訣；關鍵 < to >
　　benefit³ ('bɛnəfıt) *n.* 利益；好處 (= advantage³)

54. (**D**) 文章裡何者沒有被提到是成功的一部分？
　　(A) 有足夠的錢。　　　　　(B) 贏得他人的尊敬。
　　(C) 感到滿足並快樂。　　　 (D) <u>認識重要人士。</u>
　　* sufficient³ (sə'fıʃənt) *adj.* 充足的；足夠的 (= adequate⁴ = enough¹)

55. (**A**) 根據本文，我們從哪裡得到要獲得成功所需的力量和能力？
　　(A) 對自己的信心。　　　　　(B) 想要成功的強烈願望。
　　(C) 成功人士的態度。　　　　(D) 自尊和別人的讚賞。

　　* strength³ 〔strɛŋθ〕 *n.* 力量 (= power¹)
　　　obtain⁴ 〔əb'ten〕 *v.* 獲得　　confidence⁴ 〔'kɑnfədəns〕 *n.* 信心

56. (**C**) 根據本文，有些人無法到達人生的巔峰，是因爲他們
　　(A) 沒有爬高的力量。　　　　(B) 不知道怎麼做。
　　(C) 沒有正確的態度和信念。
　　(D) 不知道如何著手處理問題。

　　* know-how 〔'no,haʊ〕 *n.* 專門知識；秘訣；竅門
　　　(= expertise⁶ = knowledge²)

第貳部分：非選擇題

一、中翻英：

1. 在繁忙的作息裡，偶爾玩點小遊戲有助於抒發一些壓力。

In our $\left\{\begin{array}{l}\text{busy}\\\text{heavy}\end{array}\right\}$ $\left\{\begin{array}{l}\text{schedule,}\\\text{routine,}\end{array}\right\}$ playing $\left\{\begin{array}{l}\text{some}\\\text{a few}\end{array}\right\}$ little games

$\left\{\begin{array}{l}\text{sometimes}\\\text{occasionally}\\\text{now and then}\\\text{once in a while}\end{array}\right\}$ helps $\left\{\begin{array}{l}\text{relieve}\\\text{ease}\\\text{lessen}\\\text{lighten}\end{array}\right\}$ some $\left\{\begin{array}{l}\text{pressure.}\\\text{stress.}\\\text{anxiety.}\\\text{tension.}\end{array}\right\}$

2. 不過，如果變得沉溺其中就適得其反了。

$\left\{\begin{array}{l}\text{However,}\\\text{Nevertheless,}\\\text{Nonetheless,}\end{array}\right\}$ if we $\left\{\begin{array}{l}\text{become}\\\text{get}\\\text{overindulge in it,}\end{array}\right\}$ $\left\{\begin{array}{l}\text{addictd (to it),}\\\text{hooked (on it),}\end{array}\right\}$

we $\left\{\begin{array}{l}\text{get}\\\text{produce}\end{array}\right\}$ the $\left\{\begin{array}{l}\text{opposite}\\\text{contrary}\\\text{counter}\end{array}\right\}$ $\left\{\begin{array}{l}\text{result.}\\\text{effect.}\end{array}\right\}$

二、英文作文：

【作文範例 1】

The Bald Surfer

Last weekend, Don invited his new friend Gloria to spend the day at the beach. Don brought his surfboard and Gloria brought an inner tube. Don loved to swim and surf and he looked forward to showing off his skills to Gloria. *Unfortunately*, Gloria was not a very good swimmer, and she certainly had no interest in learning to surf. *In fact*, she was a little afraid of the ocean.

Don *soon* grew impatient with Gloria and left her to float around in her inner tube. He grabbed his surfboard and headed out toward the waves. As he paddled past Gloria, she suddenly cried out and waved frantically. Her foot had become caught in some seaweed and she panicked. *Knowing that* the water was shallow, *and that* Gloria was safe, Don chose to ignore her. *However*, she was able to catch hold of him and pulled hard on the only thing she could reach – his hair! *To her surprise*, Don's hair came off in her hands! *Needless to say*, Don was extremely embarrassed when he lost his wig.

中文翻譯

禿頭衝浪者

　　上個週末，唐邀請他的新朋友葛羅莉亞，到海邊玩一天。唐帶了他的衝浪板，而葛羅莉亞帶了一個游泳圈。唐喜歡游泳和衝浪，他期待向葛羅莉亞炫耀他的技術。不幸的是，葛羅莉亞不太會游泳，所以她當然沒有興趣學習衝浪。事實上，她對大海有點害怕。

　　唐很快就對葛羅莉亞感到不耐煩，就放著她用游泳圈漂浮著。他抓住衝浪板朝著海浪而去。當他划過葛羅莉亞身邊時，她突然大叫，狂亂地揮著手。她的腳被一些海草纏住而驚慌失措。唐知道水很淺、葛羅莉亞很安全，就沒理她。然而，葛洛莉亞可以抓得到他，她用力抓住她唯一能抓到的——他的頭髮。令她驚訝的是，唐的頭髮掉到她的手中！不用說，唐失去了假髮時，非常尷尬。

bald⁴〔bɔld〕*n.* 禿頭的　　surfer〔ˈsɜfɚ〕*n.* 衝浪者
surfboard〔ˈsɜfˌbord〕*n.* 衝浪板【surf⁴〔sɜf〕*v.* 衝浪】
inner³〔ˈɪnɚ〕*adj.* 內部的　　tube²〔tjub〕*n.* 管子
inner tube 游泳圈　　***show off*** 炫耀　　skill¹〔skɪl〕*n.* 技術
unfortunately⁴〔ʌnˈfɔrtʃənɪtlɪ〕*adv.* 不幸的是
impatient²〔ɪmˈpeʃənt〕*adj.* 不耐煩的　　float³〔flot〕*v.* 漂浮
grab³〔græb〕*v.* 抓住　　wave²〔wev〕*n.* 波浪　*v.* 揮手
paddle⁵〔ˈpædl〕*v.* 用槳划　　past¹〔pæst〕*prep.* 經過
suddenly²〔ˈsʌdnlɪ〕*adv.* 突然地　　***cry out*** 大叫
frantically⁵〔ˈfræntɪklɪ〕*adv.* 狂亂地　　***be caught in*** 被卡住；被纏住
seaweed〔ˈsiˌwid〕*n.* 海草【weed³ *n.* 雜草】　　panic³〔ˈpænɪk〕*v.* 驚慌
shallow³〔ˈʃælo〕*adj.* 淺的　　ignore²〔ɪgˈnor〕*v.* 忽視；不理
catch hold of 抓住　　reach¹〔ritʃ〕*v.* 伸手抓到
come off 脫落　　***needless to say*** 不用說
embarrassed⁴〔ɪmˈbærəst〕*adj.* 尷尬的　　wig⁵〔wɪg〕*n.* 假髮

【作文範例 2】

A Day at the Beach

David and Sarah were at the beach. David was there to surf and Sarah was there to swim and enjoy the sunshine. They exchanged greetings and went their separate ways. *While* Sarah was swimming, her feet got tangled up in some seaweed. *The more* she struggled, *the more* tangled her feet became. *Despite* having a floatation device, she felt like she was in danger of drowning, and she began to panic, which is a common reaction in such a situation.

Luckily, *at that moment*, David swam past on his surfboard. He was unaware that Sarah was in trouble though. Sarah called out to him, but he didn't hear her. Anxiously fearing for her life, she reached out to David. People in these situations tend to grab for anything and Sarah reached for the top of David's head. *In doing so*, she pulled off David's wig, revealing his baldness. *Of course*, David was deeply embarrassed. *But* Sarah suddenly forgot that she was drowning.

中文翻譯

海灘上的一天

　　大衛和莎拉在海灘上。大衛在那裡衝浪，而莎拉在那裡游泳、享受陽光。他們互相打招呼，然後分道揚鑣。當莎拉在游泳時，她的腳被一些海草纏住了，而且她越掙扎，腳就纏得越緊。儘管有漂浮裝備，她覺得自己有溺水的危險，開始驚慌失措，在這種情況之下，這是很常見的反應。

　　幸好，就在那時，大衛的衝浪板游過她身邊，不過他並不知道莎拉有麻煩了。莎拉對他大叫，但他沒聽見。焦急害怕自己有生命危險，她伸手去抓大衛。人們在這種情況下通常都會想抓住東西，莎拉伸手抓住大衛的頭頂。當她這麼做，她把大衛的假髮扯下來，露出他的禿頭。大衛當然是糗爆了，但是莎拉突然間也忘記自己快要溺水了。

exchange[3] 〔 ɪks'tʃɛndʒ 〕 v. 交換　　greeting[4] 〔'gritɪŋ 〕 n. 問候
separate[2] 〔'sɛpərɪt 〕 adj. 個別的　　tangle[5] 〔'tæŋgl̩ 〕 v. 糾纏
struggle[2] 〔'strʌgl̩ 〕 v. 掙扎　　despite[4] 〔 dɪ'spaɪt 〕 prep. 儘管
floatation 〔 flo'teʃən 〕 n. 漂浮　　device[4] 〔 dɪ'vaɪs 〕 n. 裝置
reaction[3] 〔 rɪ'ækʃən 〕 n. 反應　　situation[3] 〔,sɪtʃʊ'eʃən 〕 n. 情況
unaware 〔,ʌnə'wɛr 〕 adj. 不知道的【aware[3] adj. 知道的】
anxiously[4] 〔'æŋkʃəslɪ 〕 adv. 焦急地
tend[3] 〔 tɛnd 〕 v. 傾向於；通常　　reveal[3] 〔 rɪ'vil 〕 v. 顯露

劉毅英文家教班答案卡

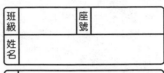

班級		座號	
姓名			

考試科目：**英文**

※考生作答前，請詳閱背面之答案卡畫記注意事項與試題本
　上的作答說明。畫記時，注意題號與選項，不要畫錯。

※若因畫記不全或未依規定畫記，至機器無法辨識答案者，
　其後果由考生自行負擔。

選擇題答案區

#	選項		#	選項
1	A B C D E F G H I J K L		31	A B C D E F G H I J K L
2	A B C D E F G H I J K L		32	A B C D E F G H I J K L
3	A B C D E F G H I J K L		33	A B C D E F G H I J K L
4	A B C D E F G H I J K L		34	A B C D E F G H I J K L
5	A B C D E F G H I J K L		35	A B C D E F G H I J K L
6	A B C D E F G H I J K L		36	A B C D E F G H I J K L
7	A B C D E F G H I J K L		37	A B C D E F G H I J K L
8	A B C D E F G H I J K L		38	A B C D E F G H I J K L
9	A B C D E F G H I J K L		39	A B C D E F G H I J K L
10	A B C D E F G H I J K L		40	A B C D E F G H I J K L
11	A B C D E F G H I J K L		41	A B C D E F G H I J K L
12	A B C D E F G H I J K L		42	A B C D E F G H I J K L
13	A B C D E F G H I J K L		43	A B C D E F G H I J K L
14	A B C D E F G H I J K L		44	A B C D E F G H I J K L
15	A B C D E F G H I J K L		45	A B C D E F G H I J K L
16	A B C D E F G H I J K L		46	A B C D E F G H I J K L
17	A B C D E F G H I J K L		47	A B C D E F G H I J K L
18	A B C D E F G H I J K L		48	A B C D E F G H I J K L
19	A B C D E F G H I J K L		49	A B C D E F G H I J K L
20	A B C D E F G H I J K L		50	A B C D E F G H I J K L
21	A B C D E F G H I J K L		51	A B C D E F G H I J K L
22	A B C D E F G H I J K L		52	A B C D E F G H I J K L
23	A B C D E F G H I J K L		53	A B C D E F G H I J K L
24	A B C D E F G H I J K L		54	A B C D E F G H I J K L
25	A B C D E F G H I J K L		55	A B C D E F G H I J K L
26	A B C D E F G H I J K L		56	A B C D E F G H I J K L
27	A B C D E F G H I J K L		57	A B C D E F G H I J K L
28	A B C D E F G H I J K L		58	A B C D E F G H I J K L
29	A B C D E F G H I J K L		59	A B C D E F G H I J K L
30	A B C D E F G H I J K L		60	A B C D E F G H I J K L

7000 字學測試題詳解

主　　　編 / 劉　毅

發 行 所 / 學習出版有限公司　　☎ (02) 2704-5525

郵 撥 帳 號 / 05127272 學習出版社帳戶

登 記 證 / 局版台業 2179 號

印 刷 所 / 裕強彩色印刷有限公司

台 北 門 市 / 台北市許昌街 10 號 2 F　　☎ (02) 2331-4060

台灣總經銷 / 紅螞蟻圖書有限公司　　☎ (02) 2795-3656

本公司網址　www.learnbook.com.tw

電 子 郵 件　learnbook@learnbook.com.tw

售價：新台幣二百五十元正

2017 年 11 月 1 日初版

4713269382232

1. 用會話背7000字① 書+CD 280元

將「高中常用7000字」融入日常生活會話，極短句，控制在5個字以內。以三句一組，容易背，背短句，比背單字還快。每句話都用得到，可以主動和外國人說。背完後，會說話、會寫作，更會考試。

2. 一分鐘背9個單字 書+CD 280元

顛覆傳統，一次背9個單字，把9個單字當作1個單字背，不斷熟背，變成直覺，就能終生不忘記，唯有不忘記，才能累積。利用相同字首、字尾編排，整理出規則，會唸就會拼，背單字變得超簡單。準確地鎖定「高中常用7000字」，用不到的、不考的字，不用浪費時間背。

3. 時速破百單字快速記憶 書 250元

7000字背誦法寶，用五種方法，以「一口氣」方法呈現，把7000字串聯起來，以發音為主軸，3字一組，9字一回，變成長期記憶。鎖定7000字，不超出7000字範圍。

4. 如何寫英文作文 書 250元

從頭到尾把英文作文該怎麼寫，敘述得一清二楚。從標題、主題句、推展句，到結尾句，非常完整。有最完整的轉承語，背了就有寫作文的衝動。

5. 7000字克漏字詳解 書 250元

保證7000字範圍，做克漏字測驗等於複習「高中常用7000字」。句子分析，一看就懂，對錯答案都有明確交代，翻譯、註釋樣樣齊全，不需要再查字典。Test 1～Test 5還有錄音QR碼，可跟著美籍老師唸，培養語感。

6. 7000字文意選填詳解　書 250元

「文意選填」是近年大學入試必考的題型。本書取材自名校老師命題，每回測驗都在「劉毅英文」實際考過，效果極佳。有句子分析、翻譯及註釋，一看就懂。保證在7000字範圍內，每個單字都標明級數。

7. 7000字閱讀測驗詳解　書 250元

符合大學入學考試的命題原則，具知識性、趣味性、教育性，和生活性。有翻譯及註釋，每個單字都註明級數。由淺至深編排，因為不必查字典，像是看小說一樣，越做越想做。保證在7000字範圍內，不會碰到考試不考、以後又用不到的單字。

8. 7000字學測試題詳解　書 250元

精選6份完整的試題，按照大學入學考試新題型命題。每份試題附有翻譯和註釋，單字有標明級數，對錯答案都有明確交待。把這6份試題當作課本一樣熟讀，再做其他試題就簡單了。

9. 高中常用7000字解析【豪華版】　書 390元

取材自大學入學考試中心新修編的「高中英文參考詞彙表」研究計劃報告，收錄的均是教育部公布的重要字彙，讓同學背得正確，迅速掌握方向，並有效用於考場上。重要字彙皆有例句，提供讀者八種不同的學習方式，包含記憶技巧、同反義字、常考片語、典型考題等。

10. 高中7000字測驗題庫　書 180元

取材自大規模考試，每條題目都有詳細解答。做詞彙題能增加閱讀能力，只要詞彙題滿分，其他克漏字、文意選填、閱讀測驗、翻譯、作文，稍加努力，就能完全征服。

11.

文法寶典全集　書 990元

文法是語言的歸納，不完全的文法規則，反而會造成學習的障礙。這套書是提供讀者查閱的，深入淺出，會讓學生很高興。有了「文法寶典」，什麼文法難題都可以迎刃而解。

12.

一口氣背文法　書+CD 280元

文法規則無限多，沒人記得下來，只要背216句，就學完文法，利用背的句子可說出來，還可寫作文。郭雅惠博士說：「我很感恩，因為您發明的「一口氣背文法」，憑著那216句＋您的DVD＋我課前的準備，就可上課。」

13.

全真文法450題詳解　書 280元

文法題目出起來可不簡單，不小心就會出現二個答案，中國人出題造句，受到中文的影響，很容易出錯。這本書選擇大陸、日本和台灣各大規模考試，大型考試出題者比較慎重，再請三位美籍老師校對，對錯答案都有明確交代。

14.

一口氣考試英語　書+CD 280元

單教試題，題目無法應用在日常生活當中，同學學起來很枯燥，把試題變成會話，就精彩了。試題往往有教育性，用這些題目來編會話，是最佳的選擇。同學一面準備考試，一面學會話，進步速度才快

15.

一口氣背同義字寫作文…①　書+MP3 280元

英文有17萬多字，沒有人背得下來，背了同義字，對寫作文有幫助。每個Unit先背九句平常用得到的會話，如：Unit 1 The Way to Success（成功之道），先背 九個核心關鍵句。

16.

一口氣背7000字①～⑯合集　書990元

大考中心公佈的「高中英文常考字彙表」共6,369個字，也就是俗稱的「高中常用7000字」，我們按照「一口氣英語」的方式，三字一組來背，可快速增加單字。

17.

全真克漏字282題詳解　書280元

本書取材自大陸和日本大學入學試題，經過美籍權威教授Laura E. Stewart和本公司編輯Christian Adams仔細校對。書中每篇克漏字都有句子分析，對錯答案都有明確交代。另有劉毅老師親授「克漏字講座實況DVD」，同步學習，效果加倍。

18.

翻譯句型800　書280元

將複雜的英文文法濃縮成800個句子，同學可看著中文唸出英文，第二遍可看著中文默寫英文，也可在每一回Test中抽出一句練習。利用練習翻譯的機會，對閱讀能力、英文作文等也有幫助，一石多鳥。

19.

如何寫看圖英作文①　書180元

四張連環圖：採用「一口氣英語」方式，每一張圖片三句為一組，四張共12句，剛好120字左右。同學只要想到一張圖寫三句話，就會覺得輕鬆很多。兩張圖為一段，就可寫出漂亮的文章。

20.

如何寫看圖英作文②　書180元

一張圖片：以「一口氣英語」的方式，三句為一組，四組十二句，再以「人事時地物」為出發點，說明過去發生什麼事，現在情況如何，未來可能發生的情形，再說明你的看法即可。